기업가정신과 창업가정신 그리고 창직가정신

기업가정신과 창업가정신 그리고 창직가정신

초판 1쇄 인쇄 2021년 08월 10일
초판 1쇄 발행 2021년 08월 17일

지은이 김영기, 박상문, 김주용, 송민석, 김남식, 박옥희, 최귀선,
  이승관, 김태철, 박스완, 김건수, 김희홍, 양석균
펴낸이 김민규

편집 박해민, 곽병완 | **디자인** 김민지 | **마케팅** 이재영

펴낸곳 브레인플랫폼(주)
주소 서울특별시 서초구 법원로3길 19, 2층 (서초동)
등록 2019년 01월 15일 제2019-000020호
이메일 iprcom@naver.com

ISBN 979-11-91436-07-5 13320

* 이 책은 저작권법에 따라 보호를 받는 저작물이므로 무단전재 및 복제를 금지하며,
  이 책 내용의 전부 및 일부를 이용하려면 반드시 저작권자와 브레인플랫폼(주)의 서면동의를
  받아야합니다.

* 잘못된 책은 구입하신 서점에서 바꾸어 드립니다.

기업가정신으로 대한민국을 융성시키자

기업가정신과 창업가정신 그리고 창직가정신

김영기 · 박상문 · 김주용 · 송민석 · 김남식 · 박옥희 · 최귀선
이승관 · 김태철 · 박스완 · 김건수 · 김희홍 · 양석균

**기업가정신이란 위험을 무릅쓰고 포착한 기회를
사업화하려는 모험과 도전의 정신이다.**

"앙트레프레너(Entrepreneur, 기업가)는 혁신을 통해 불황을 극복하고
호황에 이르게 한다." - 조지프 슘페터

서문

 기업가정신으로 무장한 '창직과 창업'은 일자리 창출의 핵심이다.

 조지프 슘페터는 기업가정신을 설명하면서 "앙트레프레너(entrepreneur, 기업가)는 혁신을 통해 불황을 극복하고 호황에 이르게 한다"라고 정의하면서 "자본주의 목표는 엘리자베스 여왕에게 실크스타킹을 한 개 더 신게 하는 것이 아니라 가난한 여공들에게 스타킹을 구입할 수 있게 해주는 것"이라고 하였다.

 디지털 트랜스포메이션으로 불리는 4차 산업혁명 시대, 포스트 코로나 시대, 100세 시대에는 새로운 최신 기술과 사회환경 트렌드 변화를 통하여 많은 일자리가 사라지고 여러 형태의 새로운 일자리가 창직되고 창업될 것으로 예측된다.

 미래에 예측되는 트렌드나 지구촌의 문제는 4차 산업혁명 시대를 비롯하여 코로나 같은 신종 전염병, 저출산 고령화, 100세 시대, 사생활침해, 정보독점, 돌연변이, 인간복제, 대량실업, 획일화, 로봇의 반란, 온실가스 등 기후환경문제, 외계인 등을 들 수 있는데 이러한 문제를 해결하기 위한 새로운 직업들이 계속 탄생할 것으로 보인다. 4차 산업혁명 시대 기술적인 변화에 따른 직업 변화, 포스트 코로나19와 같은 인류가 직면한 팬데믹 시대 등 글로벌 문제를 해결하는 새로운 직업들도 많이 탄생하리라 예상된다.

불확실성과 새로운 패러다임의 변화로 촉발되는 디지털 트랜스포메이션 시대의 향후 세대는 창업뿐만 아니라 창직이 새로운 일자리 창출 요인으로 부각될 것으로 보인다. 이 책의 저자들은 이러한 불확실성의 시대에 창직가정신, 창업가정신, 기업가정신으로 무장하여 지구촌이 직면한 어려운 문제를 해결하자고 제안하는 것이다.

이 책은 총 13개 파트로 구성되었다.

제1장은 '기업가정신과 창직가정신 그리고 창업가정신의 이해'로 전체적인 개념을 김영기 대표 저자가 제시하였다.

제2장은 '기업가정신(앙트레프레너십)으로 대한민국 융성시키자'로 박상문 저자가 실패를 두려워하지 않는 정신을 강조하였다.

제3장은 '4차 산업혁명 및 코로나 시대의 창업과 창직'으로 김주용 저자가 창업과 창직에 요구되는 정신을 제안하였다.

제4장은 '사내기업가정신부터 사회적기업가정신까지'로 대기업 신성장부문 산학연협력실 벤처밸리 팀장이신 송민석 공학박사께서 사내기업가정신과 사회적기업가정신에 대한 방향성을 강조하였다.

제5장은 '기업가정신과 창업 창직'으로 김남식 경영학박사께서 기업

가정신의 필요성과 기업가정신이 창업과 창직에 주는 메시지를 제시하였다.

제6장은 '여성 기업가정신과 여성 컨설턴트의 역할'이라는 주제로 여성 컨설팅학 박사이신 박옥희 저자가 여성 창업의 중요성과 여성 기업가와 컨설턴트의 역할을 강조하였다.

제7장은 '창업현장에서 보는 창업 한국의 미래'로 청년창업사관학교 교수를 역임하신 최귀선 저자가 창업현장 분석과 더불어 미래 성장동력으로서 창업 한국의 방향성을 제시하였다.

제8장은 '21세기 산업카운슬링 창직 비즈니스 모델'이라는 주제로 산업카운슬러이신 이승관 경영학박사가 산업카운슬러의 역할과 기대와 더불어 창직 측면에서 산업카운슬러의 방향성을 제안하였다.

제9장은 '린스타트업을 통한 차별성'으로 기술경영학 박사이신 김태철 저자가 린스타트업의 개념과 필요성, 성공사례를 린 캔버스와 함께 제시하였다.

제10장은 '창의력 계발을 위한 스캠퍼 기법'으로 박스완 저자가 스캠퍼의 개념과 사례를 중심으로 기술하였다.

제11장은 '유대인 기업가들의 성공의 비밀'로 김건수 저자가 유대인

기업가의 성공사례를 통하여 유대인 기업가정신을 소개하였다.

제12장은 '소상공인 VS 벤처기업 기업가정신'으로 광주대학교 부동산금융학과 교수이신 김희홍 경영지도사가 소상공인 및 벤처기업의 기업가정신을 강조하였다.

제13장은 '성공창업 경영전략과 기업가정신'으로 경영지도사이신 양석균 경영학박사가 창업경영전략과 더불어 기업가정신과 차별화전략을 제시하였다.

창업과 창직 전문가 13인이 각자의 경험과 노하우를 정리한 이 책이 '창직과 창업'을 통해 기업가정신으로 경영하고 미래를 설계하고 준비하는 데 마중물이 되기를 기대한다.

2021. 08. 15

대표 저자 김영기 외 12명 dream

차례

서문 ... 004

제1장 | 기업가정신과 창직가정신 그리고 창업가정신의 이해 ...... 김영기
기업가정신 ... 014
창직가정신 ... 017
창업가정신 ... 023

제2장 | 기업가정신(앙트레프레너십)으로 대한민국을 융성시키자 ...... 박상문
부자 나라 네덜란드의 기업가정신 ... 036
창업하기 아주 좋은 나라 대한민국 ... 041
'공' 자가 들어간 분야일수록 절대적으로 필요한 기업가정신 ... 047

제3장 | 4차 산업혁명 및 코로나 시대의 창업과 창직 ...... 김주용
직업, 창업, 창직의 세계 ... 056
4차 산업혁명 시대의 직업변화 ... 057
포스트 코로나 시대의 직업변화 ... 063
창업과 창직에 요구되는 정신 ... 066

제4장 | 사내기업가정신부터 사회적기업가정신까지 ...... 송민석
4차 산업혁명 시대의 대기업 혁신 ... 076
사내기업가정신 ... 078
사회적기업가정신 ... 086

제5장 | 기업가정신과 창업 창직 ...... 김남식
기업가정신(Entrepreneurship)이란? ... 096

기업가와 경영자 　　　　　　　　　　　　　　　 097
　　　기업가정신이 필요한 이유? 　　　　　　　　　　　 099
　　　우리나라를 대표하는 기업가 인물론 　　　　　　　 103
　　　기업가정신이 창업에 주는 메시지 　　　　　　　　 111
　　　기업가정신이 창직에 주는 메시지 　　　　　　　　 114

제6장 | 여성 기업가정신과 여성 컨설턴트의 역할 ········· 박옥희
　　　여성 창업은 왜 중요한가? 　　　　　　　　　　　 122
　　　여성 창업의 정의와 현황 　　　　　　　　　　　　 128
　　　여성 기업가정신은 무엇이 다른가? 　　　　　　　 132
　　　여성 창업가와 여성 컨설턴트의 역할 　　　　　　 133

제7장 | 창업현장에서 보는 창업 한국의 미래 ············· 최귀선
　　　창업현장에서의 단상 　　　　　　　　　　　　　　 142
　　　창업 한국, 미래성장을 함께 만들어가자 　　　　　 147
　　　성공하는 창업가의 다섯 가지 역량 　　　　　　　 155

제8장 | 21세기 산업카운슬링 창직 비즈니스 모델 ········ 이승관
　　　산업카운슬링의 등장 　　　　　　　　　　　　　　 166
　　　산업카운슬러의 역할 　　　　　　　　　　　　　　 167
　　　창직 측면에서 산업카운슬러의 부상 　　　　　　　 170
　　　창직 측면에서 산업카운슬러의 방향성 　　　　　　 174

제9장 | 린스타트업을 통한 차별성 ······················· 김태철
　　　린스타트업의 개념과 필요성 　　　　　　　　　　　 190
　　　린스타트업의 성공사례 　　　　　　　　　　　　　 195
　　　린 캔버스 　　　　　　　　　　　　　　　　　　　 198

제10장 | 창의력 계발을 위한 스캠퍼 기법 ················ 박스완
　　　스캠퍼 사례 　　　　　　　　　　　　　　　　　　 206
　　　스캠퍼 배경 　　　　　　　　　　　　　　　　　　 209

스캠퍼 개념	210
스캠퍼 문제점	217
함께 토론해봅시다	218

제11장 | 유대인 기업가들의 성공의 비밀 ········· 김건수

세계를 이끌어가고 있는 유대민족(Jewish)	224
유대인 기업가의 성공사례	229
유대인들의 현재와 미래	245
함께 토론해봅시다	248
하브루타를 실습해봅시다	249

제12장 | 소상공인 VS 벤처기업 기업가정신 ········· 김희홍

창업기업의 분류	254
소상공인과 벤처기업의 법률적 근거	254
기업가정신의 이해	256
기업가정신과 조직성과	260
기업가정신의 특성 및 사례	263

제13장 | 성공창업 경영전략과 기업가정신 ········· 양석균

들어가며	278
순조로운 창업 론칭, 어떻게 준비하여야 하나?	278
사업 타당성 검토하기	283
사업계획서 작성하기	289
기업가정신과 차별화 전략	291
마무리하며	294

부록 | KCA성공책쓰기프로젝트 299

제1장

김영기

기업가정신과 창직가정신 그리고 창업가정신의 이해

새로운 직업을 만드는 창직가정신과 새로운 기업을 만들어내는 창업가정신. 그리고 기업을 유지하고 발전시켜나가는 데 가장 중요한 기업가정신.

우리 신체를 지휘하고 조정하는 뇌(Brain)의 사령탑인 전두엽, 즉 정신이 똑바로 서야 우리 몸이 정상적으로 작동하듯이 창조적인 일을 하는 데 있어 가장 중요한 관점인 정신과 철학이 우리가 강조하는 기업가정신, 창직가정신, 창업가정신인 것이다.

◉ 기업가정신

아무리 좋은 자원과 물질이 많이 있더라도 정신이 없으면 좋은 제품이나 서비스를 제대로 만들어내지 못한다. 경제학자 졸탄 악스(Zoltan Acs)는 "빵을 부풀게 하는 것은 주원료가 되는 밀가루와 설탕이 아니라 효모다"라고 하였으며 "효모 역할을 하는 것이 기업가정신(Entrepreneurship)"이라고 하였다. 두산백과사전은 기업가정신을 아래와 같이 정의하였다.

> 기업가정신(entrepreneurship, 企業家精神)은 기업의 본질인 이윤 추구와 사회적 책임의 수행을 위해 기업가가 마땅히 갖추어야 할 자세나 정신이며 기업가정신에 대한 개념은 기업이 처해 있는 국가의 상황이나 시대에 따라 바뀌어 왔다. 따라서 기업가정신을 한 마디로 정의하기는 어렵다. 그러나 어느 시대 어떤 상황에서든 기업가가 갖추어야 할 본질적 정신은 예나 지금이나 별로 다르지 않다. 기업

은 이윤의 획득을 목적으로 운용하는 자본의 조직단위이기 때문에 생존을 위해서는 먼저 이윤을 창출해야 한다. 동시에 기업은 이윤을 사회에 환원한다는 점에서 사회적 책임도 가지고 있다. 따라서 기업을 이끌어가는 기업가는 이윤을 창출하면서도 사회적 책임을 잊지 않는 정신을 가지고 있어야 한다. 다시 말해 올바른 기업가정신을 가지기 위해서는 언제나 이 2가지가 전제되어야 한다. 기업가정신과 관련된 대표적 학자로는 미국의 경제학자 슘페터(Joseph Alois Schumpeter)를 들 수 있다. 그는 새로운 생산방법과 새로운 상품개발을 기술혁신으로 규정하고, 기술혁신을 통해 창조적 파괴(creative destruction)에 앞장서는 기업가를 혁신자로 보았다. 그는 혁신자가 갖추어야 할 요소로 ① 신제품 개발, ② 새로운 생산방법의 도입, ③ 신시장 개척, ④새로운 원료나 부품의 공급, ⑤새로운 조직의 형성, ⑥노동생산성 향상 등을 꼽았다. 이 6가지 외에도 여러 가지가 있지만, 슘페터가 정의하는 기업가정신은 대체로 이와 같다. 전통적인 의미의 기업가정신 역시 슘페터의 정의와 크게 다르지 않다. 미래를 예측할 수 있는 통찰력과 새로운 것에 과감히 도전하는 혁신적이고 창의적인 정신이 전통적 개념의 기업가정신이다. 현대에는 이러한 전통적 의미의 기업가정신에 ① 고객제일주의, ② 산업보국, ③ 인재 양성, ④공정한 경쟁, ⑤근로자 후생복지, ⑥사회적 책임의식까지 겸비한 기업가를 진정한 기업가로 보는 견해가 지배적이다.

또한 밥슨 칼리지(Babson college)에서는 "기업가정신은 삶의 기술(Entrepreneurship is Life Skill)"이라고 했고 EU(Oslo Agenda)에서는 기업가정신을 "진로교육의 일환, 유럽사회 통합을 위한 수단"이라고 폭넓게 정의하여 기업가정신뿐만 아니라 창직가정신, 창업가정신도 포함하는 포괄적인 개념으로 보고 있다.

특히 조지프 슘페터는 기업가정신을 설명하면서 "앙트레프레너(Entrepreneur, 기업가)는 혁신을 통해 불황을 극복하고 호황에 이르게 한다"라고 정의하면서 "자본주의 목표는 엘리자베스 여왕에게 실크스타킹을 한 개 더 신게 하는 것이 아니라 가난한 여공들에게 스타킹을 구입할 수 있게 해주는 것"이라고 하였다. 여기서 슘페터가 강조하여 주장하는 혁신(Innovation)이란 창조적 파괴(Creative Destruction)를 말하는데 우리 전화기의 변화를 살펴보면 쉽게 이해할 수 있으리라 생각된다. 일반전화기와 공중전화기가 창조적 파괴를 통하여 스마트폰으로 변화하고 발전된 모습을 상상해보면 되겠다.

필자는 2018년 불굴의 도전정신과 모험으로 한국컨설턴트사관학교와 브레인플랫폼(주)을 창업했다. 기업가정신을 기반으로 기존에 없었던 'NCS 기반의 기술직전문 공공기관면접관'을 창조적 파괴를 통하여 새로 양성하고 KCA공공기관면접관 및 KBS공공기관면접관 등 1,000명

이 넘는 공공기관면접관 풀(Pool)을 만들어 신중년들의 일자리와 더불어 채용의 공정성과 투명성에 기여하고 있다.

슘페터와 함께 경영학의 아버지라고 불리는 피터 드러커는 기업가정신을 혁신적 파괴와 모험이라고 정의했다. 혁신은 기존의 것을 전혀 새로운 수준으로 만드는 것과 가깝고, 모험은 전에는 존재하지 않던 것을 만들기 위한 도전과 비슷하다. 기업은 전에 없던 것을 만들어내야 하고, 있던 것이라면 더 싸고 좋게 만들어야 생존할 수 있다. 이것에 앞장서는 사람이 기업인이다.

디지털 트랜스포메이션으로 명명되는 4차 산업혁명 시대에서는 혁신적 파괴와 모험의 고도화로 수많은 직업과 기업이 사라지고 새로운 직업과 기업이 탄생하기 때문에 기업가정신은 창직가정신, 창업가정신과 함께 고려해야 한다. 기업을 하기 위하여 무작정 창업을 하기보다는 창직을 통하여 수많은 경험과 노하우를 축적한 후 창업을 하여 기업을 오랫동안 유지하는 것이 우리가 현실적인 경험을 통해 체득한 사실이다.

따라서 이 책에서는 기업가정신만 강조하는 것이 아니라 창직가정신과 창업가정신도 동시에 강조했다. 그럼으로써 제대로 된 창작가와 창업가가 많이 나와 우리 사회를 창조적 파괴와 모험을 즐기는 도전자가 많이 나오는 사회로 만들어주기를 기대한다.

◉창직가정신

창직가는 세상에 없던 직업을 만들고 알려야 하는 창조적 개척자이다. 1년 혹은 그 이상의 시간 동안 가시적인 성과가 나타나지 않을 수 있지만 그것을 즐기는 것이 바로 창직가의 마음가짐이다. 아무도 관심을 가지지 않더라도 내가 하고자 하는 일을 위해 즐기면서 일정 시간 지속적으로 인내심을 가지고 도전해야 한다. 이런 일을 열정적으로 계속하게 되면 내가 하는 일이 다른 사람에게 영향을 주게 되고 지지해주는 사람들이 찾아오게 될 것이다. 그러면 창조적 개척자의 임무는 첫 단추를 풀게 되고 이러한 작은 시작이 세상을 바꾸게 될 것이다. 성공하는 창직가가 가져야 할 일에 대한 소명과 도전정신인 창직가정신은 일을 바라보는 나의 마음가짐일 것이다.

필자가 새로운 것에 도전하는 것을 좋아하다 보니 실제 창직을 몇 가지 해 보았는데 그중 한 가지를 소개하면 다음과 같다.

필자는 2014년 1월부터 중앙대학교 외래강사 방학 기간 동안 뇌(Brain)에 관한 공부를 300시간 이상 하면서 정신건강과 뇌의 중요성에 대하여 깨닫고 새로운 직업을 창직하였다. 2015년도 7월 한국브레인학회와 한국브레인컨설턴트를 창립하면서 '브레인컨설턴트'라는 직업을 만들기도 했다.

'브레인컨설턴트'는 브레인 기반의 경영인 '브레인경영(Brain Management)'에 기반을 둔 새로운 직업으로 뇌리더십, 뉴로마케팅, 브레인회계자금, 브레인생산분야에 대해 컨설팅을 하는 직업이다. 지금까지 5년 동안 민간자격증을 만들어 4기까지 100명 이상이 수료하여 직업으로 자리를 잡고 있지만, 직업화를 위하여 여전히 노력하고 있는 중이다. 이처럼 새로운 직업을 만드는 창직을 한다는 것은 쉬운 일이 아니다. 도전정신도 좋지만 끈기있게 부가가치를 창출해내는 직업으로 만들어나가는 일이 필요하다. '브레인경영'이라는 이론은 학계나 산업계에서 아직도 학문적으로 인정받지 못하고 있으며 '브레인컨설턴트' 자격증 취득을 바로 비즈니스로 연결하지 못하는 것도 직업으로 포지셔닝을 못하고 있는 원인이다.

이와 같이 새로운 직업을 만들어내는 창직은 개척자와 같은 도전정신과 열정이 없이는 할 수 없는 일이기에 창직가정신이 필요한 것이다. 슘페터가 "기업가정신을 변화에 반응하며 기회를 포착하여 도전하는 것이다"고 하였듯이 디지털 트랜스포메이션 시대는 급격하게 변화하는 4차 산업혁명 시대다. 빅데이터 기반의 인공지능과 블록체인, 클라우드 등 새로운 기술로 인해 수많은 직업이 사라지고 또 수많은 직업이 새롭게 탄생하고 있는 이 시점에 창직가정신은 반드시 필요한 것이다.

창직가정신이란 용어가 이론적으로 정립된 것은 아니지만 창직가정신이 없이는 제대로 된 직업을 만들기는 어려울 것으로 보인다.

직업에 대한 세 가지 관점이 있다. 미국 심리학자인 에이미 우르제니프스키는 일과 직업을 생업지향과 경력지향 그리고 소명지향으로 구분하였다.

생업지향은 일을 보람 있는 것으로 보지 않고 생계를 유지하기 위해, 필요에 의해서 할 수밖에 없는 수단으로 여긴다. 직업에서 금전적인 부분 이외의 보상은 고려하지 않고 직업을 통해 번 돈으로 일 밖에서의 시간을 즐기는 것으로 만족하는 것이다.

경력지향은 일을 자기 삶에서 중요하고 긍정적인 부분으로 여기기보다는 기회나 야심의 일부 혹은 출세나 성공을 위한 수단으로 여긴다. 때문에 더 이상 올라갈 자리가 없을 때는 상실감으로 인해 일이 즐겁지 않고 괴로움을 느끼기도 한다.

소명지향은 자신이 하는 일이 보람 있고 사회적으로 도움이 된다고 생각하며 즐긴다. 출세나 금전적인 보장보다는 일을 통해 스스로와 타인의 행복이나 가치를 추구하기에 직업의 귀천과 상관없이 일을 소명으로 생각하는 것이다.

직업에 대한 생업, 경력, 소명의 관점 중에서 창직가는 소명의식으로 세상의 변화에 반응하여야 한다. 기회를 살려 새로운 직업을 창조하는 창직가정신이 절실히 요구되는 것이다. (사)한국창직협회가 정의한 창직가정신은 다음과 같다.

> 창직가정신(創職家精神: jobcreatorship)의 중요한 기본요소는 가치성, 창의성, 혁신성, 도전성, 인내성, 보편성, 기여성을 들 수 있다.

가. 첫 번째 창직가정신 : 가치성

창직은 스스로 자신의 능력과 역량에 바탕을 두고 새로운 직업을 만드는 활동이기 때문에 직업적 가치성을 중시함으로써 직업 만족도가 매우 높다.

나. 두 번째 창직가정신 : 창의성

창직을 위해서는 창의성이 강조된다. 유연한 사고를 통해 사회변화를 읽고 미래 통찰력으로 한발 앞서서 새로운 것을 창출하려는 노력이 있어야 한다.

다. 세 번째 창직가정신 : 혁신성

작게는 실생활에서부터 크게는 사회현상에 이르기까지 발생하는 문제나 현안들에 대해서 남다른 시각을 가지고 파악하고 점검하며 이를 통해 혁신적으로 문제를 해결해야 한다.

라. 네 번째 창직가정신 : 도전성

세상에 존재하지 않았던 새로운 직업에 대한 막연하고 불안한 미래를 감수하고 직업에 대한 가치를 최고의 목표로 두고 적극적으로 도전하려는 마음이 필요하다.

마. 다섯 번째 창직가정신 : 인내성

창직 아이디어를 가지고 이를 새로운 직업으로 구체화해서 대중에게 직업에 대해 인식시키고 이를 노동시장에 보급시켜야 하는 일련의 창직 과정은 기간이 얼마나 걸릴지 예측하기 힘든 지루한 시간과의 싸움이다. 강인한 정신력과 끈기있는 인내력은 필수다.

바. 여섯 번째 창직가정신 : 보편성

창직은 새로운 직업을 만들어서 노동시장에 보급하는 활동임으로, 새로운 직업에 대한 필요성을 알고 직업을 원하는 수요자에게 언제든지 용이하게 보급할 수 있도록 해야 한다.

사. 일곱 번째 창직가정신 : 기여성

경쟁 없는 새로운 직업을 발굴하고 보급함으로써 기존에 없었던 일자리를 창출하고 국가 경제에 활력을 불어넣는 사회적 기여는 창직의 기본 정신이다.

새로운 직업에 대한 개척자인 창직가. 그들의 창직가정신이 세상을 바꿀 것이다. 내가 하는 일이 우리 가족은 물론 주변 사람, 더 나아가서는 우리나라와 세계의 수많은 사람들에게 도움이 되는 새로운 직업을

창조하여 세상을 발전시키는 원동력이 될 것이다.

⊙창업가정신

　창직과 창업은 완전히 다르게 보는 견해가 지배적이다. 한국창직협회에 의하면, 창직 활동을 하면 반드시 새로운 직업 또는 직무가 발굴되고, 발굴된 직업(직무)을 통해 구현되는 진로의 형태는 창업, 취업, 프리랜서 그리고 사회적 활동으로 이어져 자신이 원하는 진로로 어디든지 진출할 수 있다. '스마트폰 애플리케이션 개발자'라는 창직의 경우를 예로 들자면, 스마트폰 애플리케이션 개발회사라는 전문기업을 설립하여 창업할 수 있다. 또한 스마트폰 애플리케이션 개발이라는 전문성을 가지고 관련 회사에 취업도 가능하다.

창직과 창업 비교

분류	창직(創職)	창업(創業)
정의	창직은 스스로 적성에 맞는 분야에서 재능과 능력을 바탕으로 창의적 아이디어를 신직업과 직무를 발굴 및 보급하고, 이를 통해 스스로 일자리를 창출하여 노동시장에 진입하고 보급하는 창조적 활동	창업은 기업을 새롭게 설립하는 것으로 창업자가 이익을 얻기 위해 자본을 이용해 사업 아이디어로 설립한 제화와 서비스를 생산하는 조직 혹은 시스템을 설립하는 행위
개념	창업보다 상위의 포괄적인 개념	창업은 창직 활동을 통해 발굴된 직업이 노동시장에서 운영되는 형태
운영형태	창직될 경우 노동시장에서 프리랜서로 활동하거나 기업에 취업하거나 새롭게 기업을 설립하는 창업 등의 다양한 형태로 나타날 수 있다.	창업은 개인사업자 또는 법인 설립 등을 통해 반드시 기업을 설립 운영해야 한다
운영정신	기업가 정신+(직업의 저변확대를 동반한)사회적 책임+보편성+인내력+창직가 정신(jobcreatorship)	기업가 정신(Entrepreneurship)은 도전과 열정, 창의와 혁신으로 새로운 가치를 만들어가는 성향(=창업가 정신)
실행시기	중장기적 (직업의 발굴부터 노동시장에 직업으로서 안착하기까지 중장기간 소요)	단기적 (기업을 설립 운영하는 소기 목적 달성)
일자리 창출 효과	새로운 직업이 발굴됨으로써 다양한 형태(취업, 창업, 프리랜서 활동 등)의 경쟁보다 일자리 창출효과	기업 내에서 일자리 창출 효과 (같은 업종일 경우 일자리 창출보다 일자리 쟁계기 단점)
구성요소	창직가, 창직 아이디어, 지식, 기술	창업가, 창업 아이디어, 자본
직업(직무)명 유무	새로운 직업명(직무명)이 반드시 생긴다. 직업가치의 중요성	직업(직무명)보다는 기업명이 생긴다. 기업가치의 중요성

*출처: 사단법인 한국창직협회 홈페이지

또 다른 길로 창업도 취업도 아닌 프리랜서로서 스마트폰 애플리케이션 개발 관련 용역 등을 수행할 수도 있다. 더 나아가 경제적 이득 없이 사회적 약자나 취약계층을 위해 애플리케이션을 개발하여 이들에게 이로움을 주는 활동, 기부나 NGO 참여 등의 사회적 활동으로 보람을 찾을 수도 있다. 이처럼 창직은 창업과 취업 등을 포괄하는 개념으로, 창직과 창업은 완전히 다른 개념이다.

우리 정부는 예비창업자부터 창업 후 7년까지의 창업을 지원하고 있다. 중소벤처기업부 산하에 창업진흥원과 중소벤처기업진흥공단을 두고 체계적인 창업지원제도를 통해 청년 중심의 창업정책을 펼치고 있다. 청년창업사관학교는 중소벤처기업진흥공단에서, 예비창업패키지·초기창업패키지·도약창업패키지는 창업진흥원에서 주관하고 있으며 각 프로그램별로 최대 1억~3억까지 지원하여 창업을 독려하고 있다.

*출처: 케이스타트업(K-startup) 홈페이지)

그런데 과연 창업을 하는 창업가들이 제대로 된 창업가정신을 가지고 창업을 하는가를 반문해보자. 10년 이상을 창업현장에서 함께 한 필자가 보았을 때는 확신 있게 답변하기에 자신이 없다.

필자도 창업을 세 번 해보았다. 개인사업자로 한 번, 법인창업자로 두 번의 창업을 경험했다. 그러나 창업가정신을 제대로 정립하지 않고 철저한 준비 없이 창업을 하면서 엄청난 대가를 치러야만 했다.

이러한 창업의 시행착오를 줄이기 위해 (사)한국경영기술지도사회에서는 창업창직추진사업단(단장 김영기)을 출범하여 창직형 창업을 권장하는 활동도 벌이고 있다.

자신이 경험한 노하우와 아이템이 있고 어느 정도 자본만 준비되면 무작정 시작하는 창업의 실패를 무수히 보고 있기에 창직을 통하여 충분한 경험과 노하우를 쌓으면서 창업가정신을 쌓는 것이 필요하다. 전반적인 여건과 창업준비가 완벽히 갖추어졌을 때 창업을 하는 것이 바람직하다. 취업이 잘 안 되는 현실로 인해, 창업가정신 없이 경험과 자원만 가지고 창업에 뛰어드는 사람이 많은 요즘, 창업가정신은 그 어느 때보다 절실히 요구된다.

　창업가정신을 기업가정신과 혼재하여 사용하기도 하지만 창업을 하는 데 필요한 정신을 창업가정신으로, 기업을 경영하고 유지·발전시키는 정신을 기업가정신으로 구분하여 사용하기로 하자.

　2020년 7월 9일 《라이프스퀘어》에 실린 글 "창업가정신의 본질을 다시 생각하며"가 창업가정신을 잘 설명하고 있어 소개하며 마무리하고자 한다.

창업가정신(entrepreneurship)은 18세기 프랑스 경제학자 리샤르 드 캉티용(Richard de Cantillon)이 처음 소개한 개념입니다. 이 후 슘페터, 드러커 등 내노라 하는 사상가들이 언급하며 변화와 혁신을 창조하는 기업가들이 지녀야 할 덕목이 되어 왔습니다. 전 세계적으로 많은 스타트업이 설립되어 새로운 비즈니스의 기회를 창조하는 오늘, 창업가정신의 표본이자 롤모델로 흔히들 슈퍼스타 기업인들이 언급되고는 합니다. 스티브 잡스, 빌 게이츠, 엘론 머스크, 제프 베조스, 마크 저커버그 등이 그들인데요. 맞는 말이기는 합니다만 성공한 기업인이라는 사실 외에 그들의 어떠한 면모가 창업가정신을 보여주는 지 깊이 고찰해 본 사례는 그리 많지 않습니다. 때로는 발 딛고 있는 현실에 비해 그들을 롤모델로 삼기에는 지나친 거리감이 있는 것도 사실이고요.

미국과 유럽 등 전 세계의 창업가들을 직접 만나 인터뷰하면서 창업가정신을 집중적으로 연구한 하버드대 교수 다니엘 아이젠버그에 따르면 모든 이들이 스티브 잡스나 빌 게이츠 만을 창업가의 표본으로 생각하는 현실이 안타깝다고 합니다. 물론 그들의 업적과 성과는 세상이 인정하는 바이지만 발 딛은 현실을 고려하지 않고 특정한 스테레오 타입에 매몰 될 필요는 없다고 경고를 합니다. 아이젠버그는 창업에 특정한 공식은 없다고 합니다. 예측 불가능해서 때때로 놀라운 것, 그것이 바로 창업가정신의 특징이라는 것이지요. 그럼에도 불구하고 성공을 위해 요구되는 창업가정신의 본질은 역발상을 통해 남들이 발견하지 못한 가치를 발견하는 능력이라고 합니다.

다국적 신발 제조업체 바타(Bata)의 이야기가 극명하게 이 주장의 건강함을 입증합니다. 19세기 말경 아프리카 시장이 개방되자 많은 신발 제조업체들이 아프리카에 직원을 파견하여 시장 잠재력을 평가하였습니다. 대부분의 업체들이 맨발로 다니는 아프리카 사람들을 보고 시장이 아예 없다고 결론 지은 반면 바타의 세일즈 팀만 예외였습니다. 모두 맨발로 다니니 엄청나게 큰 규모의 시장이 존재한다고 열정적으로 말했다고 하니까요. 즉, 시장의 조건은 모두에게 동일했지만 기회를 포착한 지각력은 남다를 수 있다는 사실입니다. 소규모의 가족기업으로 출발했던 이 회사는 현재 전 세계 18개국에 제조 시설을 갖추고 70여 개국에 5,300여개의 매장을 오픈할 정도로 비약적 성장을 했습니다.

또 다른 창업가정신의 핵심은 사람입니다. 사람들과 소통하는 가운데 효과적인 리더십을 발휘하는 능력을 말하는 것이지요. 이 때 많이 이용되는 문구가 미국의 작가이자 연설가 지그 재글러(Zig Zaglar)가 한 말입니다. "당신이 하는 것은 사업이 아닙니다. 당신은 사람들을 모을 뿐이고 바로 그 사람들이 사업을 하는 것입니다"라는 유명한 문구는 많은 기업인들을 통해 인용되면서 팀 빌딩과 고객과의 소통이 얼마나 중요한 역량인지 강조되어 왔습니다.

변화에 대한 적응 또한 창업가로서의 중요한 자질입니다. "가장 강한 것이 살아남는 것도 아니고 가장 현명한 것이 살아남는 것도 아니다. 유일하게 살아남는 것은 변화에 잘 대응할 수 있는 것뿐이다"라는 말은 IBM 경영서에 인용된 찰스 다윈이 남긴 유명한 말입니다. 이 말이 21세기의 현재까지 메아리 치는 이유는 그만큼 급변하는 사회의 생존전략으로 변화에 부응할 수 있는 융통성과 포용력, 창의성 등이 요구되고 있기 때문일 겁니다. 전통적인 하드웨어 기업에서 통합 솔루션을 제공하는 서비스 기업으로 성공적으로 변모한 IBM이나 시애틀의 작은 커피 샵에서 시작해서 사이렌 오더 등 모바일 앱 서비스 제공에 이어 핀테크 분야로까지 손을 뻗치고 있다는 소문이 돌고 있는 스타벅스 등이 모두 변화에 잘 적응하는 창업가정신을 보여주는 사례입니다.

그릿(grit)을 가지는 것 또한 중요한 창업가적 자질입니다. 그릿은 오랫동안 꿈꿔온 장기적 목표를 성취하고자 하는 열정과 실패할 경우에도 끊임없이 도전하는 용기, 그리고 과거에 행한 것보다 더 나아지고자 하는 의지를 종합한 그 무엇입니다. 성공하는 창업가들은 그릿을 가진 사람들인 경우가 대부분으로 목적을 달성할 때까지 전혀 포기를 모르는 사람들입니다. 만일 실패해 쓰러져도 곧바로 일어나서 다시 노력을 할 뿐이지요. 온라인 웹사이트 제작업체 윅스(Wix)의 CMO 오머 샤이(Omer Shai)가 말하듯, 뭔가 새로운 것을 시작했다는 것 자체가 창업가정신이 될 수는 없다는 것입니다. 시작한 것을 지속적으로 발전시키는 능력이 보다 진정한 창업가정신이 될 수 있다는 겁니다. 아마도 대부분의 사람들이 창업가정신하면 머리 속에 떠올리는 요소는 창의력일 겁니다. 그리고 흔히들 창의력은 아이디어를 통해서 발현이 된다고 하지요. 하지만 성공한 기업인들이 이야기하는 바에 따르면 창업가정신을 온전히 살리는 것은 아이디어 자체가 아니라 아이디어를 실행하는 능력이라고 합니다. 실행 과정에서 창의력이 구현되는 것이고 그릿을 통해 도전과 역경을 극복하는 집념과 끈기가 새로운 창조를 성공으로 만들어 준다는 의미입니다.

현재 한국의 스타트업 법인 수는 2019년 말 기준 11만 개에 육박할 정도로 벤처 드림의 붐을 이루고 있습니다. 하지만 정작 속사정을 들여다보면 마냥 스타트업 생태계가 긍정적으로 작동할 것이라는 예측을 하기 힘든 것도 사실입니다. 5년 이상 생존하는 스타트업의 비율이 30퍼센트가 채 안되는 데 40퍼센트를 웃도는 유럽에 비해 현저히 떨어지는 비율입니다. 취업난에 내몰린 청년들에게 무조건 창업에 대한 환상을 심어줘서는 안되며 만일 창업을 할 경우 어떠한 능력과 자질이 요구되는 지를 객관적이고 투명하게 전달해야 할 것입니다. 그래서 정부의 정책 역시 단순한 창업이 아니라 스케일업 위주의 지원으로 옮겨가야 한다는 주장이 나오고 있기도 합니다. 창업가정신을 다시 한 번 새겨보는 이유이기도 합니다.

참고문헌

- 이정원, 『창직이 미래다』, 해드림출판사, 2015.
- 김영기 외 17인, 『창업과 창직』, 브레인플랫폼(주), 2020.
- 김영기 외 17인, 『창직형 창업』, 브레인플랫폼(주), 2021.
- (사)창직교육협회, 창직컨설턴트 1급 양성과정 교재
- 한국고용정보원 홈페이지(www.keis.or.kr)
- 한국직업능력개발원 홈페이지(www.krivet.re.kr)
- (사)한국경영기술지도사회 홈페이지(www.kmtca.or.kr)
- (사)창직교육협회 홈페이지(https://newjobcre.modoo.at)
- (사)한국창직협회 홈페이지(www.jobcreation.or.kr)
- K-Startup 홈페이지(www.k-startup.go.kr)
- 라이프스퀘어 홈페이지(wwww.lifesquare.kr)

저자소개

김영기 KIM YOUNG GI

학력

· 영어영문학 학사·사회복지학 학사 졸업

· 신문방송학 석사·고령친화산업학 석사 수료

· 부동산경영학 박사·사회복지상담학 박사 수료

경력

· (사)한국경영기술지도사회 창업창직추진사업 단장

· 한국브레인경영학회 학회장

· 공공기관 NCS 블라인드 전문 면접관

· 정보통신산업진흥원 등 10여 개 기관 심사평가위원

· 소상공인시장진흥공단 소상공인 컨설턴트

· 서울신용보증재단 업종 닥터(소상공인 컨설턴트)

· 브레인플랫폼(주)_한국컨설턴트사관학교 대표 컨설턴트

· 서울시·중앙대·남서울대·경남신보 창업 전문 강사

· 중앙대·경기대·세종대·강남대·한국산업기술대 강사 역임

자격

· 경영지도사·국제공인경영컨설턴트(ICMCI CMC)
· 사회적기업코칭컨설턴트·협동조합코칭컨설턴트
· 창직컨설턴트 1급·창업지도사 1급·브레인컨설턴트
· 국가공인브레인트레이너·HR전문면접관(1급) 자격증
· ISO국제선임심사원(ISO9001,ISO14001,ISO27001)

저서

· 『부동산경매사전』, 일신출판사, 2009. (김형선 외 4인 공저)
· 『부동산용어사전』, 일신출판사, 2009. (김형선 외 4인 공저)
· 『부동산경영론연구』, 아이피알커뮤니케이션, 2010. (김영기)
· 『성공을 위한 리허설』, 행복에너지, 2012. (김영기 외 20인 공저)
· 『억대 연봉 컨설턴트 프로젝트』, 시니어파트너즈, 2013. (김영기)
· 『경영지도사 로드맵』, 시니어파트너즈, 2014. (김영기)
· 『메타 인지 학습 : 브레인 컨설턴트』, e경영연구원, 2015. (김영기)
· 『메타 인지 학습 : 진짜 공부 혁명』, e경영연구원, 2015. (양영종 외 2인 공저)
· 『창업과 경영의 이해』, 도서출판 범한, 2015. (김영기 외 1인 공저)
· 『NEW 마케팅』, 도서출판 범한, 2015. (변명식 외 3인 공저)
· 『브레인 경영』, 도서출판 범한, 2016. (김영기 외 7인 공저)
· 『저작권 진단 및 사업화 컨설팅(서진씨엔에스, 쿠프, 아이스페이스)』, 충청북도지식산업진흥원, 2017. (김영기)
· 『저작권 진단 및 사업화 컨설팅(와바다다)』, 강릉과학산업진흥원, 2018. (김영기)
· 『공공기관 합격 로드맵』, 브레인플랫폼, 2019. (김영기 외 20인 공저)
· 『브레인경영 비즈니스모델』, 렛츠북, 2019. (김영기 외 6인 공저)

- 『저작권 진단 및 사업화 컨설팅(파도스튜디오)』, 강릉과학 산업진흥원, 2019. (김영기)
- 『2020 소상공인 컨설팅』, 렛츠북, 2020. (김영기 외 9인 공저)
- 『공공기관·대기업 면접의 정석』, 브레인플랫폼, 2020. (김영기 외 20인 공저)
- 『인생 2막 멘토들』, 렛츠북, 2020. (김영기 외 17인 공저)
- 『4차산업혁명시대 AI블록체인과 브레인경영』, 브레인플랫폼, 2020. (김영기 외 21인 공저)
- 『재취업전직서비스 효과적모델』, 렛츠북, 2020. (김영기 외 20인 공저)
- 『미래유망자격증』, 렛츠북, 2020. (김영기 외 19인 공저)
- 『창업과 창직』, 브레인플랫폼, 2020. (김영기 외 17인 공저)
- 『경영기술컨설팅의 미래』, 브레인플랫폼, 2020. (김영기 외 18인 공저)
- 『공공기관 합격 노하우』, 브레인플랫폼, 2020. (김영기 외 20인 공저)
- 『신중년 도전과 열정』, 브레인플랫폼, 2020. (김영기 외 18인 공저)
- 『저작권 진단 및 사업화 컨설팅(더웨이브컴퍼니)』, 강릉과학산업진흥원, 2020. (김영기)
- 『4차산업혁명시대 및 포스트코로나시대 미래비전』, 브레인플랫폼, 2020. (김영기 외 18인 공저)
- 『소상공인&중소기업컨설팅』, 브레인플랫폼, 2020. (김영기 외 15인 공저)
- 『미래 유망 기술과 경영』, 브레인플랫폼, 2021. (김영기 외 21인 공저)
- 『공공기관 채용의 모든 것』, 브레인플랫폼, 2021. (김영기 외 21인 공저)
- 『신중년 N잡러가 경쟁력이다』, 브레인플랫폼, 2021. (김영기 외 22인 공저)
- 『안전기술과 미래경영』, 브레인플랫폼, 2021. (김영기 외 21인 공저)
- 『퇴직전문인력 일자리 활성화를 위한 '경영지도 및 진단전문가' 모델 사례연구』, 한국연구재단, 2021. (김영기)
- 『창직형 창업』, 브레인플랫폼, 2021. (김영기 외 17인 공저)
- 『신중년 도전과 열정2021』, 브레인플랫폼, 2021. (김영기 외 17인 공저)

수상
· 문화관광부장관표창(2012)
· 대한민국청소년문화대상(2015)
· 대한민국교육문화대상(2016)
· 대한민국신지식인(교육분야)인증(2020)

제2장

박상문

기업가정신 (앙트레프레너십) 으로 대한민국을 융성시키자

세계 3대 투자자의 한 사람인 짐 로저스(Jim Rogers)는 "2050년 한국은 세계 2위의 경제 대국이 된다"고 예언한 바 있다. 또한 미국의 투자회사 골드만삭스는 "2050년 한국은 인당 국민소득 86,000달러로 미국 다음의 세계 2위 초강대국이 될 것"이라고 전망하고 있다.

둘 다 투자자이자 옵티미스트(Optimist)라는 특성이 있지만 대한민국 국민이라면 매우 흥미진진하게 눈여겨 볼만한 예언이 아닐 수 없다. 과연 이러한 미래 대한민국의 모습이 가능할까? 의구심을 갖는 사람도 많지만 필자는 매우 긍정적으로 보는 입장이다. 가장 큰 이유는 바로 기업가정신(앙트레프레너십, Entrepreneurship)으로 대한민국을 융성시킬 수 있다고 보기 때문이다. 즉, 대한민국 기업을 포함해 정부, 지원기관, 연구기관, 대학 등 사회 전반에 걸쳐 혁신성과 진취성, 위험 감수성, 경쟁적 공격성, 자율성이라는 5가지 혁신요소가 널리 확산되어 하나의 사회 문화로 자리를 잡아 간다면 30년 후 대한민국이 미국 다음으로 글로벌 TOP 2의 경제 대국, 즉 초강대국이 되는 것도 불가능하지 않다고 보는 것이다.

⊙ 부자 나라 네덜란드의 기업가정신

1) 중세 최대의 국가부흥을 이룬 네덜란드의 기업가정신

그런 의미에서 네덜란드의 사례를 통해 우리가 배워야 할 점과 우리가 바꿔나가야 할 점들을 정리해보고자 한다. 우리가 흔히 바다보다 낮은 자연환경을 가진 국가로 알고 있는 네덜란드는 천연자원이 그리 풍족하지 않은 편이다. 대한민국의 절반도 안 되는 좁은 국토면적에 1,700여만 명의 인구를 보유하고 있다. 강대국 사이에 끼인 지정학적 위치 등 한국과 너무 닮았다. 그러나 인당 국민총소득은 53,354달러로 우리의 32,115달러(2019년 기준)보다 1.6배가 높다. 필립스, 유니레버, 쉘 등 세계적 기업이 있는가 하면, 종자 및 식물재료 부문에서 세계 최대 수출국이자 산업 강국이다. 유럽 최대의 허브 공항인 암스테르담 공항과 하루 100만 톤의 물자가 드나드는 로테르담 항구가 있다. 첨단 기계와 영농기술로 높은 농업부문 생산성을 올리고 있고 생산되는 농산물의 2/3를 세계 각국으로 수출하기도 한다.

오늘날 네덜란드가 세계적으로 주목받는 나라가 된 전환점으로 상업과 교통의 발달을 이룬 중세시대와 17세기에 동인도회사를 설립해 동방무역을 장악한 것을 꼽는 사람이 많다. 세계 처음으로 증권거래소를 세워 현대 금융시장을 이끌기도 했다. 상업과 교통은 오늘날까지 네덜란드 경제를 주도하는 핵심이 되고 있다.

우리가 역사책에서 배운 동인도회사의 중심에는 1602년에 세운 네덜란드 동인도회사가 있다. 세계 최초의 주식회사이자 세계 최초의 다국적 기업으로, 17세기 세계 최대의 회사였다. 민간기업(동인도회사) 하나의 활약이 네덜란드의 운명을 바꾼 것이다. 동인도회사는 모험기업 즉 벤처기업으로부터 나왔다 해도 과언이 아니다. 많은 돈을 가진 상인들부터 집안일을 하던 하녀까지 민간이 투자하여 설립한 회사가 바로 동인도회사이다. 여기에 참여한 상인들의 기업가정신은 창업을 준비하는 오늘날의 우리에게 많은 시사점을 주고 있다.

당시 세계를 제패했던 포르투갈은 멀리 아시아에서 운반한 향신료를 리스본을 통해 유럽 내 국가로 유통하고 중개 무역함으로써 수익을 올리는 구조를 취했다. 당시는 희망봉을 돌아 아시아까지 뱃길로 다녀오는 데 무려 2년의 세월이 걸렸으며, 항해 도중 폭풍우와 질병으로 인해 죽을 확률이 매우 높았던 시기였다.

포르투갈과 경쟁해야 했던 네덜란드가 선택한 최고의 비즈니스모델은 해상운송과 무역이었다. 상인들은 회사를 설립하고 투자자를 모아 선박을 건조해 항해에 나섰다. 동인도회사는 신생기업이었지만 100년 먼저 인도와 아시아에 진출해 무역을 독점하고 있었던 기존의 강자 포르투갈의 아성을 단번에 무너뜨릴 수 있었다.

17세기 동인도회사를 시발로 세계무역을 장악한 네덜란드는 혁신적인 정책, 우수한 노동력, 유럽 중심부에 위치한 지리적 장점을 토대로 각종 산업 분야에서 독보적인 위치를 구축하게 되면서 세계 강국으로 등장한 것이다.

2) 네덜란드를 비롯한 주요 선진국들의 기업가정신 사례

네덜란드에서 배워 우리 현실에 적용해볼 수 있는 것은 무엇일까? 가장 눈에 띄는 것은 산업전환에 성공하고 있다는 것이다. 네덜란드는 특정 산업의 사양화가 지역 경제의 몰락으로 이어지기 전에 계속해서 대안을 찾는 노력을 기울이고 있다. 전통적인 석탄 산업에서 화학 산업으로, 다시 생명공학 사업으로 나아가는 과정에서 이전 산업에서 획득한 지식을 계속 발전시켜 새로운 산업의 경쟁력을 만들어내고 있다. 그리고 이런 노력의 중심에 새로운 지식을 탐구하는 대학이 있다. 대학은 단지 학문에 머무르지 않고 지역 기업의 문제를 해결하는 동반자 역할을 하고 있다. 그리고 오랜 역사에서 축적된 '협력의 DNA'야말로 이런 일들을 성공적으로 해나가게 하는 핵심 요인인 것으로 보인다.

세계 60개국의 기업가정신을 비교 연구하는 글로벌기업가정신연구(GEM, Global Entrepreneurship Monitor) 보고서는 "중진국까지의 성장은 열심히 하는 효율성이 주도하지만 선진국 진입은 혁신을 이끄는 기업가정신이 주도한다며 결국 혁신적인 창업이 성장과 고용의 두 마리 토끼를 잡는 유일한 대안"이라고 말한 바 있다.

주요 선진국들도 학교과정에서의 기업가정신 교육을 법제화하는 동시에, 교육 실행에서 기업가·자문단 등 다양한 주체가 참여하여, 교육 체제 및 콘텐츠를 개발해오고 있다.

미국이 정보화 사회를 주도하게 된 근본적 원인은 민간 주도의 기업가정신 교육 및 이의 문화적 확산으로 파악된다. 우리나라 역시 기업가정신을 고취하고 창업을 활성화하려는 노력을 꾸준히 기울여왔으나 창업의 의미와 필요성을 고용문제 해결 측면에서 접근함으로써 발생하는 부작용들이 있어 왔다. 우리 사회에서는 창업을 여전히 취업 기회의 부족에 대한 불가피한 선택으로 여기는 경향이 강하다. 그러다 보니 창업의 질이 계속 하락하고 있는 것으로 나타나고 있다.

따라서 기업가정신을 높이고 창업, 특히 부가가치를 창출하고 혁신을 이루어내는 창업을 활성화하기 위해서는 청소년들에게 도전정신과 창의성으로 대표될 수 있는 기업가정신을 함양하고 창업에 대한 관심을 가질 수 있도록 하는 체계적인 접근이 필요하다고 본다.

3) 협력, 모험정신, 위험분산… 배워야 할 기업가정신

네덜란드의 협력 문화는 열악한 자연환경이 오히려 강점으로 승화된 경우라고 할 수 있다. 자연재해의 위협 속에 살아온 네덜란드는 리스크(Risk) 관리의 중요성을 어느 나라보다 먼저 느꼈다. 그래서 중세 대항해 시대에 세계 최초로 해상무역의 리스크를 분산시키면서 이익을 공유하는 방안으로 주식회사라는 제도를 발명했다.

창업은 어렵고 험난한 길이다. 큰 리스크를 동반하는 일이다. 특히 요즘 같은 무한경쟁 시대에는 고객을 마음을 얻는 일에 남다른 각오와 자세가 요구된다.

아래 내용은 2019년 7월에 "네덜란드의 기업가정신 DNA, 성공하는 기업 생태계"를 주제로 주한 네덜란드 대사관 피터 웰하우즌 과학기술 수석담당관이 '여시재 재단'과 나눈 인터뷰 내용이다. 눈여겨볼 만하다.

① 칸막이 없는 정부, 모두 발언권 있는 수평 문화
② 대학-기업-정부가 일상적으로 협의하는 구조
③ 협력업체를 글로벌 기업으로 지원한 필립스
④ 강대국 둘러싸인 지정학적 여건-한우물 파는 강소기업 많아

⑤ 학술지 논문 전국민에 무료-Open Science
⑥ 별도 R&D 부처가 국민과 함께하는 과학기술 증진 노력
⑦ 해수면 올라가면 치명적 위협-지속가능성은 국가적 과제
⑧ 포용적이고 개방적인 문화-주장 강하면 안 되는 상인기질

⦿ 창업하기 아주 좋은 나라 대한민국

1) 창업에서 성공하는 데 건너야 할 두 개의 바다와 자금

 창업은 설레기도 하지만 솔직히 두려운 것이 사실이다. 창업의 세계에는 반드시 건너야 할 두 개의 바다가 있는데, 첫 번째는 기술개발에서 사업화까지의 데스밸리(Death Valley)이고, 두 번째는 사업화에 성공하더라도 시장에서 다른 제품과 경쟁해서 생존해야 하는 다윈(Darwin)의 바다를 말한다. 바로 이 두 가지 바다를 건너뛰어야 비로소 성공했다고 할 수 있다.

 죽음의 계곡과 다윈의 바다를 건너는 데 필요한 건 무엇보다 돈이다. 전문가들은 벤처기업이 두 장벽을 넘기 위해선 벤처기업의 자금조달 통로가 '론(Loan, 대출)'에서 '인베스트먼트(Investment, 투자)'로 바뀌어야 하고, 이를 위한 투자·이익 회수의 선순환 시스템이 형성되어야 한다고 말한다. 창업 3년 이내의 초기단계 기업투자 증가, 위험을 감수하는 엔젤 투자자(Angel Investor) 증가, 벤처기업의 투자 젖줄이 될 수 있는 전용 주식시장의 활성화가 필요하다는 것이다.

다시 말해 벤처 성공을 위해선 기업인 스스로의 노력이 가장 중요하지만 여건도 마련해줘야 한다는 것이다.

2) 창업하기 아주 좋은 나라 대한민국

우리나라의 창업정책도 많이 변화하고 있다. 과거보다 많이 나아지고 있고 창업하기 적당히 좋은 나라가 되고 있다. 우리가 흔히 이야기하는 스타트업은 업종 구분 없이 시장을 혁신·개선하는 아이템 모두를 일컫는다.

예비창업자 지원, 초기창업자 지원, 재창업자 지원 등 지원할 수 있는 사업도 다양하다. 올해 '예창패'라는 이름으로 등장한 것이 바로 '예비창업패키지' 사업이다.

그러나 지원규모가 한정되어 있기 때문에 모든 창업자가 지원을 받을 수는 없다. 사업 아이템의 차별성, 실현 가능성 및 창업자의 능력, 성장 가능성 등 각각의 지원사업에 맞는지를 평가해 지원 여부가 결정된다. 특히 창업자의 마인드가 중요한 요소로 작용하는데 이는 바로 기업가정신에 해당하는 요소들이다.

우리나라의 창업지원 제도와 예산, 생태계, 관심 등이 과거와 달리 많이 나아지고 있으나 법적 규제 및 혁신성, 사람들의 인식, 노동 환경 등은 앞으로도 개선되어야 할 것이다.

2019년 '정보통신융합법'과 '산업융합촉진법' 발효로 시행된 '규제 샌드박스' 운영은 좋은 예이다. 신제품, 신기술로 새로운 서비스를 시장에 출시할 때 특정 기간 일정한 조건(시간, 장소, 규모) 아래 기존 규제의 일부를 면제 또는 유예시켜주는 시범 사업 또는 임시 허가를 받아 출시가 가능해진 것이다.

'규제 신속확인-실증특례-임시허가'라는 3가지 규제혁신과 '생명·안전·환경 분야 저해 여부 고려, 문제 예상 및 발생 시 규제특례 취소, 손해배상 감독 강화'의 3가지 안전장치로 이뤄진 규제 샌드박스가 대한민국 혁신성장의 마중물이 될 것이라 기대해본다.

3) 실패를 장려하자(?)

제목이 다소 무리인 듯싶다. 이 말은 아무리 잘 준비한다고 하더라도 모든 창업자가 성공할 수는 없고, 우리 사회가 실패에 대해 비교적 관대하지 않은 문화임을 환기하는 용어다. 스타트업의 천국인 미국에서는 소위 '좋은 실패'는 장려한다고 하는 데서 나온 표현으로 실패를 '관용'하자는 의미이다.

눈여겨볼 사람이 있다. 실패를 하나의 학문으로 승화시킨 실패학의 창시자인 일본 도쿄대의 하타무라 요타로(畑村洋太郞) 교수이다. 그에 의하면 실패는 "필요한 실패"와 "있어서는 안 될 실패"로 구분되어야 한다고 한다. 하타무라 교수를 인터뷰한 조선일보 기사(2009.9.26.)를 참고할 필요가 있다.

▶ **실패학이란 무엇인가요?**

실패학이란 우선 이 세상 사람이면 누구라도 다 실패를 한다는 것을 전제로 합니다. 인간이든, 조직이든 지금까지 해보지 않았던 것, 경험하지 못한 것에 도전하고 창조적인 일을 하다 보면 반드시 실패가 따를 수밖에 없기 때문입니다. 그렇기 때문에 '실패를 해선 안 된다', '실패가 나쁘다'고 생각해선 안 됩니다. 만약 실패가 싫다면 도전하지 않으면 됩니다. 하지만 그것은 발전하지 않겠다는 말과 같습니다. 그럼, 창조적인 일을 하고 발전하고 싶다면 어떻게 해야 할까요. 새로운 일을 도전하는 과정에서 벌어진 실패를 어떻게 극복하고 활용할 수 있는지 고민해야 합니다. 이런 실패에 대한 지식을 공유하고 연구하는 것이 실패학입니다.

▶ **교수님은 실패에도 '좋은' 실패와 '나쁜' 실패가 있다고 했습니다.**

부주의나 오판(誤判)으로 똑같은 실수를 연발하는 것은 절대 용서받을 수 없는 실패입니다. 하지만 새로운 일에 도전하고 성공과 발전을 위해 추진하는 과정에서 벌어진 실패는 용서할 수 있는 실패입니다. 그런 만큼 필요한 실패, 불필요한 실패로 구분하지 않고 당사자를 책망하거나 몰아붙이면 발전할 수가 없습니다.

▶ **아무리 좋은 실패라도 당사자에겐 고통과 비용이 따릅니다. 굳이 체험할 필요가 있나요?**

실패를 하지 않고 성공할 수 있는 길은 분명히 있습니다. 이전에 있었던 성공 사례를 공부하고 모방하는 것이지요. 하지만 이런 방법은 매우 위험합니다. 예전에 성공한 사람과 똑같은 길을 가지 않거나 주위 환경이 조금만 바뀌어도 실패하기 십상이죠. 반면 자기 생각과 의지로 도전하고 실패하고 성공하게 된다면 예상치 못한 상황이 발생해도 살아남을 수 있습니다. 어떻게 보면 실패는 수업료라고 말할 수 있습니다. 대신 수업료를 낸 만큼 확실히 배워야죠. 모든 실패에는 귀중한 지식이 숨어 있습니다.

한국을 방문했을 때 하타무라 교수는 "무엇보다 중요한 것은 실패에 대한 우리의 잘못된 인식을 바꿔야 한다"고 말했다. "누구나 '성공'이라는 단어는 좋아하지만 '실패'를 인정하는 것은 매우 괴로워하죠. 하지만 실패는 훗날 소중한 자산이 될 수 있는 만큼 숨기기보다 적극 활용해야 합니다. 실패를 밑거름으로 해서 노력한 결과물이 바로 성공이기 때문입니다.

기업가정신에서 가장 중요하지만 오해하고 있는 것이 실패에 관한 내용이다. 기업가정신의 가장 중심이 되는 키워드는 '혁신'이다. 그러나 혁신기업 창업은 일반적인 기업의 창업보다 실패할 확률이 높다. 소위 혁신기업 창업은 위험하지만 야심 찬 도전자들에게는 매력적인 영역이다. 혁신기업 창업가는 지역사회 그 이상을 꿈꾸며 세계시장 혹은 적어도 특정 경제권역에서 제품을 판매할 방법을 찾는다.

4) 창업자 존중 사회로 바꾸어나가자

스탠퍼드대학 경영대학 바바 시브(Baba Shiv) 교수는 사람들이 실수나 실패를 받아들이는 과정에서 느끼는 두 가지 두려움의 유형을 분석했다. 첫째는 실수를 하는 것 자체를 두려워하는 경우이고, 두 번째는 실수나 실패로 인해 기회가 상실되는 것을 두려워하는 경우이다. 실리콘밸리에는 두 번째 유형의 사람들이 많이 몰려 있다. 바바 시브 교수는 실패에 대한 관용의 문화가 있다 보니 추가적인 기회를 얻을 수 있다는 믿음이 형성되어야 기업가적 혁신이 더욱 촉진되는 결과로 귀결된다고 설명한다.

미국 펜실베이니아대 와튼 비즈니스 스쿨의 데이비드 로버트슨 교수가 제안하는 기업가적 혁신의 과정은 실패를 딛고 일어서기 위한 일곱 가지 구체적인 방법을 활용해볼 것을 권하고 있다.

① 혁신의 전 영역을 탐색해보라.
② 와해적 혁신(Disruptive Innovation)을 이해하고 실행하라.
③ 당신의 고객 관점에서 생각하라.
④ 새롭게 만들어질 영역(블루오션)을 찾아라.
⑤ 혁신적인 문화를 만들어라.
⑥ 다양성과 창의성을 가진 사람들과 협업하라.
⑦ 개방형 혁신(Open Innovation)을 채택하라.

누구나 성공을 꿈꾸지만 실패를 경험했다면 '내가 왜(Why) 이 사업을 했는가?'라는 질문을 스스로에게 해보고 이에 대한 명료한 답을 찾아볼 필요가 있다. 나는 왜(Why) 이 사업을 하는가에 대한 구체적인 확신이나 신념을 갖는 것이야말로 실패를 줄이는 지름길이고 실패를 딛고 다시 일어설 수 있는 첩경이 되기 때문이다. 이에 대한 신념이 정립되면 이 신념을 실현하기 위해 어떤 구체적 방법을 채택해야 하는지 살펴보고(How), 그 이후 무엇(What)을 할 것인지를 찾아가는 과정을 거쳐야 한다.

◉ '공' 자가 들어간 분야일수록 절대적으로 필요한 기업가정신

1) 혁신성장을 발목 잡는 법, 관행

2018년 세계기업가정신발전기구(GEDI)에서 발표한 우리나라의 세계기업가정신지수(GEI, Global Entrepreneurship Index) 순위는 경제협력개발기구(OECD) 34개국 중 24위로 중하위권 수준이다. 경제규모 면에서는 물론 ICT 강국 대한민국에 어울리지 않는 낮은 수준임은 부인할 수 없다. 민간 부문의 '기업가정신'만큼 정부 부문에 필요한 것이 '정부의 기업가정신'이다. '정부의 기업가정신'은 국가와 국민에 대한 충성심과 애정을 바탕으로 국가 발전을 위한 정책 목표를 수립하고 기업과 가계에 대한 서비스 제공자로서의 자세를 갖추는 게 아닐까 한다.

대한민국이 기업의 혁신과 기업가정신으로 지금의 경제성장을 주도해왔다면, 앞으로는 정부와 대학 등 공공부문의 기업가정신으로 글로벌 TOP 3에 진입할 수 있을 것이다.

2) 공무원이 최고의 직업인 국가에서 국민의 미래는 없다

공공부문에서 기업가정신이 정립된 것은 오래되지 않았다. 공공부문에 기업가정신이 필요한 이유는 정부나 비영리기관이 산출하는 공공재도 시장에서 공급되고 소비되는 재화와 서비스의 성격을 가지고 있기 때문이다. 공공영역이라 하더라도 공공재가 얼마나 새로운 가치를 창출할 수 있는가에 따라 이를 소비하는 사람들(조직들)에게 큰 영향을 줄 수 있다는 점에서 공공부문에서도 역시 기업가정신이 필요하다.

국가 기관에서 기업가정신이 필요한 이유는 한 국가를 이끌어가는 지도자들에게 있어 위험감수와 기회 발굴 능력이 필수적이기 때문이다. 비영리단체는 NGO, NPO, 재단, 학교 등 궁극적인 목표가 이윤추구는 아니지만 끊임없이 새로운 아이디어 및 지식을 창출하여 조직이 목적하는 바를 달성해야 하는, 사회적으로 매우 중요한 역할을 담당하고 있는 기관들을 말한다. 이러한 비영리기관 역시 사회 전반에 도움을 주고, 때로는 사회 전체를 변화시키기 위해 기업가정신이 필요하다. 특히 기관의 장(리더)에게 절대적으로 필요한 덕목이 기업가정신이다.

정부에서 시행하는 보건, 교육, 교통, 국방 분야에서의 법과 규칙들은 민간 부분에도 많은 영향을 미치기 때문에 어쩌면 공공부문에서 기업가정신을 더 잘 이해하고 실천하는 것이 더 중요하다고 할 수 있다.

아래 표는 미국에서 있었던 공공부문의 기업가정신 사례이다.

사례	필라델피아	보스턴	워싱턴DC
새로운 아이디어	태양광 쓰레기 압축기 (BigBelly) 설치를 통한 운영비용과 노동력 감소	새로운 애플리케이션 (Citizens Connect)의 도입을 통해 지역사회의 상담 건수 증가	모바일 결재시스템 (Park Mobile)을 도입하여 동전투입식 주차권 설치
이미지			

서비스 향상노력	지속적인 기술개선이 되도록 인센티브를 제공하여 더 많은 도시가 활용할 수 있도록 함	보스턴 시 공무원 및 지역주민들의 사용 장려 홍보	고객의 행동에 대한 디지털 기록을 바탕으로 더 나은 서비스 구상
최종 고객에 대한 혜택	기존보다 공간을 훨씬 덜 차지하지만 쓰레기 처리 능력은 5배 증가. 쓰레기 용량이 꽉 차면 지자체에 자동 이메일링	사람들이 쉽고, 바르고, 즉각 대응이 가능한 새 애플리케이션을 더 많이 사용하고자 함	초기 힘든 과정을 겪고 시스템에 익숙해지자, 고객들은 미터기에 동전을 넣어야 하는 수고를 덜어 시간을 절약하였고, 주차위반 건수가 줄어 돈이 절약됨
결과	33명의 노동자를 3번씩 교대하던 방식에서 9명의 노동자를 1번씩 교대하는 방식으로 운영(운영비 70% 절감)	늘어난 상담 건수의 19%가 새 애플리케이션을 통해 이루어짐	첫해부터 매달 1,070만 달러의 거래액 발생

민간이 아닌 공공서비스 기관에 해당하는 시(City)에서 이러한 새로운 아이디어로 서비스 효율을 높여가는 노력이 요구된다. 공무원 조직은 좋은 정책을 만들어 잘 집행하는 것을 '절대 선'으로 여기는 집단이다. 정책 실패에 대한 책임도 일반 기업가보다는 훨씬 덜하다. 공무원들이 혁신성, 위험 감수성, 진취성, 자율성 등 기업가가 갖추어야 할 핵심가치를 지닌다면 훨씬 더 나은 결과를 낳을 수 있을 것이다. 혁신을 통해 가장 효율 높은 방안을 찾아 나서는 것이다.

정책이 잘못됐을 때 생길 손실까지 감안하는 기업가정신도 필요하다. 이런 공무원이 많을수록 정책의 실효성이 높아질 것이다. 정치인 역시 기업가정신으로 무장해야 한다. 정치인의 결정 가운데 자기 회사라면 이렇게 운영할까 싶은 생각을 들게 하는 사례가 적지 않다. 기업가정신을 덧붙여 불합리한 정책 결정을 최소화하려는 노력이 필요해 보인다.

국가 전체 차원에서 기업가정신과 혁신적인 사고방식이 중요한 이유는, 크게 거시적 측면과 미시적 측면으로 나누어볼 수 있다.

거시적 측면	미시적 측면
· 조직의 크기 최적화 · 효율적인 세제 운영 · 사회보장제도와 경쟁 시스템의 적절한 조화	· 새로운 공공부문의 관리 · 공공서비스의 질 향상 · 더 나은 규제 · 민관 협력 활성화

조직 크기의 최적화는 우리 일상에서도 뉴스 등을 통해 많이 접하는 이슈다. 최근 공무원 숫자 및 연금 등의 문제가 불거지면서 국가 운영을 위해 필요한 조직의 최적 규모문제가 더욱 가시화되고 있다. 아울러 국가 전체차원에서 거두어들인 세금을 얼마나 효율적으로 운영하는가의 문제도 있다. 또한 국민의 최저 생활유지를 위한 사회보장제도와 경제 발전을 위한 경쟁 시스템이 적절하게 유지될 수 있는 틀을 마련해야 한다. 공무원, 공사, 공단, 정부출연기관, 학교, 군부대 등 우리 사회 전반에 기업가정신이 절대적으로 필요한 이유이다.

3) 사위가 창업가여서 기꺼이 결혼을 승낙하는 나라

얼마 전 국내 모 대학에서 실시한 취업·진로의식 설문조사 결과이다. 대기업(24.3%)이나 공기업·공무원(22.0%) 등 안정적인 일자리를 원하는 학생이 절반 가까이 되고, 창업을 희망한 학생은 2.8%에 불과했다. 미국 대학생의 창업 의사 비율 20%에 훨씬 못 미치는 것이다.

『스타트업 바이블』이라는 책을 쓴 미국 MIT대학의 빌 올렛(Bill Aulet) 교수는 2011년 서울에서 열린 MIT 글로벌 스타트업 워크숍에 참석하면서 만난 한 참석자의 사연을 소개하고 있다. 창업에 성공해 직원 6명을 고용한 어엿한 기업가가 되어 여자 친구의 부모님께 결혼 승낙을 받으러 갔을 때 "대기업에 입사하거나 공무원 같은 '진짜' 직업을 구하면 결혼을 허락하겠다"라는 답변을 들었다고 한다.

지금은 어떠한가? 요즘은 대학교에서 창업을 지원하는 다양한 프로그램을 운영하고 있다. 그런데 아직도 창업을 하겠다는 자녀가 있으면 "너 신용불량자 되려고 그러냐?" 하면서 매우 부정적인 시선으로 바라본다고 한다.

우리나라가 글로벌 국가로 나아가는 데 가장 큰 장애물은 우수한 인재들이 의학·법학 분야 진학을 1순위로 꼽는다는 것과 졸업 후에 공무원이 되고 공사에 입사하는 것을 최고의 직업으로 인식하는 것, 더불어 우리 사회 전반에 널리 퍼져 있는 창업에 대한 부정적인 문화라고 할 수 있다.

끝으로 『스타트업 바이블』의 저자 빌 올렛 교수가 한국어판을 발행하면서 쓴 서문의 일부를 인용하고자 한다.

한국은 놀라운 잠재력을 지닌 국민이 경이로운 발전을 이룬 나라입니다. 한 가지 아쉬운 점이 있다면 기업가정신의 발휘와 창업을 지원하는 문화입니다. 아쉽게도 한국의 전통적인 사고방식은 창업을 안전하고 바람직한 인생 진로로 여기지 않는 거 같습니다. … 무엇보다 창업은 고용 창출의 일등공신입니다. 카우프만 재단(Kauffman Foundation)의 연구 결과, 1980년부터 2005년까지 미국에서 창출된 4,000만 개의 일자리 중 설립 5년 미만의 기업이 기여한 비중이 2/3를 차지합니다. 지속적인 성장을 원한다면 한국도 혁신 주도 기업의 창업에 더욱더 관심을 기울여야 합니다.

참고문헌

- 짐 로저스, 『앞으로 5년 한반도 투자시나리오』, 비즈니스북스, 2019.
- 골드만삭스보고서 「대한만국 2050 보고서」, 2007.
- 이춘우 외, 『기업가정신의 이해』, 한국청년기업가정신재단, 2014.
- 나폴레온 힐, 『나폴레온 힐 성공의 법칙』, 중앙경제평론사, 2015.
- 빌 올렛, 『스타트업 바이블』, 비즈니스북스, 2013.
- 양현봉, 「주요 선진국의 청소년 기업가정신 교육정책과 시사점」, KIET(산업연구원), 2019.
- 이명호, 「치명적 자연재해가 준 선물」, 여시재, 2019.7.26.
- 반성식 외, 「한국의 기업가정신 활동: 2012년 글로벌기업가정신연구(GEM)를 중심으로」, 한국창업학회, 2013.
- 안선영 외, 「창업, 기업가정신 및 기업의 사회적책임에 대한 청소년의 인식:한국-핀란드 비교연구」, 한국청소년정책연구원, 2011.

저자소개

박상문 PARK SANG MOON

학력
· 경영학 학사, 경영학 석사, 경영컨설팅학 박사

경력
· 현) 에스엠C&C 대표 컨설턴트
· 중소기업중앙회(K-BIZ) 경영지원단 자문위원
· 소상공인시장진흥공단 역량강화 컨설턴트
· 한국산업인력공단 능력개발 외부전문가(HRD)
· 공공기관 채용 평가위원 및 면접관(KCA & KBS)
· 전라북도 고용안정선제대응패키지 전문 컨설턴트
· 전라북도 사회적경제연대회의 Pro-bono
· 전북창조경제혁신센터 혁신코디(멘토)
· 전북과미래 포럼/연구소 부소장
· 전라매일신문 독자권익위원/칼럼니스트

- 대전대학교 바이오아이코어사업단 초빙연구원
- 경기도경제과학진흥원(GBSA) 평가위원
- 성남시상권활성화재단 컨설팅위원
- 전) 경기도 성남시 행복마을만들기 초대회장
- 전) 삼성/한라그룹/외자기업 고문/참프레 경영기획실장/이사

자격
- 경영지도사, 사회복지사, 직업능력개발훈련교사, 평생교육사
- 기술경영사, 기술창업지도사(TSC), 특허경영지도사, NCS전문가
- 대한경영정보학회 이사, 한국유통경영학회 이사

저서
- 『4차 산업혁명 시대 창업과 창직』 브레인프랫폼, 2020. (공저)
- 『4차 산업혁명 시대 경영기술컨설팅의 미래』 브레인플랫폼, 2020. (공저)
- 『신중년 도전과 열정』 브레인플랫폼, 2020. (공저)
- 『4차 산업혁명 시대 및 포스트 코로나 시대 미래비전』 브레인플렛폼, 2020. (공저)
- 『소상공인 중소기업 컨설팅』 브레인플랫폼, 2020. (공저)
- 『미래유망기술과 경영』 브레인플랫폼, 2021. (공저)
- 『신중년, N잡러가 경쟁력이다』 브레인플랫폼, 2021. (공저)

수상
- 국가보훈처장표창(2011)
- 전라남도지사표창(2011)
- 전라북도지사 표창(2018)
- 전라북도의회의장 표창(2019)

제3장

김주용

4차 산업혁명 및 코로나 시대의 창업과 창직

⊙ 직업, 창업, 창직의 세계

1) 직업 및 창업, 창직의 개념

직업이란 사회적으로 긍정적인 기여를 하고, 보수를 받는 것을 전제로 하는 일로서, 개인이 소득을 얻기 위해서 계속적으로 수행하는 경제활동을 말한다(여기서 '계속적'이라는 의미는 매일, 매주, 매월 등 주기적으로 행해지거나 또는 계절적으로 행해지는 경우를 나타낸다).

창업이란 진취적 역량을 가진 개인이나 집단이 사업 아이디어를 활용하여 영리를 목적으로 가게나 회사를 설립하는 활동이고, 창직이란 창조적인 아이디어를 통해 기존에 없는 직업이나 직종을 새롭게 만들어내거나, 다양한 직업들을 재설계하여 새로운 직업 세계를 개척해나가는 활동이다.

창업과 창직은 많은 부분에서 중복되어 혼용되지만 창업은 제품과 기술 중심, 창직은 사람 중심으로 보면 된다. 창업은 자본이 주요소로 작용하고, 동종업계 창업자가 많을수록 불리하다. 반면 창직은 직업적 가치를 중요시하기 때문에 창직자의 지식, 기술, 능력, 적성 등이 강조되며, 같은 일을 하는 사람이 많을수록 관련 시장이 안정화된다. 또 창업은 소비자의 요구와 트렌드에 민감하게 반응하면서 이에 영향을 받지만, 창직은 수행자의 역량을 중심으로 사회적 수요가 강할수록 안정성이 확보된다.

2) 창업과 창직의 필요성 및 중요성

현대사회에서는 자동화와 첨단산업의 발전에 따라 직업이 다양해지고 새로운 상품과 서비스가 요구되므로 기존 직업에서 추가로 일자리를 창출하는 것은 한계가 있다. 따라서 다양한 지식의 융합을 통한 새로운 가치창출이 필요하고, 스스로 일자리를 만들고 타인에게 새로운 일자리를 제공하는 창업이나 창직이 필요하다.

창업과 창직은 과학기술의 발달 촉진 및 사회적, 경제적 가치 증대뿐만 아니라, 세상의 문제를 해결하고, 개인과 국가의 부를 창출한다. 또한 근로자에게는 일자리를 제공하여 삶의 질을 향상시켜준다.

3) 창업과 창직을 위한 요소 및 과정

창업과 창직을 하기 위해서는 우선적으로 창업과 창직 아이디어가 있어야 하며, 이를 추진할 사람과, 자본, 이를 소비할 시장이 있어야 한다.

창업과 창직 과정은 첫 번째로 관심 분야 창업·창직 아이템을 정하기, 두 번째로는 창업·창직 아이템 구체화하기, 세 번째로는 사업계획서 만들기, 마지막으로는 홍보 및 마케팅 순서의 과정을 거친다.

◉ 4차 산업혁명 시대의 직업변화

제4차 산업혁명은 인공지능으로 자동화와 연결성이 극대화되는 산업환경의 변화를 의미한다. 즉 4차 산업혁명이란, 기존 가치사슬(Value Chain)에 인공지능(AI)과 빅데이터, 사물인터넷(IoT) 등의 첨단기술이 결합해 새로운 가치가 더해지고, 효율성이 극대화되는 것이다.

1) 4차 산업혁명에 따른 직업변화 트렌드

(1) 정형화된 업무는 기술로 대체

직업에 요구되는 능력이 육체적이냐 혹은 인지적이냐에 상관없이 정형화된 업무는 기술(로봇, 인공지능 등)로 빠르게 대체될 것이며, 고도의 유연성과 육체적 적응성, 창의성, 공감능력 등이 필요한 직종은 컴퓨터화와 기계화에 덜 영향을 받을 것이다.

(2) 직업의 등장과 소멸이 가속화

신기술과 직무의 전문화, 세분화, 융복합화에 따라 직업의 등장과 소멸이 가속화될 것이다.

(3) 디지털 기술을 잘 활용하는 사람을 우대

로봇과의 협력, 디지털 지식의 활용이 중요해질 것이고, 디지털 기술을 잘 활용하는 사람이 우대받을 것이다.

(4) 아이디어가 사업화되는 시대

빅데이터, 인공지능, 3D 프린팅, 모바일, 사물인터넷 등 4차 산업혁명의 주요 기술이 급발전하고, 공유경제, 플랫폼경제가 확산되는 등 아이디어가 더욱 쉽게 사업화되는 시대가 된다.

(5) 평생학습의 시대

지식과 기술의 수명이 짧아지고, 사람 수명이 연장되면서 평생 더 많은 직업을 가져야 하기 때문에 이제 '평생직업의 시대를 넘어 평생학습의 시대'가 온다.

2) 4차 산업혁명 시대의 유망직업

(1) 사물인터넷 전문가(Internet of Things)

사물인터넷(IoT: Internet of Things)은 인터넷을 기반으로 사물들이 서로 연결되어 개별적인 사물들이 제공하지 못했던 새로운 기능을 제공하는 서비스이다. 여기서 'Things(사물)'란 차, 스마트폰, 가전제품, 로봇, 웨어러블 기기, 약병, 기저귀, 목걸이, 교통 안내판 등 유형의 물건은 물론이고 공간, 데이터 등 무형의 것까지 포함한다.

(2) 인공지능 전문가

인공지능 전문가는 사람의 뇌 구조에 대한 지식을 바탕으로 컴퓨터나 로봇 등이 인간과 같이 생각하고 결정을 내릴 수 있도록 알고리즘을 개발한다.

(3) 빅데이터 전문가

빅데이터 전문가는 매우 빠르게 생산되고 있는 거대한 데이터를 실시간으로 수집 및 저장하고, 이 데이터를 분석해 가치 있는 정보를 추출하는 일을 한다.

(4) 가상현실/증강현실 전문가

가상현실(VR)은 컴퓨터 기술을 이용하여 만들어낸 100% 가상의 이미지나 공간을 의미한다. 사례를 들면, 가상의 우주공간이나 심해 바닥을 걷는 게임이 있다.

　증강현실(AR)은 현실의 이미지나 배경에 3차원 가상 이미지나 정보를 합성하여 원래 존재하는 것처럼 보이게 하는 것이다. 대표적인 사례로 스마트폰 게임 '포켓몬고(Go)'와 재미있는 셀프 사진 찍기 앱인 '셀피앱'이 있다.

(5) 생명과학 연구원

　생명과학(생명공학) 연구원은 생물학, 의약, 식품, 농업 등 생명과학 분야의 이론과 응용에 관한 연구를 통해 다양하고 복잡한 생명 현상을 탐구하고 이와 관련된 기술을 적용한다.

(6) 정보보호 전문가

　정보보호 전문가는 IT 보안 전문가라고도 하는데, 컴퓨터와 인터넷상의 해킹과 바이러스로부터 디지털 정보를 보호하는 일을 한다.

(7) 로봇공학자

　로봇공학자는 서비스 로봇(교육용 로봇, 청소 로봇, 이동용 로봇 등)이나 산업용 로봇(제조용 로봇, 용접 로봇, 건설용 로봇 등), 협업 로봇(코봇, Collaborative Robot), 웨어러블 로봇 등을 연구·개발·제작 그리고 유지·관리하는 일을 한다.

(8) 자율주행차 전문가

　자율주행차 전문가는 정보통신기술(ICT), 인공지능, GPS(위성항법시스템) 등의 최신 기술을 적용해 안전하게 자율주행이 가능한 자율주행차를 연구하고 개발한다.

(9) 스마트팜 전문가

스마트팜 전문가는 스마트팜 관련 기술과 장비를 개발하고 설치하며, 스마트팜 도입을 희망하는 농업인에게 컨설팅과 교육을 실시한다.

(10) 환경공학자

환경공학자는 공학적인 원리를 활용하여 대기환경, 수질환경, 폐기물환경, 토양환경, 해양환경 등 다양한 환경 문제를 해결하기 위해 각종 연구와 조사를 하거나, 환경영향평가 업무를 한다. 또 환경오염 방지와 환경보전을 위한 계획을 세우고 정책을 수립한다.

(11) 스마트 헬스케어 전문가

스마트 헬스케어 전문가는 전문 분야에 따라 건강측정기 등 액세서리나 웨어러블 기기를 활용하여 개인이 스스로 운동량, 심전도, 심장박동 등을 체크해 건강을 관리할 수 있는 헬스케어 서비스를 기획하거나 건강관리 어플리케이션을 개발하는 일을 한다.

(12) 3D 프린팅 전문가

3D 프린팅 전문가는 전문 분야에 따라 다양한 일을 한다. 3D 프린터 개발자는 3D 프린터 또는 부품의 성능 향상을 위한 연구·개발을 한다. 3D 프린터용 재료 기술자는 3D 프린터에 사용될 다양한 소재와 기능

의 재료를 연구하고 생산한다. 3D 프린팅 컨설턴트는 기업이 자사의 제품 생산 과정에 3D 프린팅 기술을 접목하고자 할 때 기술자문을 한다.

(13) 드론 전문가

드론 전문가는 전문 분야에 따라 크게 드론 조종사와 드론 개발자로 구분된다. 드론 조종사는 다양한 형태의 드론을 전문적으로 조종하는 일을 하고, 드론 개발자는 새로운 드론을 개발하거나 성능 향상을 위한 기술개발 업무를 한다.

(14) 소프트웨어 개발자

소프트웨어 개발자는 크게 시스템 소프트웨어 개발자와 응용 소프트웨어 개발자로 구분된다. 시스템 소프트웨어 개발자는 컴퓨터 또는 컴퓨터가 내장된 로봇이나 산업설비 등 기계장치에 사용되는 컴퓨터 시스템의 동작, 제어 및 관리와 관련된 시스템 소프트웨어를 개발하는 일을 한다.

(15) 신재생에너지 전문가

신재생에너지 전문가는 전문 분야에 따라 태양광, 태양열, 풍력, 지열, 수력, 수소, 연료전지, 바이오, 폐기물 등 에너지기술을 연구하고, 시스템 및 모듈, 부품, 태양광 패널 등 소재 개발, 축전지, 에너지 최적화를 위한 제어시스템 등을 개발하는 일을 한다.

3) 4차 산업혁명 시대에 요구되는 능력

4차 산업혁명 시대에서는 제조업과 사무직 등 분야의 일자리가 크게 줄어드는 반면 STEM(과학·기술·공학·수학) 분야에서는 새로운 일자리가 창출돼 그 자리를 대신할 것이다. 따라서 컴퓨터와 소프트웨어 활용 능력, 데이터 분석 능력이 요구되는 직업과 일자리가 더욱 증가할 것이다. 하지만 수학과 과학을 잘하지 못해도 컴퓨터와 디지털 기술을 잘 이해하고 활용할 수 있는 능력(Digital Literacy, 디지털 문해력)을 키운다면 누구나 4차 산업혁명 시대를 선도하는 인재가 될 수 있다.

⊙포스트 코로나 시대의 직업변화

앞에서 살펴본 바와 같이 4차 산업혁명 시대에는 수많은 직업이 사라지고 새로운 시대가 열릴 것으로 예상되고 있다. 기술과 업종 간 융·복합은 물론 세계 어디서, 누구와도 이어지는 초연결 사회가 특징으로 꼽힌다.

이런 4차 산업혁명 시대 앞에서 코로나19는 또 한 번의 커다란 충격을 주고 있다. 과거 사례를 살펴보면, 흑사병이 퍼지면서 대혼란에 빠진 중세시대에는 유럽 인구 3분의 1이 목숨을 빼앗겼다. 흑사병으로 인한 인구급감으로 소작농을 구하지 못한 영세 영주들이 파산을 하기 시작하고 중세는 급격히 재편되어 시장과 화폐경제, 교역의 시대가 도래하게 되었다. 천연두도 흑사병 못지않았다. 16세기 잉카제국은 스페인 군대가 가져온 천연두로 몰락했다. 이후 남미의 금과 은이 유럽으로 쏟아져

들어오면서 상공업과 자본주의가 싹트며 유럽의 금융 질서가 바뀌게 되는 계기가 되었다. 또한 20세기의 스페인 독감으로 인한 사망자는 1차 세계대전 사망자를 넘었고 이로 인한 노동력 감소는 자본 집약 산업의 발전으로 이어지기도 했다.

감염병의 세계적 대유행 이후 세계는 언택트, 비대면 등 달라진 환경 속에서 포스트 코로나 시대를 준비하고 있다.

1) 코로나19 이후 일자리 변화

(1) 단기간에 모든 분야에서 경기침체 등 새로운 환경조성

전 세계로 확산되기 시작한 코로나19 감염병은 단기간에 경제, 사회, 문화 모든 방면에 영향을 미치며 포스트 코로나 시대라는 새로운 환경을 만들어냈다. 특히 코로나19 위기로 세계적인 경기침체가 발생했으며, 2020년 세계 경제성장률을 세계은행 －5.2%(6.8), OECD －4.5%(9.16), IMF －4.4%(10.13)로 예측한 바 있다.

(2) 전 산업에서 일자리 감소 및 업무 역량 변화

코로나19의 발발과 이에 따른 경기침체는 실업률 증가, 고용 양극화 등 일자리의 질과 양에 부정적인 영향을 미치고 있다. 감염병의 확산을 낮추기 위해 사회적 거리두기가 삶의 원칙으로 작용하고, 재택근무와 온라인 회의를 통한 업무가 일상화되었다.

특히 코로나19의 확산을 막기 위한 비대면 환경의 중요성에 따라 디지털 사회로의 전환이 가속화되고, 사업장 폐쇄의 위험을 낮출 수 있는 자동화가 고려되며, 일자리에서 요구하는 역량도 변화하고 있다.

(3) 재택근무나 원격업무 비중 확대

사회, 문화적인 관념에서 확대되지 못하던 재택근무가 코로나19의 확산을 막기 위한 방안으로 시행되며, 원격업무와 온라인 회의 등에 대한 적응이 이뤄지고 있다.

2) 포스트 코로나 시대의 유망직업

(1) 감염병 국제공조체계를 구축하는 직종

감염병 확산 예측·조기경보기술은 질병의 전파 과정, 감염 환자, 인구 데이터 등 빅데이터를 활용해 감염병 지역 확산 가능성을 예측하고 사전에 알려주는 기술이다. 국내외 빅데이터 정보 통합분석을 통한 감염병 국제공조체계를 구축하는 직종이 유망해질 것이라 기대할 수 있다.

(2) 가상 혼합현실 기술

사용자의 감각정보(시각·촉각·동작 인식 등)를 실시간으로 계산해 현실적인 가상·혼합현실을 구현하고, 사용자와 가상·혼합현실이 상호작용을 원하는 실감형 교육에 적용하는 가상·혼합현실 기술 영역도 있다. 이 기술을 통해 대외활동이 어려운 장애인, 어린이, 노약자 등의 특수교육에 활용하는 교육 분야도 각광받을 것으로 보인다.

(3) 물류정보 통합플랫폼

코로나19로 온라인 주문이 폭발적으로 늘면서 ICT 기반 물류정보 통합플랫폼도 주목받는다. 빅데이터, IoT, 블록체인에 기반해 물류정보를 디지털화하고 플랫폼을 표준화해 실시간 예측 배송과 재고관리를 실현하는 기술로 향후 물류체계 전 과정에 적용할 수 있다.

(4) 스마트병원 플랫폼

의료폐기물 수집·운반용 로봇 기술도 포스트 코로나 시대의 특징적인 분야다. 감염병 대응과정에서 의료폐기물 발생량이 급증하는 상황과 더불어 추가적인 감염예방 및 안전한 폐기물 처리를 위한 자동화기술이 필요해졌다. 이 기술의 활용으로 의료활동 전반에 ICT 기술을 접목하는 스마트병원 플랫폼 확대도 가능하다.

◉ 창업과 창직에 요구되는 정신

한국고용정보원에서는 직업 만들기에 관심 있는 청년을 대상으로 반드시 명심해야 할 '창직 6계명'을 다음과 같이 제시한 바 있다.

① 튀어야 산다!

창의적인 아이디어가 중요하다. 발상의 전환으로 다른 사람이 못 본 틈새시장을 찾아내자. 이미 독특한 아이디어로 성공한 사례를 살펴보면 위험을 줄일 수 있다.

② 직업의 세계를 이해하라!

이미 있는 직업들을 합치거나 세분화하면 블루오션을 찾을 수 있다. 음악과 치료가 만나 음악치료사가 탄생했다. 애견 옷 디자이너는 패션 디자이너에서 특화된 직업이다. 새 직업 중에는 해외 직업의 영향을 받은 것도 많다.

③ 잘할 수 있는 분야를 찾아라!
　잘할 수 있는 일, 학창시절부터 줄곧 관심을 갖고 있는 분야, 하고 싶은 일이 무엇인지를 제대로 파악하자.

④ 시대보다 반박자만 앞서가라!
　시장 동향이나 미래 트렌드를 분석해 수요가 커지고 있는 분야를 포착한다. 남보다 앞서 가야 한다. 지나치게 시대를 앞서가도 안 된다. 시대보다 10년을 앞서면 시장성을 찾기 어렵다. 5년 정도 앞서 가라.

⑤ 도움을 구하라!
　시간을 아끼고 시행착오를 줄이려면 반드시 전문가의 의견을 참고하고 실행에 옮겨라. 각종 지원제도를 활용해라.

⑥ 실패를 활용하라!
　하나의 직업이 탄생하려면 많은 경험과 시간이 필요하다. 당장 원하는 결과물이 안 나와도 좌절하면 안 된다. 꾸준히 노하우를 쌓아야 한다.

　이상과 같이 창업과 창직 활동을 하기 위해서는 기존에 존재하지 않던 형태의 서비스를 만들어야 하는 것으로 차별성, 혁신, 도전정신, 강한 정신력 등이 필요하다.

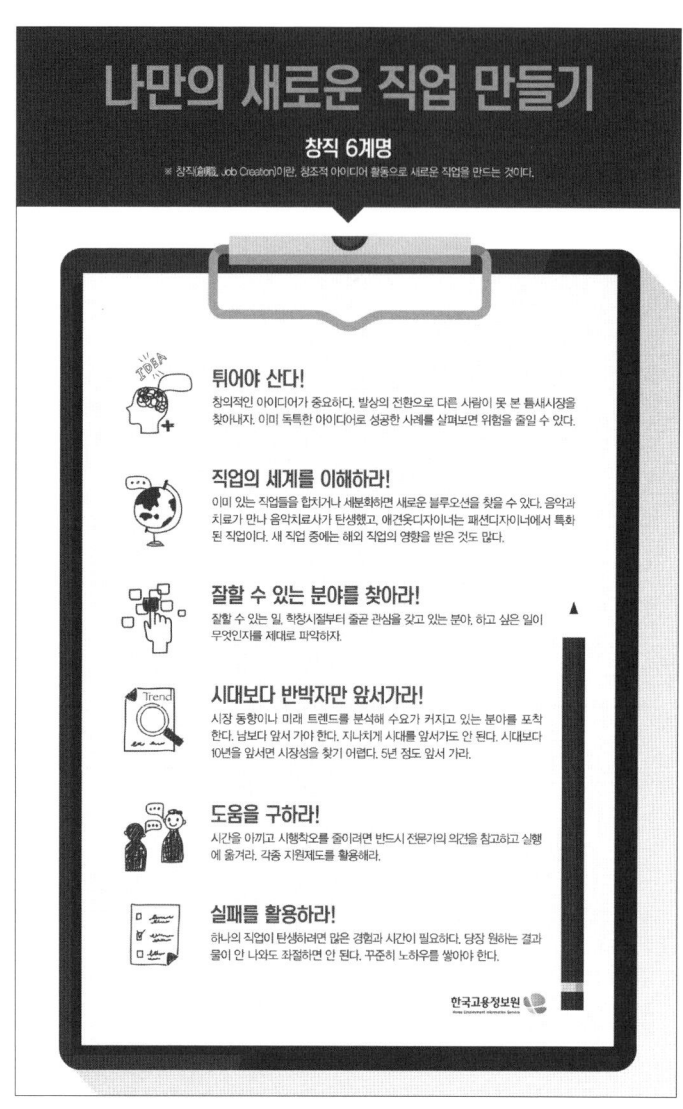

*출처: 한국고용정보원, 『우리들의 직업 만들기』, 2015

창직에 도움을 주는 해외직업 사례

직업명	직업 개요
건축여행 기획자	건축물이나 유적 등을 비교·체험할 수 있도록 건축여행프로그램을 기획한다. 여행일정표, 안내서 등을 작성하고, 여행객과 일정을 조율하여 직접 여행안내를 한다.
장애인 여행 코디네이터	장애 유형과 정도를 고려하여 여행지의 선택 과정에서부터 귀가까지 맞춤형 서비스를 제공한다. 이를 위해 맞춤 여행코스를 짜고, 프로그램 등을 기획·개발하며, 필요에 따라 맞춤 가이드 역할도 수행한다.
의료관광 컨시어지	외국인 의료관광객의 입국부터 출국까지의 전 과정을 함께 하며, 입출국에 대한 서비스, 의료기관 상담 및 예약 대행, 관광 프로그램 예약 등 개별 맞춤형 서비스를 제공한다.
농산물 꾸러미 식단 플래너	친환경 식단을 이용하려는 소비자에게 친환경 농산물 목록과 함께 적절한 조리 방법, 식단표 등을 제공한다.
시니어 여가생활 매니저	시니어 계층의 은퇴 후 시간 관리 등을 돕고, 각종 문화 활동, 교육, 여행 등의 프로그램을 기획하여 행복한 노년 생활을 누릴 수 있도록 지원한다.
시니어 전화 안부 상담사	시니어 계층에게 정기적으로 전화를 걸어 건강, 재무, 각종 활동에 대한 서비스를 제공하며, 관련 서비스나 지원제도 등을 연계해주기도 한다.
자기 성장 기간 (갭이어) 기획자	갭이어를 보내려는 청소년, 대학생 등이 자신의 적성에 맞는 다양한 경험을 통해 견문을 넓히고 꿈을 찾을 수 있도록 갭이어 프로그램을 기획하고, 지원한다.
창작자 에이전트	창작자의 창작물을 등록 및 관리하는 일을 한다. 창작물의 출판 및 대여, 번역 등의 제안이 들어오면 중개 역할을 하며, 대중에게 마케팅 활동을 하기도 한다.
스포츠 영상 전문가	스포츠 경기를 촬영하는 일을 한다. 이를 위해 촬영 가능한 카메라 수량을 검토하고, 어떤 위치에서 촬영해야 하는지 등을 기획한다. 촬영된 영상자료는 경기 판독, 마케팅 등에 활용된다.
캠핑 비즈니스 전문가	캠핑장 위치 선정, 운영, 홍보 등 캠핑장 운영 관련 컨설팅을 한다.
트리클라이밍 지도사	트리클라이밍을 즐기려는 사람들을 대상으로 각종 시설물을 이용해 안전하게 나무에 오르는 활동을 돕는다. 필요한 장비를 판매 또는 대여하고, 장비의 올바른 착용법을 교육한다.
유휴공간 활용 컨설턴트	유휴시설이나 여유공간 등을 찾아내 다양한 목적으로 활용될 수 있도록 공간 활용 방안을 제안하고, 이를 활용할 고객을 중개하기도 한다.

주택 하자 평가사	주택의 철저한 검사를 통해 문제점을 찾아내고, 하자 발견 시 해결방안을 제시하는 등 주택 구입자가 주택을 구입할 때 정확한 판단을 할 수 있게 도와준다.
웹툰 번역가	한국어로 제작된 국내 웹툰 작품을 외국어로 번역한다.
농장파티 기획자	농산물 활용 체험 프로그램 기획자로서 지역에서 생산된 농산물을 활용하여 다양한 체험 프로그램과 공연 등을 기획·연출하고, 농산물의 정보제공과 판매전략 등을 수립하여 진행한다.

*출처: 한국고용정보원, 『우리들의 직업 만들기』, 2015

참고문헌

- 고용노동부, 한국고용정보원, 『4차 산업혁명 시대 내 직업 찾기』, 2018.
- 고용노동부, 한국고용정보원, 『창직, 신직업 발굴 및 가이드라인 개발』, 2013.
- 한국건설산업연구원, 『코로나19 위기 이후 일자리 변화와 건설산업 대응방향』, 2020.
- 고용노동부, 한국고용정보원, 『우리들의 직업 만들기』, 2015.

저자소개

김주용 KIM JU YONG

학력
· 강원대학교 농공학과 학사 졸업
· 경주대학교 토목공학과 석사 졸업

경력
· (주)동명기술공단종합건축사사무소 상무이사
· 건설신기술, 교통신기술, 방재신기술 평가위원
· 행정중심복합도시건설청 기술자문위원
· 원주시 기술자문위원, 강원도청 자문위원
· 한국시설안전공단 평가위원 등

자격
· 건설안전기술사
· 토목품질시험기술사

· 토질및기초기술사

· 토목시공기술사

· 화약류관리기사

저서

· 『토목시공기술사 시험과 맞장뜨기』 가인디자인스코프, 2020.

· 『죽은토목시공기술사 살리기 Project』 가인디자인스코프, 2021.

수상

· 한국도로공사(2013년 표창장)

제4장

송민석

사내기업가 정신부터 사회적기업가 정신까지

⊙4차 산업혁명 시대의 대기업 혁신

4차 산업혁명으로 외부환경의 변화속도가 급격하게 증가하고 있는 상황에서 대기업들은 새로운 시장에 대한 빠른 접근과 비즈니스모델의 전환에 부심하고 있으며, 미래성장동력 확보를 위해서 반드시 필요한 조직의 기민성(Agility), 창의적 아이디어를 바탕으로 위험에 도전하는 우수한 인재가 중심이 되어 사내벤처를 추진하는 것을 장려하고 있다.

벤처는 비교적 단기간에 J-커브를 그릴 수 있는 엘리트 기술기반의 창업이라는 점에서 소상공인창업과는 다르다고 할 수 있다.

필자는 부친의 권유로 우연히 공과대학에 입학했고, 당시 국립 출연연구소와 연계되는 프로그램이 있어서 위촉연구원으로 근무하면서 약 20년 전에 금속공학으로 박사학위를 취득하였다. 당시에도 소위 시장에서 먹히는 기술을 개발한 연구원분들이 창업을 하는 것을 목격했으나, 나와는 전혀 관계없는 일이라는 생각이 들었고, 오히려 '왜 정년이 보장되는 견실한 직장을 두고 굳이 고생 길을 택했을까?'라는 의문이 들었다. 하지만 최근과 같이 벤처 붐의 시대에 심지어 대학생들이 휴학을 하고 벤처창업하여 부자가되는 경우를 종종 접하면서, '만일 내가 20년 전에 창업을 했으면 지금 어떻게 되었을까?'하는 상상을 가끔 해본다. 특히, 현재 대기업 신성장부문 벤처육성팀장의 위치에서 동료들이 사내벤처를 통해 CEO가 되는 것을 목격하면서 필자도 언젠가는 사내벤처창업에 도전해보고자 하는 꿈을 키우고 있다.

규모의 경제의 효율 차별화라는 기존의 방식으로는 매출액의 5%를 넘기 어렵다. 이는 대한민국 기업의 평균 영업이익률이다. 반면 혁신에 의한 차별화는 대단히 크다. 새로운 스마트폰 생태계, 에어비앤비(Airbnb), 페이스북(Facebook)과 같이 혁신을 통한 가치창출에는 제한이 없다. 이들의 영업이익률은 대체로 30%에 육박하고 있다.

우리는 추격자 전략의 일등 국가로서 원가절감과 효율의 패러다임에 익숙하다. 열심히 일사불란하게 수직적 관계하에 일을 수행해왔다. 그러나 혁신은 효율과 완전히 다른 패러다임이다. 이제 실패를 감수해야 하고 수직적 관계의 지시가 아니라 수평적 관계의 협력이 필요하다.

반복되는 관리의 효율 경쟁이 점진적 혁신의 경쟁으로 이동하고, 파괴적 혁신 경쟁으로 돌입한다. 이러한 파괴적 혁신을 이끄는 것이 바로 기업가정신이다. 즉, 기업가정신은 '혁신의 리더십'으로 정의할 수 있다. 그런데 혁신이 지속가능하기 위해서는 가치창출이 가치분배와 선순환되어야 한다. 기존의 이론에서는 기업활동과 기업가정신의 정의가 연결되지 않았고, 사내기업가와 사회적기업가의 정의가 별도로 존재했다. 기업가정신은 기업의 이익창출에 국한되는 것이 아니라 사회에 가치창출을 하고 이를 선순환 분배하는 개념으로 바뀌고 있고, 이는 미래사회의 시민 윤리와도 연결되는 것이다. 따라서 모든 기업활동이 가치창출과 가치분배의 선순환이라는 관점에서 통합되어야 하며, 이러한 선순환적 사회적기업가정신이야말로 지속가능한 미래 4차 산업혁명의 가장 핵심 요소가 될 것이다.

아울러, 투명하고 반복되는 4차 산업혁명의 공유사회에서는 배려하는 기업이 승자가 된다는 것이 이미 게임 이론에서 도출되었다. 결국 영리기업과 비영리기업은 이제 서로 다른 둘이 아니고 융합하는 개념인 것이다.

⊙ 사내기업가정신

1) 사내기업가와 사내기업가정신

　기업의 영원한 숙제는 효율을 극대화하면서 새로운 혁신을 지속하는 것이다. 사내기업가정신이 기업의 혁신과 벤처창업에 가장 중요한 요소가 되었다.

　토론토 대학의 소렌슨 교수에 의하면 실제 창업의 90%는 기업 내 혁신가들이 자신의 기업가정신 구현을 위해서 창업한 사례들이라 한다. 사내기업가정신이 기업의 혁신과 벤처창업에 가장 중요한 요소가 되었다.

　사내기업가들을 체계적으로 육성하고 이들이 사내혁신 활동을 주도하고 다시 자신의 꿈을 펼치기 위해 스핀 아웃(Spin-out), 혹은 스핀오프(Spin-off)를 하는 일련의 과정들을 정립시켜나갈 필요가 있다. 특히 대기업처럼 복잡한 대규모 조직의 정치적 문제를 극복하면서 신사업의 정착을 이룩해나가기 위한 현실적인 방법이 바로 비즈니스적인 사내사업가들의 역할이다.

　개인의 도전이 사회의 발전으로 지속되려면 충분조건인 사회적 인센티브 구조가 뒷받침되어야 한다. 불확실한 창업에 도전하는 기댓값이 안전한 공무원 시험보다 높아야 한다. 불확실한 창업 성공의 보상이 실패의 징벌보다 확실히 크면 창업은 활성화될 것이다.

　기업가정신은 단지 개인이 창업을 하는 과정에서 나타나는 독립 기업가정신뿐만 아니라, 다양한 대상과 상황에 적용될 수 있다. 미국의 기업가인 지퍼드 핀초(Gifford Pinchot)는 아내인 엘리자베스와 함께 쓴 논문 「Intra-Corporate Entrepreneurship」(1978)에서 사내기업가정신의 개념을 처음 제시하였다. 그 후 출간한 책 『Intra-preneuring: Why You Don't Have to Leave the Corporation to Become an Entrepreneur』 (1985)에서 사내기업가정신 개념의 확장을 발표하면서, 기업 내의 기업가(Intra-Corporate Entrepreneur)라는 의미를 압축하여 'Intra-preneur'라는 용어를 사용하였다.

그는 사내기업가를 "조직 내에서 어떠한 형태이든 혁신을 창출하는 아이디어를 실제화할 수 있는 꿈꾸는 사람(Dreamer)"으로 정의하였다. 사내기업가에 대한 정의는 다양한데 여러 정의들을 종합해보면, 새로운 제품 혹은 새로운 시장을 개발하기 위하여, 혁신을 창출하는 책임감을 가진 개인으로 정의할 수 있다.

사내기업가의 정의

학자	정의
Pinchot (1985)	사내기업가는 행동하는 꿈을 가진 사람이다. 그들은 조직 내에서 어떤 형태로든 혁신을 창출하는 책임감을 가진 개인들이다. 그들은 창조자, 발명가일 수 있지만 항상 아이디어가 현실적으로 이윤을 가져올 것인가를 따져본다.
Jenning & Lumpkim (1989)	사내기업가는 새로운 제품 혹은 새로운 시장이 개발되는 정도로 정의될 수 있다. 한 조직이 평균보다 더 많은 제품을 개발하고, 시장을 개척한다면 그 조직은 사내기업가를 가지고 있다고 할 수 있다.
Covin & Slevin (1989)	사내기업가는 조직의 리더가 혁신, 진취성, 위험 감수성을 갖도록 권장하는 것이다.

사내기업가와 함께 언급되는 것이 '사내기업가정신(Intrapreneurship)' 이다. 사내기업가정신은 기업이 혁신하고 신사업을 창출하고 사업영역 또는 핵심 전략과정을 변화시키는 과정(Teng, 2007)이다. 단순한 제품

개발 이상의 의미로써, 서비스, 유통경로, 브랜드 등의 혁신을 포함하고 있다. 결국, 사내기업가정신이란 '지속가능한 사내혁신의 리더십'으로, '사내 가치창출과 분배의 선순환 리더십'이라고 할 수 있다. 즉 지속가능한 사내혁신은 일회성 가치창출이 아니라 반복되는 가치창출이 되어야 하므로 가치창출과 분배의 선순환 리더십이라 정의하는 것이다. 이렇게 되면 사내기업가정신의 정의는 기업가정신의 정의의 연장선상에서 해석이 가능해진다.

사내기업가정신의 정의

학자	정의
Schollhammer (1982)	사내기업가정신은 기업의 조직에서 존재하는 모든 공식화된 기업가적 활동을 지칭한다. 공식화된 내부 기업가적 활동은 혁신적인 기업의 노력 즉, 신제품 개발, 제품개선, 새로운 방식 및 절차 등을 위한 조직 차원의 인정과 자원 위임을 의미한다.
Burgelman (1984)	사내기업가정신은 기업의 역량 영역을 확장하고 기회를 포착하여 내부적으로 발생한 새로운 사원 결합을 통해 이루어진다.
Guth & Ginsberg (1990)	사내기업가정신은 두 가지 타입의 현상과 과정을 포함한다. 첫 번째 타입은 존재하는 조직 내에서 새로운 사업을 발생시키는 것(내부혁신, 벤처)이고 두 번째 타입은 핵심 아이디어의 재정립을 통한 조직의 변형(전략 쇄신)이다.
Jones & Butler (1991)	내부 기업가정신은 기업 내에서의 기업가적 행동을 의미한다.
Zahra (1995, 1996)	사내기업가정신은 기업의 혁신, 쇄신 그리고 벤처활동 노력의 집합체이다. 혁신은 제품, 생산과정과 조직적 시스템을 창조하고 소개하는 것을 포함한다. 쇄신은 사업영역, 경쟁력 있는 접근법 등의 변화로 기업의 운영에 새로운 활력을 불어넣는 것이다.
Chung & Gibbons (1997)	사내기업가정신은 개인의 아이디어를 불확실성의 경영을 통해 결합된 행동을 바꾸어주는 과정이다.
Kuratko, Ireiand, Covin & Homsby (2005)	사내기업가정신은 다양한 형태의 가치창출 혁신을 가져오기 위한 기업의 승인과 자원 위임을 필요로 하는 일련의 행동을 나타낸다.

2) 신성장 사업 발굴 기반을 위한 벤처플랫폼(포스코 사례)

해외에서는 3M, IBM, 제록스, EXXON 등의 사내벤처가 성공적인 사례로 평가되고 있으며 국내에서도 삼성, 현대차, SK, LG, 포스코 등 많은 대기업에서 사내벤처 프로그램을 운영하고 있다. 이중, '포스코의 벤처플랫폼과 사내벤처' 사례를 집중적으로 소개하고자 한다.

(1) 포스코 벤처플랫폼 추진체계

포스코는 벤처밸리 조성과 벤처펀드 투자로 구성되는 '포스코 벤처플랫폼' 구축을 통해 100년 기업을 향한 신성장사업 발굴 기반을 만들고자 한다. 포항산업과학연구원(RIST, Research Institute of Industrial Science & Technology), 포항공과대학교 등의 우수한 산학연 인프라에 기반한 벤처밸리를 조성하고, 벤처펀드를 통해 벤처에 투자함으로써 미래의 CEO를 꿈꾸는 청년들의 창업 발판을 마련하는 동시에 성장을 돕고 있다. 이는 그룹 차원의 신성장사업 발굴이 될 뿐만 아니라 일자리 창출에도 기여해 국가 경제에 활력을 불어넣을 것으로 기대된다.

포스코 벤처플랫폼 추진전략

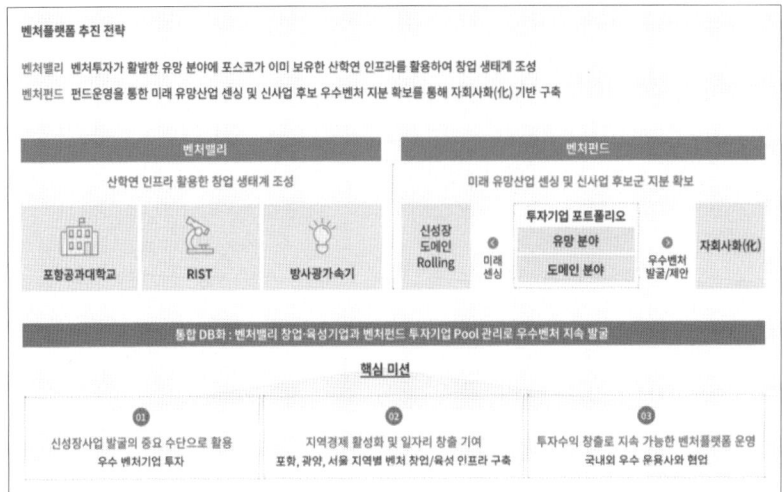

(2) 포스코 벤처펀드

4차 산업혁명 시대의 도래와 함께 산업 각 분야에서 '파괴적 혁신'이 이루어지고 있다. 이러한 환경 변화 속에서 벤처기업들은 혁신적인 기술과 아이디어로 그 변화를 선도하고 있다. 이에 포스코도 벤처밸리 조성과 더불어 벤처펀드 투자를 통해 미래 유망 분야 및 포스코 신성장 도메인 분야의 벤처기업들을 발굴하고자, 총 8천억 원의 자금으로 벤처펀드를 조성하여 유망 분야에 4천억 원, 신성장 도메인 분야에 4천억 원 투자를 추진 중이다. 벤처펀드는 창업 초기 시드(Seed) 단계 스타트업부터 Pre-IPO(기업 상장 전 자금유치) 단계 기업에 이르기까지 벤처기업의 성장단계별 전(全)주기 투자가 가능하도록 운영하고 있다. 국내외 우수 운용사를 활용하여 투자손실 리스크를 최소화함은 물론, 벤처펀드가 장기적으로 지속 운영될 수 있도록 회수된 자금을 재투자하여 투자 포트

폴리오 체계를 마련할 것이다. 2019년에는 벤처펀드 조성을 위한 협력 기반을 만들기 위해 포스코-중소벤처기업부-벤처캐피탈협회 간 MOU를 체결했고, 국내외 우수 운용사들을 선정하여 총 7개 펀드에 1,400억 원을 출자하기로 했다. 펀드투자 포트폴리오 체계를 확보하기 위해 매년 출자하는 방안을 검토하고 있고, 펀드를 통해 투자된 벤처기업들에 대한 상세 정보는 적시에 획득하고 데이터베이스화하여 가치 상승(Value-up) 지원 등을 추진하고, 우수 벤처기업들을 지속적으로 발굴 및 육성하여 포스코의 신사업으로 발전시킬 것이다.

(3) 포스코 벤처밸리

벤처밸리는 포스코가 보유한 세계적인 산학연 인프라를 활용하여, 우수 인재 및 연구성과를 발굴하고 창업으로 연계시킬 뿐 아니라 신성장 사업의 근간을 마련하여 지역 경제 활성화에도 기여할 것이다. 벤처밸리는 2030년 포항공과대학교 연간 창업 100명, 2개 유니콘 기업 배출을 목표로 하고 있다.

① 신산학연(新産學研) 협력체계 구축

기술창업 활성화를 위하여 포스코-포항공과대학교-RIST 간에 긴밀한 협력을 바탕으로 사업화, 연구, 교육 분야의 혁신을 추진하고 있다.

2019년에는 '산학연 Steering Committee'를 발족하고 사업화-연구-교육의 분야별 현황을 진단, 개선 방안을 수립하였다. 2020년에는 기술이전 프로세스를 구축하고 실질적인 성과를 창출하는 창의혁신 연구를 지원하였다. 또한, 산학연 융합연구소 운영, 창업 인재 양성을 위한 AI

대학원 구축 등 전문교육 강화 및 기관 간 협력을 강화해나갈 것이다.

② 세계 최고 창업 인프라 구축

우수한 창업 인프라는 에너지·소재·환경, 바이오·신약, Smart City-Factory의 3대 분야 중심으로 조성된다. 이중, 바이오·신약 분야는 4세대 가속기 및 바이오, 신약개발 인프라를 활용한 사업화 연계 방안을 수립할 계획이다. 또한 2020년 11월, 포항공과대학교는 포항에 BOIC(Bio Open-Innovation Center)를 준공하여 창업 공간을 확보하였다. Smart City-Factory는 데이터 생태계 기반 ICT 창업 인프라 구축을 위한 선행 조사를 기반으로 추진 중이다.

③ 포스코 아이디어 마켓플레이스(POSCO Idea Market Place)

포스코 아이디어 마켓플레이스(POSCO IMP)는 유망 스타트업을 발굴하고 육성하는 프로그램으로 아이디어 단계부터 비즈니스 모델 수립, 투자, 성장관리까지 사업 전 과정을 총괄 지원한다. POSCO IMP는 2011년에 성공적으로 첫 삽을 뜬 후 지난 10년간 우수 벤처기업 114개 사를 발굴하고, 214억 원을 투자하여 명실상부 국내 대표 벤처 육성 프로그램으로 자리매김했다. 2020년 상반기에 진행된 19기 IMP에는 총 366개 팀이 참가 신청을 하여, 전문가들의 엄격한 심층 평가 결과 정보·통신부터 바이오·의료까지 다양한 분야의 벤처기업 9팀이 최종 선발되었다. 하반기에는 20기 IMP가 진행되어 최종 6팀이 선발되어, 보육과정을 거친 후 12월에 데모데이를 개최하기도 했다.

④ 인큐베이팅센터

특히 2020년에는 서울 강남 한복판에 민관 협력형 인큐베이팅센터인 '체인지업 그라운드(Change-up Ground)'를 개관했다. 포항 광양에도 순차적으로 개관할 인큐베이팅센터는 젊은 창업가에게 꿈을 실현하는 '도전의 장'이자 사회적인 이슈인 일자리 창출에도 큰 기여를 할 것으로 기대한다. 젊은이에게 꿈을 심어주고, 일하고 싶은 자에게 도전의 기회를 제공하는 것이야말로 포스코가 추구하는 진정한 기업시민의 가치이기도 하다.

⑤ 사내벤처 제도 포벤처스

포스코와 그룹사가 공동으로 추진하는 '포벤처스(POVENTURES)'는 도전적이고 창의적인 조직문화 조성과 창업 활성화로 신사업 아이템을 발굴하기 위한 사내벤처 제도로 2019년 처음 시작했다. 포벤처스로 선발된 사내벤처팀은 최대 1년간의 인큐베이팅을 거친 후 최종 심사를 통해 창업 여부가 결정된다. 인큐베이팅 기간에는 사무공간을 비롯해 시제품 제작 및 마케팅을 위한 지원금과 멘토링을 지원하고, 이후 창업 심사를 거쳐 분사 창업을 지원한다. 아울러, 임직원들이 창업 실패에 대한 부담 없이 적극적으로 도전할 수 있도록 창업 휴직제도도 함께 운영하고 있다. 창업에 성공한 직원의 경우 3년간 창업 휴직(무급)이 가능하며, 사업에 실패하거나 본인이 원할 경우에는 사업을 정리하는 조건으로 3년 이내에 언제든 기존 업무로 복귀할 수 있다. 2019년 10월 포벤처스 1기로 12개 팀이 출범한 이후 1년여의 인큐베이팅을 거친 2020년에는 7개 팀이 창업을 완료했다. 2021년 상반기는 포벤처스 2기로 선발된 6개

팀이 새로운 도전을 시작해서, 시제품 개발 및 고객 검증, 교육 멘토링 등 인큐베이팅을 열심히 진행 중이다.

포스코 벤처밸리 선순환체계 및 구현목표

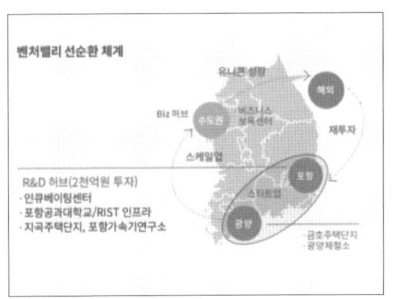
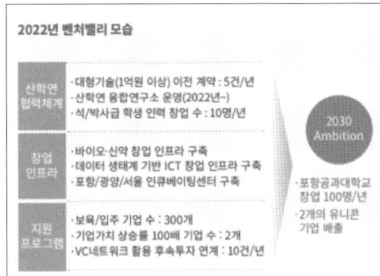

◉ 사회적기업가정신

1) 사회적기업과 사회적기업가정신

혁신의 리더십인 기업가정신은 영리기업에 국한될 수 없다. 혁신은 비영리 기업에도 필요하다. 최근 공유경제의 발달로 인하여 사회적 영역은 더욱 확대되고 있다. 사회적기업가의 역할은 이제 영리기업에도 적용되는 단계에 돌입하고 있다.

노령화에 따른 복지의 증가, 양극화에 따른 취약계층의 문제, 환경과 지속가능성 등 사회적 이슈와 문제들이 날로 확대되어 가고 있다. 자본주의 시장 경제에서 시장이 실패하는 영역은 반드시 존재한다. 이런 시장 실패를 보완하기 위한 정부의 역할도 만능이 아니다. 시장도 정부도 실패하고 있는 영역이 제3섹터인 사회적기업의 활동 무대로 등장하고 있다. 시장의 역할이 효율이고 정부의 역할이 공정이라면 사회적기업의 역할은 지속가능성이라고 할 수 있다.

이러한 사회적기업은 '지속가능한 사회적 혁신의 리더십'으로 정의되는 사회적기업가정신을 바탕으로 구현될 수 있다. 사회적기업가정신의 정의는 다양한데, 2006년 오스틴(Austin) 등은 "비영리기관이나 사회적기업, 정부부문 내에서 또는 서로 연계하여 일어나는 혁신적인 사회적 가치창출활동"이라고 정의했다. 한편, 그레고리 디즈(Gregory Dees)는 사회적기업가는 공공가치를 창조하고, 새로운 기회를 추구하고 혁신하고 적용하며, 대담하게 행동하고, 그들이 통제할 수 없는 자원을 사용하며, 강한 책임감을 가지고 있다고 말했다. 또한, 로저 마틴(Roger L. Martin)과 샐리 오스버그(Sally Osberg)는 사회적기업가가 '안정적이지만 내재적으로 정의롭지 못한 균형상태'를 '새롭고 안정적인 균형상태'로 전환시켜 잠재력을 발산하고, 대규모로 고통을 완화하는 사회를 만드는 역할을 한다고 정의한다.

결국, 사회적기업가정신은 '지속가능한 사회적 혁신의 리더십'이라고 할 수 있다.

2) 국가 및 지역사회와 함께 발전하기 위한 노력(포스코 사례)

대일청구권자금으로 시작한 포스코는 창립 초기부터 국가 및 지역사회와 함께 성장하는 것을 기업의 사회적 책임으로 생각하여, 다각적인 사회공헌 활동을 추진해오고 있다. 아울러, 포스코는 사회적기업가정신을 갖고 사회적 가치를 창출하고자 하였으며, 이해관계자들과 지속적인 소통을 통해 글로벌 모범시민을 추구하고 있다.

최근 전 세계 곳곳에서 코로나19 바이러스가 수많은 생명을 앗아가며 사회공동체를 위협하고 글로벌 경제 위기를 촉발시키는 것을 보면서, 기업은 사회와의 조화를 통해 성장한다는 사실을 다시 한번 인식하는 계기가 되었다.

　그 어느 때보다도 사회적기업가정신이 필요한 시기임을 실감하고 있는 포스코는 2018년 '더불어 함께 발전하는 기업시민' 경영이념 선포를 기점으로 고객, 구성원, 주주 등 모든 이해관계자와 소통하고 공감하며, 끊임없이 변화하고 혁신하여 더 큰 기업가치를 창출하기 위해 모범적으로 노력하고 있기에 그 내용을 소개하고자 한다.

포스코 기업시민 경영이념과 핵심가치

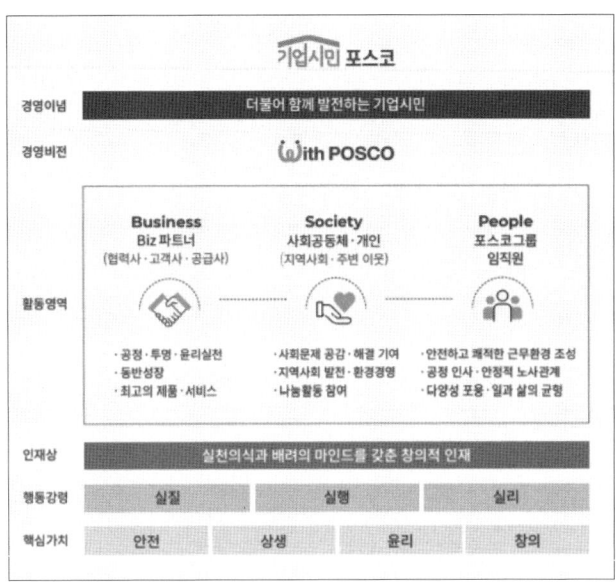

(1) 포스코의 사회공헌 전략방향 및 중점영역

포스코는 '더불어 함께 발전하는 기업시민'이라는 경영이념 아래 세 가지 전략과 중점 영역 UN 지속가능한발전목표(SDGs[1], Sustainable Development Goals) 4, 8, 11을 중심으로 취약계층을 포용하고, 미래세대를 위한 양질의 교육기회를 제공하며, 지역사회문제 해결을 통해 더 나은 미래 구현에 앞장서고 있다.

(2) 글로벌 모범시민 되기와 만들기

포스코의 '글로벌 모범시민 되기와 만들기'는 임직원이 먼저 현대 시민의 역할을 적극 실천하고, 더 나아가 학생과 일반인이 글로벌 모범시민의 역할을 이해하고 동참하도록 유도하는 프로그램이다. 2018년 기업 시민을 경영이념으로 선포한 후 임직원을 대상으로 1인 1실천운동을 시작하였고, 외부 대학생과 해외 인재들을 대상으로 비욘드 프로그램, 포스코 아시아 펠로우십 등을 진행하여 가시적인 성과를 창출하기 위해 노력하고 있다.

① 1인 1실천운동

기업시민 경영이념이 각 부서 및 개인의 업무와 일상에서 자연스럽게 실천될 수 있도록 '기업시민 Brief'를 제작하여 기업시민에 대한 이해를 돕고 있다. 또한 부서별 실천 토론회 등을 통해 임직원들이 기업시민 1인 1실천 아이템을 발굴하고 적극 동참하는 문화를 조성하고 있다.

---

[1] SDG 4. 양질의 교육, SDG 8. 양질의 일자리와 경제성장, SDG 11. 지속가능한 도시와 공동체.

② 포스코 대학생봉사단, 비욘드(Beyond)

비욘드는 지역과 나이, 전공과 성별을 불문하고 100명의 대학생을 선발해 8개월 동안 배려와 봉사정신을 몸에 익히도록 훈련하는 프로그램이다. 2019년에는 국내외 지속가능한 지역사회 구현을 위해 공공시설 건축봉사에 참여하였으며, 이전에는 인도네시아 현지 아이들을 위해 교육봉사를 다녀왔다. 대학생들은 이 같은 나눔 실천을 통해 글로벌 모범 시민으로 성장하게 된다.

③ 포스코 아시아 펠로우십

포스코 청암[2] 재단은 아시아 지역의 인재 양성을 위해 다양한 프로그램을 운영하고 있고, 특히 포스코 아시아 펠로우십은 아시아에서 한국으로 유학 온 학생들에게 장학금을 지급하거나(2005년부터 32개국 427명 지원), 아시아 현지 대학의 우수 학생들에게 장학금을 지급하고(2005년부터 17개국 33개 대학 4,819명 지원) 있다. 2019년에는 아시아 오피니언 리더 펠로우십을 신설하여 8개국 20여 명을 한국에 초청하여 연수 기회를 제공했다.

---

[2] 포스코의 창업자인 故 박태준 명예회장의 호(號).

참고문헌

- 이윤준 외, 『기업가정신 고취를 통한 기술창업 활성화 방안』, STEPI, 2012.
- 이투데이 기사(2016.7.25.)
- POSCO 홈페이지(www.posco.com)
- POSTECH 홈페이지(www.postech.ac.kr)
- RIST 홈페이지(www.rist.re.kr)
- 이민화, 『Entrepreneurship 2nd Edition』, 2018.
- POSCO CORPORATE CITIZENSHIP REPORT, 2019.
- 중기부, 「국내외 사내벤처 운영실태 조사 및 정책 개선방안 마련」, 2019.

저자소개

송민석 SONG MIN SEOK

학력
- 공학박사(Ph.D., 2002)
- 경영학석사(MBA, 2009)

경력
- 현) 대기업 신성장부문 산학연협력실 벤처밸리 팀장
- 현) 국책과제심의평가 정위원(산업부, 중기부)
- 현) 사립 이공대학 산학처 겸직교수
- 전) 대기업 경영지원본부 HR혁신실 성과분석 팀장/자회사 해외법인 부사장/대기업 성장투자부문 소재사업실 차장, 신사업실 차장
- 전) 사립 종합대학 산업대학원 외래교수
- 전) 정부 출연연구원 연구원 및 외부 자문위원
- 전) 중견기업 차세대기술개발팀장(병역특례)

자격
· M&A 매니저
· 글로벌 HT 채용면접관

제5장

김남식

기업가정신과 창업 창직

◉ 기업가정신(Entrepreneurship)이란?

　기업이란 이윤을 목적으로 사람과 자원 자본을 활용하는 조직으로서 흔히들 영리기업을 말한다. 우리나라에서는 주식회사가 이윤을 목적으로 결합된 대표적인 조직이다. 그렇다면 기업가란 누구인가? 기업을 설립한 사람, 새로운 혁신을 촉진시키고 결합하고자 하는 사람, 변화를 탐구하고 변화에 대응하며 변화를 기회로 이용하려는 사람, 위험을 감수하고 변화를 인지하고 사업의 도구로써 기회를 발굴하고 이를 바탕으로 새로운 가치를 창출하고자 하는 사람을 일컫는 말이다.

　기업가정신이란 기업이 처해 있는 시기나 환경에 지배를 받고 있다. 그러므로 한마디로 기업가정신을 단정 짓기에는 어려움이 있다고 보지만 그렇다고 기업가정신이 없다거나 필요하지 않은 것은 아니다. 산업화 시기에도 민주화 시기에도 글로벌시기에도 적용되는 기업가정신의 핵심이 있기 때문이다.

　기업가정신을 대표하는 학자로는 미국의 경제학자 슘페터(Joseph Alois Schumpeter)가 있다. 슘페터는 새로운 생산방식과 상품개발을 기술혁신으로 규정하고 기술혁신을 통한 창조적 파괴(Creative Destruction)에 앞장서는 기업가를 혁신자로 보았다.

　슘페터는 기업가 즉 혁신가가 갖추어야 할 요소로 첫째 새로운 제품의 개발, 둘째 새로운 생산방식의 도입, 셋째 새로운 시장의 개척, 넷째 새로운 원재료나 부재료 부품의 제공, 다섯째 새로운 조직의 형성, 여섯째로 노동 생산성의 향상을 말하였다. 또한 전통시장에서도 기업가정신을 강조하였는데 미래를 내다볼 수 있는 안목과 예측할 수 있는 인지력,

새로운 것에 도전하는 혁신적·창의적인 정신을 기업가정신, 즉 혁신가의 정신으로 정의하였다. 지금 우리는 소비자 위주의 시장 환경조성, 국가적 경쟁력 강화, 공정한 경쟁을 위한 시장, 근로자를 위한 복지정책, 그리고 사회적 책임을 다하는 기업 윤리 등을 겸비한 기업가를 진정한 기업가, 혁신가로 본다고 할 수 있겠다.

혁신성, 도전성, 창조성, 가치창출성, 그리고 무모함이 기업가들의 정신이라고도 보는 견해가 틀린 것은 아닌가 싶다.

기업가와 경영자

경영자(Manager)란 기업목표를 달성하기 위하여 최고의 의사결정을 내리고, 경영자원을 계획(Plan)하고 조직(Organization)하고 지휘(Conducting)하고 통제(Control)하는 경영활동의 전체적 수행을 감독하는 사람 또는 기관을 말한다. 다시 말하면 사람 자원 및 자본적 요소를 관리기능을 통해 효율적으로 활용하는 사람이다. 기업가란 혁신성과 창조성, 위험추구형으로 새로운 가치를 창출하려는 사람이다. 그렇다면 기업가와 경영자 간의 차이는 무엇일까? 기업을 설립하거나 소유하거나 운영하는 면에서 각각의 차이를 살펴보자.

기업가와 경영자의 차이점

구분	기업가	경영자
자본	출자와 소유	소유와 경영의 분리

권한과 책임	무한책임과 유한책임	유한책임
기업의 목표	기업목표와 개인목표	개인목표
의사결정 방법	자신의 경영철학	소유자의 의사존중
전략적인 대처방안	장기적	단기적
위험에 대한 대처방안	위험추구형	위험회피형
실패에 대한 대처방안	재도전형	실패에 대한 책임자형
지향하는 방식	성취지향형	생존지향형
감성지향방식	자발적 모험형	전문성
경영방식	자기주도형	조직화형
분석지향형	직감형	분석형
인간관계	개인적 관계 중시	조직관계 중시
경영방침	비전제시형	미션실천형

일반적으로 경영자는 전문경영인을 일컫는 말이다. 기업을 설립하여 출자하고 경영하는 사람을 일컬어 기업가라고 한다. 대부분의 기업들은 소유와 경영을 분리하지 않고 기업 설립자가 경영하는 형태이나 기업이 성장함에 따라 대규모 자본이 필요하게 되고 많은 임직원들이 근무하게 되면 출자자인 기업가가 혼자서 경영하기에는 매우 어려울 수가 있다. 복잡하고 거대화된 생산수단을 효율적으로 운용하기 위해 전문적인 지식이나 기술, 능력을 가진 사람을 필요로 하게 된다. 그래서 종래의 출자자인 기업가의 시대는 지나가고 전문경영인이 기업을 운영하고 지배하게 되는 시대로 전환되는 것이다.

미국의 정치·경제평론가인 J. 버넘(James Burnham)은 1941년 그의 저서 《경영자혁명》을 통해 전문경영자 출현으로 회사의 소유자지배가 경영자지배로 바뀌었다고 하였다. 자본주의 초기에는 출자자인 기업가 한 명 또는 몇 명의 자본가가 기업의 자본을 소유하고 경영하게 되는데 이를 소유자지배라고 한다. 이후 기업 경영이 성장하고 규모와 사람의 수가 늘어남에 따라 시장판매에 있어 경쟁이 심화되고 생산기술의 고도화로 대량생산체제로 발전하게 되며 노동자의 권익이 보호되고 제도와 정책이 발전한다. 이 모든 변화에 따라 조직이 방대해지고 복잡하게 되기에 전문적인 지식과 기술 능력의 소유자인 전문경영자가 필요하게 되는 것이다. J. 버넘 교수는 전문경영자의 근원은 근대 주식회사에서 소유와 경영이 분리된 사실에 있다고 하였다. 이 혁명의 단계는 세 단계다. 첫째, 경영자계급이 자본소유자로부터 권력을 빼앗아 그것을 무력한 상태로 만든다. 둘째, 대중의 힘을 마비시켜 그들에게 경영자적 이데올로기를 주입시킨다. 셋째, 세계의 경영자 간의 경쟁 상대들 사이에서 지배를 위한 투쟁이 행하여진다. 즉 자본을 소유하는 계급으로부터 구별하여 생산에 있어서의 지휘와 조정의 기능을 수행하는 경영자계급의 동태적 역할을 강조하였다.

◉ 기업가정신이 필요한 이유?

예로부터 새로운 것을 창조하는 사람의 성향을 살펴보면 '무데뽀 정신'이 많아 무모하다고 하였다. 무모함을 용기라고 보는 견해도 흔히 있었다. 왜 그런 오해가 있었을까. 어쩌면 그런 오해가, 오해가 아닌 진실이라는 것이 오늘날 기업가들의 성과에서 나타나고 있다. 그렇다면 기업가정신이 필요한 이유는 무엇일까? 그것은 국가적으로나 사회적으로나 기업에서나 모두가 필요한 것이기 때문이다. 국가에서는 고도성장을 위한 기치로 선진국으로 도약하기 위해 필요할 것이며, 사회적으로는 많은 일자리를 창출하거나 사회적 책임을 완수하는 데 필요할 것이며, 기업 측면에서는 100년 기업으로의 도약을 위한 발판으로써 필요한 것이다. 자본주의 사회 시스템에서는 경쟁력이 강화되어 정치경제 사회적 시장, 자본주의 시장, 제품(상품)시장, 노동시장 등에서 기업가정신을 찾게 된다. 정부에서는 단기적 성과창출을 중시하는 경향이 있어 집중적으로 육성하고자 하고 있으며, 대기업 위주의 자본시장에서는 간접금융방식으로 대기업에 유리한 방식을 적용하여 대기업중심주의 자본시장방식을 적용하고 있다. 또한 제품(상품)시장에서는 장치산업으로 표준화에 의한 소품종 대량생산방식을 취함과 동시에 시장가격 형성을 이유로 하청업체들에게 원가절감을 강요하고 있다. 노동시장에서는 우수한 노농인력들을 높은 임금을 매개로 활용하고 있으며 정부수도로 교육 훈련을 실시하여 자본시스템에 활용하고 있다.

"열심히 일하는데도 성과가 나지 않는다"는 말이 있다. 아무리 애를 쓰고 일을 하여도 성과가 나지 않거나 성과가 미약하게 나타날 때가 있을 것이다. 그렇다면 부지런함의 대명사로 불리는 속담을 예로 들어보자 "일찍 일어나는 새가 더 많은 벌레를 잡을 것이다(The early birds catch the worms)"라는 속담은 우리에게 매우 익숙한 속담으로 부지런하면 더 많은 먹잇감을 얻을 것이며 부지런한 사람이 성공한다는 뜻이다. 과연 그럴까? 부지런만 하면 모두가 성공할 수 있다는 것일까? 그러나 속담들이 모두 다 맞는 것 같지는 않다. 아무리 애를 쓰고 아등바둥해도 따라갈 수 없는 것이 있고 주변의 시선들이 냉소적으로 바라볼 때가 있는 것이다. 그럴 때마다 인간관계는 연 걸리듯 실타래가 엉키고 세상은 내가 원하는 바를 채워주지 못하곤 한다. 치열한 노력의 대가가 오히려 배신감 내지는 절망감으로 다가올 뿐이다. 왜 세상은 이렇게 애쓰는 나를 알아주지 않는 것일까? 왜 이렇게 열심히 노력하는데도 노력의 대가가 나타나 주지 않는 걸까? 답답하고 미칠 지경일 것이다. 이렇듯 벽에 부딪힌 느낌이 든다면 경영 사상의 대가 피터 드러커(Peter Ferdinand Drucker, 1909~2005)의 충고를 들을 만하다고 본다. 그는 이렇게 말하였다.

"신중하게 계획하고, 철저하게 설계하고, 그리고 사려 깊게 실천했는데도 실패했다면, 그 실패는 때로는 근본적인 변화를 나타내는 것이다. 그것은 기회가 될 수도 있다."

사람들은 자신들의 일이 오래도록 지속적으로 일어나고 있으면 정상적이라고 믿는다. 우연보다는 필연을 정상이라고 믿고 있다는 것이다. 그래서 변화가 발생하면 무엇이 잘못되고 어떻게 잘못되었는지 지레짐작을 하게 된다. 왜냐하면 정상이라고 믿었던 패턴이 무너졌기 때문이다. 피터 드러커는 그래서 다양한 사례를 들려주었다. 트랜지스터라디오 이야기와 미국 동부 어느 대학의 이야기를 들어보자.

트랜지스터라디오가 처음 나왔을 때 진공관 기술자들은 코웃음 쳤다. 기술의 변화를 감지하지 못한 기술자들은 자신들이 트랜지스터라디오에서 진공관을 떼버려 놓고는 소비자들을 원망하였던 것이다. 이번엔 또 다른 이야기다. 2차 세계대전이 끝난 후 대학에는 직장을 다니며 학업을 계속하는 학생들로 붐볐으나 대학은 이들을 달갑게 여기지 않았다. 이들이 학교의 질을 하락시킨다는 것이 그 이유였다. 결과는 어떠했는가? 평생교육으로의 변화를 감지하지 못하고 이들의 문호를 줄인 교수들의 판단으로 대학은 몰락할 수밖에 없었다.

피터 드러커는 "직접 세상에 나가서 둘러보고 들어보라"고 하였다. 변화는 자연스럽고 정상적인 과정이므로 직접 세상에 나아가 접하고 흐름을 읽을 때 위기는 기회로 변화되는 것이다. 피터 드러커는 오만에 빠지지 않았는지도 끊임없이 반성하라고 조언하였다.

1956년 소련의 후르쇼프(Nikita Khruschev, 1894~1971)가 미국을 방문하였을 때 후르쇼프는 자국민들이 결코 자동차를 갖고 싶어 하지 않을 것이라고 잘라 말했다. 값싸고 편리한 택시가 있는데 자동차의 필요성이 있겠느냐가 그의 논리였다. 최고지도자의 생각은 엄청난 자동차 부족사태와 거대한 암시장의 발생 동기가 되었다. 자유로운 이동수단, 낭만적인 문화적 가치 등 차에 대한 사람들의 생각을 미처 읽어내지 못한 것이다. 세계지도자들에게는 사람들이 무엇을 원하고 어떤 세상을 바라는지 현실을 직시하고 정확하게 읽어내는 능력이 필요한 것이다.

피터 드러커는 "혁신이란 고되고 지속적인 노력이다"라고 하였다. 아무리 좋은 말도 현실에 맞지 않을 때가 있을 것이며 아무리 많이 알아도 그것을 들어주는 이 없으면 그의 지식은 무용지물이 되는 것이다. 혁신이란 순간적인 영감이나 행운으로 얻어지는 것이 아니기 때문이다. 물론 참신한 아이디어도 혁신이 될 수 있다. 그러나 혁신은 고되고 끊임없는 노력이 요구된다. 복사기가 처음 나왔을 때 인쇄업자들만 관심이 있을 것으로 여겼지만 지금 현실은 어떠한가? 사무실의 필수품이 되어 있다. 사람들은 지금의 것에서 벗어나려 하지 않고 있다. 그래서 미래를 바라보려고 하지 않는다. 기껏해야 지금의 수준에서 미래를 바라볼 뿐이다. 하지만 세상은 어떠한가. 혁신은 폭풍처럼 다가오고 있다. 미처 준비하지 못한 미래가 소리 없이 다가오고 있다는 것이다. 미래를 읽어내는 혜안은 노력 없이 생기지 않는다는 것이다.

나는 어떻게 살 것이며 무엇을 하며 살 것인가? 스스로에게 질문하여 보아라. 이 세상에서 나라는 존재는 어떤 일을 잘할 수 있으며 어떤 모습으로 살고 있으며 어떻게 살아야 후일 가장 아름다운 삶을 살았다고 할 것인가?

피터 드러커는 성공한 혁신가는 기회에 초점을 둔다고 하였다. 오만에 빠지지 않도록 끊임없이 반성해야 하며 변화하는 세상을 받아들이고 가치를 지키는 일에 노력을 기울여야 할 것이다. 방향을 잘못 들어서면 아무리 열심히 걸어도 소용이 없다. 기회를 잡으려면 세상을 올바르게 열심히 읽어야 한다.

⦿우리나라를 대표하는 기업가 인물론

1) 아산 정주영 회장의 기업가정신

한국에서 창업자·혁신의 아이콘으로 불리는 고 정주영 회장의 기업가정신을 되돌아보고 오늘날 세계 유수 기업과의 경쟁을 이겨낼 수 있는 지혜를 배우고자 한다.

(1) 근면, 성실, 절약정신

　오늘날 젊은 사람들에게 근면성과 성실성을 주장하면 소위 '꼰대'라고 할 것이다. 근검 절약정신을 이야기하면 과연 어떨까? 정주영 회장의 경영이념 중 하나가 근검·절약정신이었다. 근면하고 검소하며 정신일도하사불성(精神一到何事不成)이라고 하여 모든 일을 열정적으로 추진하였다. 아래는 정주영 회장의 근검·절약정신에 대한 몇 가지 일화다.

　① 추운 겨울에도 장작값 10전을 아끼기 위해 저녁에만 불을 지펴 저녁과 다음 날 아침 점심까지 밥을 지을 정도로 절약하였다고 한다.

　② 정주영 회장을 살펴보면 늘 해진 구두를 신고 다녔다고 한다. 10년을 신었다고 하니 지금으로써는 감히 생각조차 하기 힘든 모습이다. 양복바지 또한 해진 것을 여러 사람들이 보았다고 하니 참으로 절약정신이 없는 이 시대 젊은이들에게 교훈이 아닐 수 없다.

　③ 쌀 배달꾼으로 직장에 출근할 때 남들보다 일찍 일어나 걸어서 출근했다고 한다. 그 당시 전철 비용은 5전에 불과하였지만 그 5전을 아끼기 위함과 더불어 근면하고 부지런한 자신의 생활 모습을 흐트러트리지 않으려는 정신일도하사불성 그대로를 실천하였다.

(2) 사람존중정신

　현대기업의 경영이념은 '인간존중과 사원들의 자기실현'을 제2조에 넣을 정도로 인간존중정신을 강조하였으며 사원들의 자기실현 지원을 아끼지 않았으며 사원들의 복지정책을 최우선으로 내세웠다고 한다. 정주영 회장은 '사람이 곧 사업이다'라고 하여 개인의 목표와 조직의 목표를 조화시키는 경영활동만이 성공할 수 있다고 하였다. 또한 현대가의 모태 기업인 현대건설은 우수한 인재를 등용시키고 활용하여 성장한 기업으로 우리나라 사람들의 성실성과 근면성을 바탕으로 끈기와 뛰어난 지혜를 잘 활용하고 강조한 대표적인 기업이다.

(3) 신용제일주의정신

정주영 회장은 사업하는 사람은 첫째도 신용 둘째도 신용이라고 했다. 정직을 무기로 신용을 지키는 것을 가장 중요하게 생각했다. 자신이 근무하던 복흥상회 쌀가게를 인수할 때에도 주인에게 신용을 얻어 인수하게 되었다. 1935년 개통된 고령교 공사를 수주하여 복구에 나섰지만 신축공사에 가까워 막대한 공사비용으로 시련이 닥쳤다. 하지만 막대한 사채를 쓰고 동생 정순영의 20평짜리 기와집과 매제 김영주의 20평짜리 집, 옛 자동차 수리공장 자리까지 팔아가면서 그 모든 자금을 공사에 쏟아부어 1955년에 완공시킨 일화는 아마도 현대가가 오늘날 한국의 대표하는 기업으로 올라설 수 있었던 신용제일주의의 대표적인 일화일 것이다.

(4) 고객최우선정신

정주영 회장의 사업 근거는 고객중심주의 경영이다. 기업에 있어서 고객은 왕이다. 그러므로 항상 품질제일주의와 고객제일주의를 실천하고자 하였다. 미국 포드사와 합작하여 자동차 산업을 일으켰으나 고전을 면치 못하던 때 현대의 고유모델인 포니를 개발했다. 광고와 고객서비스에 총력을 기울인 결과 캐나다 입성에 성공하여 수입차 판매 1위를 기록한 일화는 고객 최우선주의의 좋은 사례이다. 이후 수출 4개월 만에 미국시장에서 엑셀 자동차 5만여 대를 판매해 단시간 내 최대 판매 기록을 수립하였다.

(5) 창의와 기술개척정신

정주영 회장의 경영이념 중 하나이며 기업가정신의 가장 중심에 있는 것이 새로운 분야를 개척하는 창의와 기술개척정신이다. 전 사원으로 하여금 창의를 바탕으로 기술개발에 주력하도록 하였다. 영업사원이 자동차의 구조를 모르고 어떻게 고객을 설득시킬 수 있을 것이며 관리자와 기술자가 따로 있을 이유가 없다는 것이 정주영 회장의 기업가정신이다. 세계 속의 한국, 세계 속의 현대라는 캐치플랜을 걸고 국제경쟁력에서 최고가 되기 위해 노력하였다고 한다.

(6) 도전정신과 개척정신

정주영 회장의 도전과 개척주의정신은 현대가의 기업철학이라고 한다. 1960년 4.19로 새 정부가 들어선 후 현대는 정경유착이라는 국민적 지탄의 대상이 되었다. 그 당시 국가재건을 위해 대부분의 공사는 국가가 주관하는 국가공사로 진행됐다. 현대는 시공능력을 인정받아 대부분의 국가공사를 수주받게 되었는데 이런 것들이 모두 정경유착이라는 구설수에 오르게 되었던 것이었다. 정주영 회장은 권력과의 결탁으로 성장하였다는 불명예에서 벗어나기 위해 도전정신과 개척정신을 발휘했다. 그것이 그 바로 그 유명한 1965년 9월 '태국 파티니 나라티왓' 고속도로 건설공사를 수주한 일이다. 이 공사는 우리나라 건설업 사상 첫 해외진출공사로 현대는 물론 국가적으로도 커다란 경사로 기록된 일이다. 현대는 이 공사에서 비록 적자로 막대한 손해를 보았지만 이를 계기로 국제적인 건설업체로 급속 성장 할 수 있었으며 중동과 알래스카, 괌, 호주 등 세계 여러 나라로 진출할 수 있었으며 건설은 물론 자동차, 조선 반도체, 항공 산업에도 도전과 개척정신으로 세계 속의 한국, 세계 속의 현대가의 이름을 떨칠 수 있었던 것이다.

(7) 보국주의정신

정주영 회장의 경영이념 중 하나인 '풍요로운 국가건설과 인류사회 발전에 공헌한다'라는 철학에서 보듯이 정주영 회장은 국가와 인류사회에 봉사하려는 마음을 두고 있다. 전쟁 이후 나라가 황폐진 것을 보고 마음 아파하며 재건을 위해 자신을 버리고 국가재건에 앞장서고자 했던 것이다. 기업의 발전이 곧 국가 경제의 근본이 되고 풍요로운 국민 생활의 바탕이 된다고 여긴 것이다. 정주영 회장은 늘 기업활동으로 애국애족한다고 하였다. 기업을 성장시킨 이익으로 세금을 납부하여 국가발전에 이바지하고 고용증대와 재투자에 힘써 국민들로 하여금 근로의 보람을 느끼게 하자는 것이었다. 아산사회복지사업재단을 설립하여 기업이윤을 사회에 환원하고자 하였으며 의료사업, 장학사업 등을 전개하였다.『이 땅에 태어나서』라는 저서에서는 "내 의식 속에 부자라는 단어는 없다. 남들은 내가 부자라고 부러워하고 질투도 하지만 실상 나 자신은 부자라는 감각을 느끼지 못한다. 내 재산이라고 생각이 들었던 것은 쌀

가게를 할 때까지였다."라고 하였다.

2) 호암 이병철 회장의 기업가정신

호암 이병철 회장은 와세다대학 전문부 정경학과에 입학하여 수학 중 심한 각기병으로 귀국하게 되어 학업을 중단하였다. 이후 사업에 뜻을 두고 아버지로부터 300석 추수의 토지를 분재 받았다. 1936년 첫 사업으로 정현용(鄭鉉庸)·박정원(朴正源)과 동업으로 마산에서 협동정미소를 운영하였으며 같은 해 6월 일본인 경영의 히노데 자동차회사를 인수했다. 또한 토지에 투자하여 200만 평의 대지주로 등장했으나 실패하고, 협동정미소와 히노데 자동차회사를 매각, 부채를 청산했다. 1938년 대구에서 삼성상회(三星商會)를 설립, 1941년 주식회사로 개편, 청과류와 어물 등을 중국에 수출하여 삼성가를 이루는 계기가 되었다.

(1) 애국하는 기업가정신

이병철 회장은 나라에 대한 사랑과 기업의 사회적 책임을 가장 중요한 신념체계로 내세운다. 일종의 경영철학과도 같은 것이다. 확고한 신념으로 리더십을 발휘하고 기업으로서 사회적 책임을 다하도록 하였으며 전통적인 경영이념과 현대적인 경영이념을 접목시킨 경영자의 지도원리를 기본으로 하였다. 이병철 회장은 임직원들과 인간적인 관계를 맺기 위해 힘썼으며 진취적이고 창조적인 조직문화를 만들기 위해 카리스마적 리더십과 민주주의적 리더십을 병행하여 실시하였다.

(2) 합리주의정신

　이병철 회장이 즐겨 말하던 합리주의정신은 근대 지향적 경영이념이다. 이병철 회장은 우리나라가 일제 침략으로 말미암아 자율적인 근대화 기회를 놓쳤고 선진국들에 비해 산업화와 합리화, 민주화로의 발돋움이 늦어질 수밖에 없었다고 하였다. 이병철 회장의 합리주의는 현대 지향적으로 경영합리화가 이루어질 수 있도록 하였으며 자원이 부족한 우리나라 실정에서는 원가절감과 생산성 향상으로 세계시장에 나아가 당당하게 경쟁하여야 할 것이라고 주장하였다.

(3) 일등주의정신

　이병철 회장은 경영에 실패하지 않으려면 항상 1등을 하여야 한다고 하였다. 삼성가에 제일제당, 제일모직 등의 상호를 제정한 것도 제일주의를 주장하는 이병철 회장의 생각에서 나온 것이며 삼성, 중앙이라는 상호도 일등주의, 제일주의를 뜻한다고 한다. 자본주의 시대의 속성처럼 남에게 지기 싫어하는 이병철 회장의 기업가정신을 그대로 반영한 것으로 볼 수 있다.

(4) 기술혁신주의정신

　이병철 회장은 변화하는 기업 환경을 내다보는 혜안을 가진 분이었다. 전자산업, 중화학공업, 반도체산업, 항공산업에 이르기까지 신종산업에 대한 흥미를 가지고 신속하게 대처하여 해외로 진출하고자 하였으며 세계가 3차 산업혁명을 겪을 당시에도 변화를 감지하고 정보기술혁신을 받아들여 e-비즈니스 경영철학의 중요성을 역설하였던 것이다.

(5) 권한 위양과 책임주의정신

이병철 회장은 모든 권한에는 반드시 책임이 따른다고 하였다. 삼성상회는 시작부터 지배인에게 경영을 위임하여 책임경영원칙을 확립하였는데 이는 후일 전통으로 남게 되었다. 명확하게 권한을 위임하고 그에 따르는 책임의 한계를 말하는 이병철 회장은 책임불변원칙을 주창하였다.

사업부제를 도입하여 책임경영원칙을 적용하였으며 그룹사 사장에게 경영을 맡기고 공과에 대해서는 신상필벌의 원칙을 철저하게 지켰다.

(6) 기업가적 경영비결의 정신

이병철 회장은 경영에 있어 기업가적 기질을 타고났다. "사람의 채용을 신중히 하고 고용한 사람은 절대로 의심하지 말라"고 하였다. 첫 사업을 시작할 때에도 이 정신을 발휘하였으며 협동정미소를 시작할 때에도 '협심협동'의 신념을 발휘하여 동업영입에 성공하였으며 삼성상회 개업 후에도 친구를 지배인으로 맞이하여 삼성상회와 조선양조 경영에 일조하였다.

이병철 회장의 리더십은 사람을 믿고 목표달성을 위해 꾸준히 노력하는 형으로서 성취 욕구는 매우 강하였으나 저돌적인 기업가는 결코 아니었다고 한다. 시장의 변화를 감지하는 뛰어난 혜안을 가졌고 기회를 잘 포착하였으며 합리주의 정신을 주창하는 민주적인 기업가였다고 한다.

⊙ 기업가정신이 창업에 주는 메시지

최근 사회에 변화가 생기기 시작했다. 예전에는 평생직장을 선호하였다. 고등학교와 대학에서 학업을 마치고 사회로 나아가는 방식은 전공을 살려 직장을 선택하는 것이었다. 그리고 그 직장을 평생직장으로 여기며 성공이란 단어를 성취하기 위해 노력하곤 하였다. 그런데 세계가 하나로 변화하고 기술의 급격한 변화와 사회 트렌드의 변화 등으로 말미암아 평생직장의 개념이 파괴되면서 직장에 만족하기보다는 평생 직업을 택하는 시기가 된 것이다. 사람들이 고용에 얽매이지 않고 미래를 위해 창업에 대한 열기를 가속화한 것이다. 현대인들의 직업관이 바뀌기 시작했고 누구나 한 번쯤 꿈을 꾸기 시작한 창업에 도전장을 내밀고 있는 것이다. 창업의 활성화는 경제의 혁신성과 유연성을 재고하고 신규고용을 창출함과 동시에 경제성장의 원동력을 제공하고 있다.

그렇다면 창업이란 어떤 것인가? 한마디로 말하면 창업(創業, Start-up)이란 창의적인 아이디어로 사업을 처음 시작하는 것을 말한다. 흔히들 말하길 아이디어를 상품화한다고 한다. 개인이나 둘 이상이 하나의 아이디어를 가지고 수익을 목적으로 기업을 만들어 사업을 시작하는 것이다. 소매와 도매업, 서비스업, 음식업, 제조기업까지 다양한 업종을 선택하게 된다. 그러나 창업을 하게 되면 많은 위험이 따르게 된다. 누구나 자신감을 가지고 시작하지만 도처에 도사리고 있는 위험한 요소들을 미처 생각하지 못하게 마련이다. 내부적인 환경과 외부적인 환경에서 자신의 의지와는 무관하게 리스크가 발생하게 된다는 것이다.

손쉽게 접근할 수 있다거나 높은 수익을 보장한다는 달콤한 유혹, 충분한 자금 동원력에 대한 고리 사채, 대규모 집단이나 경쟁이 심화되어 있는 상품군, 사업계획서(Business Plan) 작성에 대한 이해와 부족에서 오는 준비, 재무제표나 세무·회계에 대한 기본능력 부족, 소비자 요구나 시장 환경에 대해 조사하지 않고 자신의 믿음에서 만든 신제품(상품), 부족한 커뮤니케이션 능력, 전문가의 조언을 믿지 못하는 자기주체적 의식, 주먹구구식 자금관리 등 기업가들이 가지는 공통된 기질이 부족한 상태에서의 무모한 도전정신만으로 창업하면 큰코다칠 수 있다. 기업의 구조조정과 청년실업의 증가에 기인하여 많은 사람들이 창업을 대안으로 선택하고 있다. 이들이 창업을 성공적으로 이끌기 위해서는 기업가정신이 필요하다는 것이다. 기업가정신 즉, 창업가정신은 자신이 무엇을 할 수 있는지, 무엇을 잘할 수 있는지, 무엇을 하고 싶은지에 대하여 묻고 또 물어야 하며 수백 번도 더 자신과의 질문과 대답을 반복하여야 하며 거기에서 가장 잘할 수 있는 것을 선택하여야 하며 만일 선택하였다면 철저한 준비와 노력을 기울여야 할 것이다. 즉 기업가정신을 갖추어야 한다는 것이다.

시장이 무엇을 요구하는지에 대한 준비와 고객의 주문이 무엇을 선택하는지에 대한 시장의 반응을 조사하여야 하며, 선진 기술력에 의한 새로운 시대적 트렌드를 제시할 수 있어야 한다. 조직을 이끄는 데 있어 수직적인 관계보다는 수평적인 관계를 중시하여 구성원들로 하여금 조직의 목표를 개인의 목표와 동일시할 수 있도록 하여야 하며, 사회적기업으로서 책임과 의무를 다하여야 할 것이다.

앞서 소개한 아산 정주영 회장의 근면 성실 절약정신은 물론이거니와 권한 위양과 책임주의정신, 채용한 직원에게 믿음의 정신을 일깨워준

호암 이병철 회장의 기업가정신은 창업을 준비하고 창업을 시작하고 창업을 시작한 이 시대의 초년 창업가들에게 귀감으로 남을 것으로 판단된다. 시대는 변화하여도 기업가정신은 변함이 없으며 특히 성공한 기업가들의 기업가정신은 후대에까지 오래도록 남을 것으로 보인다.

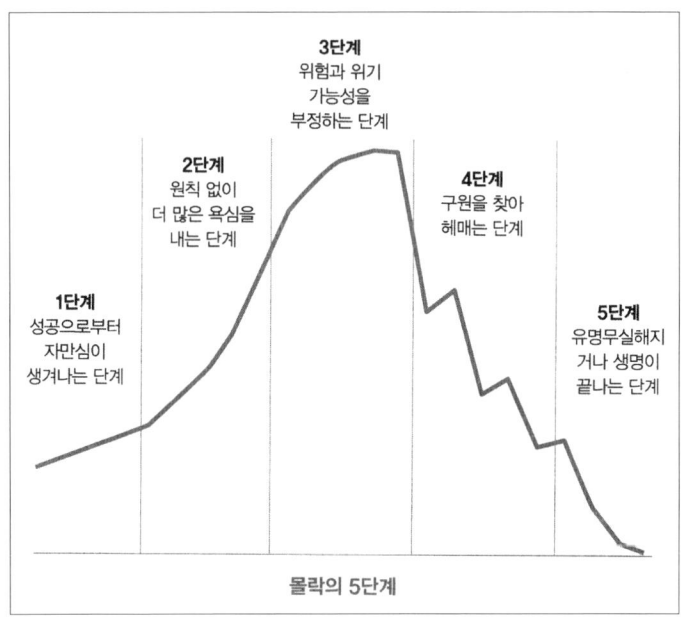

짐 콜린스는 『위대한 기업은 다 어디로 갔을까』라는 책에서 기업 몰락의 5단계를 설명했다. ① 성공으로부터 자만심이 생겨나고, ② 자만심으로 더 많은 욕심을 내게 되고, ③ 욕심에 눈이 멀어 위험을 부정하고, ④ 결국 구원을 찾아 헤매면서 극약 처방을 하지만, ⑤ 돌이킬 수 없는 지경에 이르게 된다는 것이다.

⦿ 기업가정신이 창직에 주는 메시지

창직이란 단어가 생경했다. 새로운 직무와 새로운 직업에도 흔하지 않은 단어가 많다. 그렇다면 왜 이런 단어들이 생기게 되었는가? 청년들의 일자리가 인구구조 변화에 따라 커다란 사회문제로 대두되고 있지만 4차 산업의 발달로 기업과 공공기관, 국가가 청년들을 채용하기에는 한계점에 부딪힐 수밖에 없다는 것이다. 하여 청년층들은 그들 스스로가 일자리를 만들어가고 자신들이 진로를 탐색할 수밖에 없다는 것이다. 또 하나의 문제는 고령화 사회로 접어들어 고령자들의 사회 진출에 대한 고민이 깊어지고 경기침체가 지속화됨에 따라 중장년층들이 직장을 잃거나 직업전선에서 물러나 있다는 것이다. 더군다나 이들이 재취업을 시도하기에는 그 진입 장벽이 높고 창업을 하기도 그리 쉽지만은 않다는 것이다.

그렇다면 창직(創職, Job Creation)이란 무엇인가? 창조적인 아이디어를 통해 자기 주도적으로 기존에는 없는 직업이나 직종을 새롭게 만들어내거나 기존의 직업을 재설계하는 창업 활동을 말한다. 즉 '새로운 직종의 일을 만들어 내는 것'이라고 할 수 있다. 창업은 자기 스스로 아이디어를 고안하여 상품화하는 것과는 사뭇 다를 수 있다는 것이다. 각종 매스컴에 따르면 미래사회는 현재 직종의 50% 정도는 사라지거나 퇴화될 수 있다고 하였으며 새로운 직종의 일들이 50% 정도 생겨난다고 한다. 충분히 그럴 수 있다고 판단된다. 지금 사회는 어떠한 변화의 물결로 흘러가고 있는가. 4차 산업혁명으로 모두가 디지털화되어 디지털콘텐츠 하나로 모든 거래를 이룰 수 있지 않은가. 또한 동물들과 식물에 관련된 자연과 연계된 직업, 음악·미술 등과 관련된 예술 분야, 스포츠 등 예상하지 못했던 직종의 일들이 만들어졌고 만들어지고 있다는 것이다. 기존의 것과 접목하여 새로운 것도 만들어지긴 하지만 미래기술과도 접목하여 새로운 융합기술이 만들어지기도 한다는 것이다. 그래서 창직은 기존의 것을 벤치마킹하여 만들어지기도 하고 이를 세분화하기도 하며 새로운 것과 융합하여 만들어지기도 한다는 것이다. 이론 따로 실기 따로가 아니라 이론과 실기를 융합하여 각각의 직무를 수행할 수 있는 직업 즉 직무가 새롭게 생겨난다는 것이다.

가령 예를 든다면 현대는 디지털콘텐츠시대이다. 콘텐츠 하나만 있으면 못 하는 것이 없고 새로운 것을 만들 수 있다는 것이다. 창업도 되고 창직도 된다는 것이다. 디지털콘텐츠란 유무선 전기 통신망에서 사용하기 위해 부호·문자·음성·음향·이미지·영상 등을 디지털 방식으로 제작, 처리, 유통하는 자료, 정보 등을 말한다. 이것을 이용하여 상품을 구매하고 결제하는 데 네트워크와 PC를 이용하여 처리하는 방식이다. 이를 기존의 전자상거래 방식에 적용하자 시장 확대가 급속도로 발전하였다. 음악 서적은 물론 동영상을 이용한 영화 산업, 학교강의, 기업강의, 회의 등에도 디지털콘텐츠가 이용되고 있다. 디지털 강의를 수행하는 디지털 강사가 그 대표적인 창직으로 볼 수 있다. 펜데믹 시대에는 디지털 강의가 대세를 이룰 수 있다. 바쁜 현대인들은 집합형태 강의보다 여가 시간이나 자신이 선택하는 시간대와 장소에서 자유롭게 시청할 수 있고 공부할 수 있는 디지털 강좌를 더 선호하여 이것이 곧 주류가 될 수도 있다는 생각도 기우만은 아닐 것으로 판단된다.

창직에도 조건이 있을 것이다. 다만 그 조건은 정해져 있는 것이 아니기 때문에 앞서 소개한 성공한 기업가 아산 정주영 회장과 호암 이병철 회장의 정신을 이어받기를 원한다. 창의정신과 기술개척정신, 도전과 개척정신으로 자신의 직무를 다한다면 원하는 해답을 얻을 것이다. 합리주의정신, 일등주의정신을 함양한다면 그 어떤 어려움이 따르더라도 능히 헤쳐나갈 수 있을 것이다. 성공한 기업가들은 남을 탓하지 않고 오로지 자신만을 탓하며 쇄신하였다고 하니 이 또한 창직자들이 배우고 따를 교훈이 아닐까 싶다.

참고문헌

- 피터 드러커, 『기업가정신』, 이재규 옮김, 한국경제신문, 2004.
- 네이버 지식백과, 「기업가정신, 경영자혁명」, 매일경제, 매경닷컴
- 이학선, 「비즈니스워치」, 2014.5.21.
- 안광복, 『도서관 옆 철학카페』, 2014.
- 강기찬, 김정호, 『기업가정신과 창업』, 도서출판두남, 2018.
- 윤원배, 윤명길, 『창업실무론』, 도서출판두남, 2018.
- 손동원, 김현태, 『벤처기업 창업경영론』, 경문사, 2006.
- 스티븐 코비, 『성공하는 사람들의 7가지 습관』, 김경섭 옮김, 김영사, 2009.
- 이정원, 『창직이 미래다』, 해드림출판사, 2015.
- 정은상, 『창직이 답이다』, 모두북스협동조합출판사, 2018.
- 박시현, 『내 직업 내가 만든다』, 샨티, 2018.

저자소개

김남식 KIM NAM SIG

학력

· 인하대학교 일반대학원 경영학과 경영학박사(인사관리전공)

· 인하대학교 경영대학원 경영학과 경영학석사(인사관리전공)

· 인천대학교 경영학부 경영학사

· 한국방송통신대학교 경영학부 경영학사

· 국립강릉원주대학교 경영학과 2년 수료

경력

· 기업경력 32년/상무이사

· 인하대학교 경영학부 시간강사

· 인천대학교 기초교육원 시간강사/세무회계학과 겸임교수

· 가천대학교 경영학부 겸임교수

- 한국평생사이버교육원/에듀업원격평생교육원 운영교수(현)
- 국가인적자원개발사업 HRD심사등 10여 개 기관 평가위원(현)
- 국가직무능력표준(NCS) '경영기획' 부문 개발 전문위원
- 경영·기술지도사 국가자격시험 사전출제위원
- 산업안전(보건)지도사 전문자격시험 출제위원
- 능력중심 공공기관 채용출제 및 시험 평가위원
- 능력중심 채용 HR전문면접관
- 한국능률협회 컨설팅 위원(현)
- 창업진흥원 창업 전문 멘토(현)
- (현재) BHM연구원 대표

저서
- 『신중년 도전과 열정 2021』, 브레인플랫폼, 2021. (공저)
- 『기업가정신과 창업가정신 그리고 창직과정신』, 브레인플랫폼, 2021. (공저)

자격
- 경영지도사(재무관리)
- 직업능력개발훈련교사 3급
- ISO9000/14001 인증심사원
- 부동산 전문상담사

수상
- 인하대학교 총장상(2004)
- 지식경제부장관상(2011)

제6장

박옥희

여성 기업가정신과 여성 컨설턴트의 역할

⊙ 여성 창업은 왜 중요한가?

현재 우리 사회는 저출산과 고령화 문제가 심각하다. 이러한 문제는 학령인구 및 생산가능인구 감소로 이어져 소비 감소, 경제성장 둔화, 노인부양 부담 등을 초래해 우리 사회가 해결해야 할 '태풍의 눈'이 되고 있다. 이의 해결방안으로 최근 저출산 고령사회위원회에서는 여성의 활발한 경제활동 참여가 매우 중요함을 강조했다.

과거에는 주로 남성이 경제활동을 하고, 여성은 가정생활을 책임지는 사회구조였다. 그러나 현대사회는 출생성비(여아 100명당 남아 수/1990년대 116.5명/2019년 105.5명)가 동등해지고, 여성의 학력이 높아져 여성도 역량 발휘를 통해 경제성장의 원동력에 큰 역할을 담당해야 할 때이다.

여성의 창업이 어떤 역할을 하는지 몇 가지 측면에서 살펴보기로 한다.

1) 코로나19 이후 재도약의 중심역할

팬데믹(Pandemic)의 지속에 따른 세계 경제 역성장의 영향이 우리나라의 경제에 직격탄을 날리며 경력단절과 청년실업률이 심화하고 있다. 하지만 '위기는 기회다'라는 말을 되뇌어보자.

전례 없는 감염병의 지속으로 '사회적 거리두기' 등의 권고 수칙은 소상공인, 관광 산업 등 경제 활성화에 상당한 악영향을 미치고 있다. 그러나 4차 산업혁명 시대를 맞아 ICT의 융합으로 만들어지는 초지능, 초연결의 언택트 사업은 폭발적으로 증가하고 있다.

이러한 기회 속에서 여성의 창업은 여성의 기업가정신인 세심한 감성과 신선한 혁신, 협업 리더십, 그리고 포기하지 않는 도전정신으로 우리나라 경제성장과 고용창출을 통해 코로나19 이후 재도약의 중심역할을 해야 한다.

국제기구들도 "최근 여성 기업의 규모와 수가 남성 기업의 증가 속도를 앞지르고 있고 경제성장, 빈곤감소 및 고용창출, 그리고 정치·경제·사회적 차원에서 여성의 역량 강화에 기여한다"는 점에서 여성 기업가정신의 중요성을 강조한다.

2) 친환경 문제 해결 역할

기업의 ESG(환경 책임, 사회적 책임, 지배구조) 경영 요구는 지구환경, 온난화, 미세먼지, 탄소 중립, 환경친화적 에너지(청정, 재생, 대체, 자원 재활용) 등으로 '친환경' 산업을 주목하게 한다.

코로나19로 인해 배달산업의 폭발적 증가와 함께 일회용 플라스틱 용기 등의 쓰레기 배출도 증가했다. 인간 세상이 아닌 쓰레기 세상이 될 정도로 심각성이 크다.

우리나라는 2050년 탄소 중립(이산화탄소를 배출한 만큼 이산화탄소를 흡수하는 대책) 달성 목표와 온실가스 감축을 위한 정부 정책이 쏟아지고, 사회 전반으로 친환경 산업에 관심이 증가하고 있다.

친환경 산업의 관심은 문재인 대통령, 바이든 미국 대통령 등의 국가 원수만 관심을 두고 있는 게 아니다. SK그룹 최태원 회장, 마이크로소프트 빌 게이츠 등의 기업가도 "Clean 사회, Clean 환경, Clean 지구!"를 외치고 있다.

이때 여성 창업가는 강점인 세심한 주의력과 감성의 기업가정신으로

가정 안에서의 Clean 제품, 사회 속에서의 자원 재활용 가능한 사업의 혁신적인 아이디어를 통해 '지구 Clean 사업'을 선도하는 기회를 잡을 수 있는 적임자이다.

3) 경력단절 해결역할

경력단절(Career Interrupted) 여성은 15~54세 기혼여성 중 현재 결혼, 임신 및 출산, 육아, 자녀교육, 가족 돌봄 등의 사유로 직장 다님을 중단한 여성을 말한다. 경력단절이 일시적·한시적 단절에 그친다면 다행이지만, 비자발적으로 장기화가 되면 우울감, 상실감 등으로 사회적 문제가 야기되기도 한다. 경력단절 여성의 실태를 살펴보고, 해결방안의 한 방편으로 '창업'을 고민해보자.

2020년 4월 기준으로 기혼여성은 857만8천 명이고, 비취업 여성(현재 일을 하고 있지 않은 여성으로 실업자와 비경제활동 인구임)은 342만 명으로 나타났다. 이 중 경력단절 여성은 150만6천 명으로 비취업 여성 대비 약 44%에 이른다.

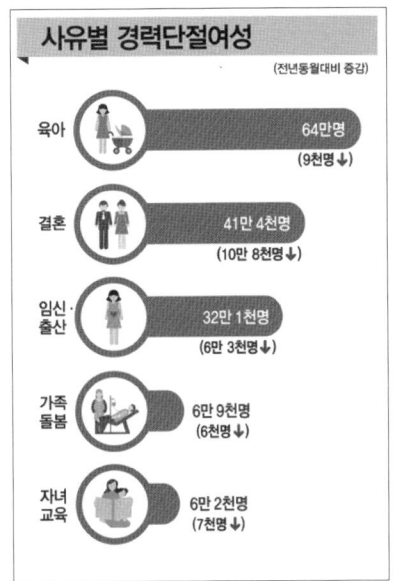 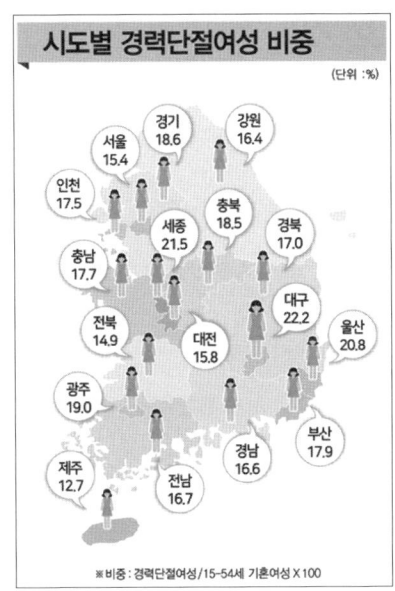

*출처: 2020 통계청, 2020년 상반기 지역별고용조사, 경력단절여성현황

　역량을 갖춘 여성들의 경력단절은 우리나라의 사회적·경제적인 측면에서도 악영향을 미치고 있다. OECD는 한국의 여성 경제활동 참가율이 남성 수준으로 높아질 경우 경제성장률이 연평균 1% 상승할 것으로 전망한다.

　여성 창업은 경력단절의 해결방안이 될 수 있다. 직장에서 눈치를 보거나 유연한 근무형태가 어려워 직장을 그만두었다면 혁신적인 아이디어로 기회를 포착하고, 정부에서 지원하는 교육과 제도를 통해 도전해보자. 기업가정신은 기회포착과 도전에서부터 시작되지 않는가!

　정부의 창업지원센터는 창업진흥원, (재)여성기업종합지원센터, 서울창업 허브, 소상공인마당, 각 지자체 여성창업지원센터, 최근 서울시 여성가족재단에서 운영하는 스페이스 살림 등이 있다. 창업에 관심이 있다면 문을 두드려보자!

*출처: 여성기업종합정보포털(http://www.wbiz.or.kr)

4) 일·생활균형 문제 해결역할

여성 창업은 사회적 관심사인 일·생활균형 문제를 해결할 수 있다. 일·생활균형의 관심은 비단 우리나라만의 일은 아니다. 1800년대 후반 유럽을 중심으로 일·생활균형을 통한 일·가정 갈등을 줄이고, 인간의 행복한 삶을 지원하기 위한 정책이 수립되었다.

우리나라는 일·생활균형 문화조성을 위해 2007년 「남녀고용평등과 일·가정 양립지원에 관한 법률」, 「가족친화 사회환경의 조성 촉진에 관한 법률」을 통해 남녀고용평등과 가족친화 제도, 일·생활균형 캠페인 지원 사업 등 다양한 정책을 시행하고 있지만, 사회문화로의 확산에는 부족한 상황이다.

장시간 근로 세계 3위, 자살률 3위, 국민행복지수 54위 등이 이를 반증한다. 그렇다면 여성 창업이 어떻게 일·생활균형을 가능하게 할까?

그 효과는 어떤 것이 있을까?

창업과 직장에서 일·생활균형의 효과

창업의 일·생활균형		직장의 일·생활균형	
업무시간 조절	자율적인 업무 시간으로 일·생활균형 가능	숙련인력 확보	근로자의 장기근속을 통해 숙련인력 확보
장소의 다양성	장소의 다양성으로 창의성과 역량향상 가능	생산성 향상	근로자의 업무몰입도 높아져 생산성 향상
사회에 기여	창업으로 일자리 창출과 사회적·경제적 가치창출	직무만족도 증가	업무부담과 스트레스 감소로 직무만족도, 조직몰입도 증가
새로운 가치확립	창업 교육, 아이디어 실현으로 새로운 가치와 자아실현 기회	기업경쟁력 상승	고객서비스 질 향상으로 기업 경력 상승
가족관계 개선	가정을 돌볼 시간 확보로 가족관계 개선	기업 이미지 제고	일·생활균형 기업인정으로 기업 이미지 향상

*출처: 고용노동부, 「일·생활균형 효과」 저자 재정리

    코로나의 장기화로 여성 취업자 수가 감소했는데 이중 기혼여성이 95.4%이고, 미혼 여성은 4.6%에 불과하다고 한다. 결국, 자녀 돌봄 등은 여성의 몫이라는 등식을 피할 수 없는 결과로 보인다. 이는 사회에서 양성평등의 일·생활균형(재택 등 유연 근무, 육아휴직 등)이 중요함을 그대로 나타내준다. 취업의 절벽에서 여성의 창업과 여성 기업가정신으로 '가족친화 문화'와 '창업 성공'의 두 마리 토끼를 잡을 수 있는 창직가정

신을 갖춰야 한다.

⊙ 여성 창업의 정의와 현황

1) 여성 기업의 법률 검토

우리나라는 1987년 헌법에 신설조항으로 「남녀고용평등법」[1]이 제정되었으며 이 법은 2007년에 「남녀고용평등과 일·가정 양립지원에 관한 법률」[2]로 변경되었다. 또한, 1995년에는 「여성발전기본법」[3]이 제정되어 여성 정책 및 예산수립의 근거로 작용하였고, 이 법은 2015년에 「양성평등기본법」[4]으로 법제명을 변경하였다. 이와 더불어 1999년에는 「여성기업 지원에 관한 법률」[5]을 통해 경제영역에서도 남녀의 평등과 여성 및 여성 기업인의 경제활동 및 지위 향상을 제고하도록 법적 근거를 마련하였다. 이 법에서는 여성의 창업기업활동을 촉진하기 위한 지원 사업을 추진하고 각종 정보 및 교육·훈련·연수·상담 등의 서비스를 제공하는 기관인 한국여성경제인협회 및 (재)여성기업종합지원센터 등

---

1) 이 법은 고용에 있어서 남녀의 평등한 기회와 대우를 보장하기 위해 제정한 법률이다(1987. 12. 4., 법률 제3989호).

2) 이 법은 「대한민국헌법」의 평등이념에 따라 고용에서 남녀의 평등한 기회와 대우를 보장하고 모성 보호와 여성 고용을 촉진하여 남녀고용평등을 실현함과 아울러 근로자의 일과 가정의 양립을 지원함으로써 모든 국민의 삶의 질 향상에 이바지하는 것을 목적으로 한다. [전문개정 2007.12.21.]

3) 이 법은 정치·경제·사회·문화의 모든 영역에서 남녀평등을 촉진하고 여성의 발전을 도모하기 위해 제정한 법(1995. 12. 30., 법률 제5136호)이었으며, 2014년 전부 개정되어 '양성평등기본법'으로 변경되었다.

4) 이 법은 사회 전체 영역에서 여성과 남성의 평등한 참여를 도모하자는 취지로 1995년 제정된 여성발전기본법을 20년 만에 전부 개정한 법안이다.

5) 이 법은 여성기업의 활동과 여성의 창업을 적극적으로 지원함으로써 여성의 경제활동을 제고하여 국민경제 발전에 이바지하기 위해 제정한 법이다(1999. 2. 5., 법률 제5818호).

을 설립하여 체계적으로 여성기업 육성 정책을 수행할 수 있도록 하는 근거를 마련하였다(김보례·윤아름, 2018).

2) 여성 기업의 정의

「여성기업 지원에 관한 법률」 제2조 제1호에 따르면 여성 기업이란 '여성이 소유하고 경영하는 기업으로서 대통령령으로 정하는 기준에 해당하는 기업'을 말하며, 그 기준은 동법 시행령 제2조 제1항에서 다음과 같이 구체적으로 규정되어 있다.

「여성기업지원에 관한 법률 시행령」 제2조(여성기업의 정의)

① 「여성기업지원에 관한 법률」(이하 "법"이라 한다) 제2조 제1호에서 "대통령령으로 정하는 기준에 해당하는 기업"이란 여성이 실질적으로 경영하는 기업으로서 다음 각호의 어느 하나에 해당하는 기업을 말한다.

1. 대표권 있는 임원(이하 "회사대표"라 한다)으로 등기되어있는 여성이 최대출자자[자기의 명의로 소유하는 출자 지분(주식회사인 경우에는 「상법」 제344조의 3에 따른 의결권 없는 주식은 제외한다. 이하 같다)이 최대인 자를 말한다]인 「상법」 상의 회사(회사 내표로 등기되어있는 여성이 2명 이상인 경우로서 그 합한 출자 지분이 최대인 회사를 포함한다)

2. 여성이 「소득세법」 제168조 또는 「부가가치세법」 제8조에 따라 사업자등록을 한 개인사업자

3. 다음 각 목의 요건을 모두 갖춘 「협동조합 기본법」 제2조 제1호에 따른 협동조합(같은 조 제3호에 따른 사회적협동조합은 제외한다. 이하 같다)
   가. 총 조합원 수의 과반수가 여성일 것
   나. 총 출자좌수의 과반수를 여성인 조합원이 출자하였을 것
   다. 이사장이 여성인 조합원일 것
   라. 이사장을 포함한 총 이사의 과반수가 여성인 조합원일 것

*출처: 국가법령정보센터

3) 여성 창업기업 현황

우리나라에서 여성기업에 대한 연구가 본격화하기 시작한 것은 2000년대 이후부터이다. 이는 통계청이 이후 매년 진행하는 '전국사업체 기초통계조사'에서 1997년 이후 사업주의 성별을 조사항목으로 포함한 것을 바탕으로 한다.

우리나라의 2020년 창업기업 수는 총 1,484,667개이다. 이중 남성 창업 790,241개, 여성 창업 693,927개, 기타 499개로 남성 창업 대비 여성 창업은 약 87.8%의 비중이다. 2019년에 비해 남성 창업은 14.7% 증가한 데 반해 여성 창업은 16.5%로 남성 창업 대비 증가 폭이 커지고 있다.

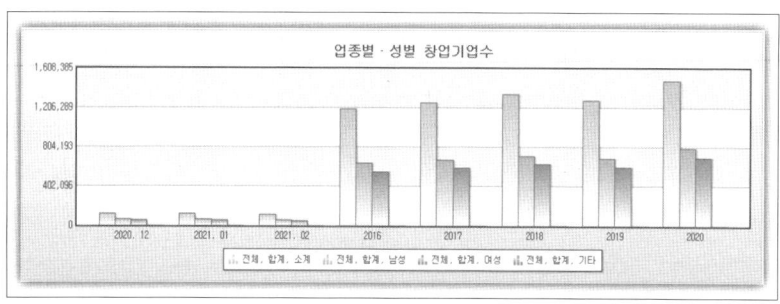

*출처: 통계청, 창업기업 수(2021.4.20.)

여성 기업체의 업종을 보면 '숙박 및 음식업'과 '도매 및 소매업'이 59.6%를 차지하고 있다. 그중 '숙박 및 음식업', '교육서비스업', '수리 및 기타 개인 서비스업'에서는 남성보다 더 많다. '제조업', '건설업', '운수 및 창고업', '부동산업'에서는 남성사업체보다 비중이 훨씬 낮다. 규모별로는 여성사업체 중 중소기업이 99.99%를 차지하고 있으며, 이

중 89.20%가 소상공인에 해당이 된다.

　여성 기업인이 경영상 겪는 애로사항에는 어떤 것이 있을까? 2018년 조사결과에 의하면 가장 큰 애로사항으로는 판매선 확보 등 마케팅관리(34.1%), 자금조달 등 자금관리(31.2%), 인력확보 등 인사관리(25.9%) 순이다. 그 밖에 기업에 대한 각종 법률적·사회적 규제(19.7%), 기술개발(16.3%), 경영 관련 정보획득(15.7%), 거래기업과의 분쟁(14.4%), 노사관계, 외상/어음거래(11.0%), 원자재 조달 등 생산관리(10.9%), 기술, 디자인 등 지적 재산권 보호(6.9%) 순이다. 모든 창업가는 사업을 하다 보면 상기와 같은 다양한 애로사항에 직면할 것이다. 이를 어떻게 해결할 수 있을까?

　바로 ▲교육 ▲멘토링 ▲컨설팅 ▲네트워크가 필요하다. 최소한의 노력으로 주위의 멘토, 컨설턴트를 찾아라! 그들은 정부지원으로 무료 또는 소정의 부담으로 마케팅, 인사관리, 자금조달, 정부지원 사업에 대한 정보를 멘토링 해주고, 컨설팅을 통해 사업 성장의 든든한 동반자가 되어줄 것이다.

*출처: 2019 여성기업백서, (재)여성기업종합지원센터

⦿ 여성 기업가정신은 무엇이 다른가?

    기업가정신은 '미래의 불확실성과 높은 위험에도 불구하고 모험정신과 혁신능력을 발휘하여 새로운 가치를 창출하는 기업가의 의지 또는 활동'이라고 한다. 글로벌 기업가정신 트렌드 리포트(GETR, Global Entrepreneurship Trend Report)에서는 '미래의 불확실성과 높은 위험에도 불구하고 주도적으로 기회를 포착하며 혁신 활동을 통해 개인적·사회적으로 새로운 가치를 창조하는 실천적 역량'이라고도 한다. 결국, 키워드로 살펴본 기업가정신은 ▲기회포착 ▲불확실성 ▲모험정신 ▲혁신

능력 ▲새로운 가치창출 역량이 아닐까 싶다.

과연 남성과 여성의 기업가정신 특성이 다를까? 결론부터 말하자면 크게 다르지 않다. 지금까지의 연구들에서는 남성 기업가는 좀 더 불확실성에 도전하고, 의지력, 네트워크에 강점이 있다는 특성을 나타낸다고 한다. 한편 여성 기업가는 소통 및 공감 능력, 안정성, 감성 리더십에 강점이 있다.

이처럼 성별에 따른 특성으로 이분법적인 결과로 나누는 것보다 양성의 강점이 보완적으로 협업이 되어야 한다. 창업을 성공적으로 사업화하고 발전시키기 위해서는 양성평등의 기업문화 조성이 더 중요하지 않을까?

⊙ 여성 창업가와 여성 컨설턴트의 역할

1) 여성 창업의 가치는?

저자가 연구한 여성 대표의 기업가정신은 첫째, 세상에 버릴 '경험'은 없다. 둘째, '준비'되지 않으면 얻을 것이 하나도 없다. 셋째, '목표'를 세워놓고 '실천'하며, '미래'를 바라보고 '계획'을 세운다(목표→달성→미래→계획).

사회는 여성의 경제적 참여를 중요하게 생각하고 있다. 여성 자신에게도 '창업은 기회의 장'이다. 코로나가 장기화되고 있는 이때, 여성 창업가의 활약을 통한 새로운 가치창출로 경기침체를 극복하고 일자리 확대를 할 수 있다.

하지만 여성 기업들의 기업가정신에 대한 ▲교육 부재 ▲정부 정책에 대한 정보의 부재 ▲시간의 제약 ▲네트워크 부족 ▲초기 사업자금 부족 ▲인사·마케팅·재무·생산관리 부분의 경영시스템 지식 부족 등 풀어나가야 할 문제들이 산재해 있다.

2) 여성 컨설턴트의 역할은?

여성 기업의 활성화를 통해 경기침체를 극복하고 일자리를 창출하기 위해 그들이 경제적·사회적 가치를 창출할 수 있도록 도와주는 역할을 담당하는 전문가가 절실해졌다.

이에 ▲여성의 감성을 이해하고, ▲함께 소통하며 정부의 정책을 알려주고, ▲이종 산업 간 융합할 수 있도록 중개해주며, ▲기업가정신의 교육과 함께 경영지식을 전수해줄 수 있는 여성 컨설턴트의 중개자·매개자 역할이 매우 중요해졌다고 할 것이다.

여성 컨설턴트는 여성기업 특유의 리더십과 조직구조를 이해해야 한다. 그리고 소통과 경청을 통해 기업에 맞는 방법론을 가지고 경제적·사회적 가치창출을 할 수 있도록 자문과 문제를 해결해주는 역할을 해야 한다.

여성 컨설턴트의 역할로 본 여성 기업가정신 모듈

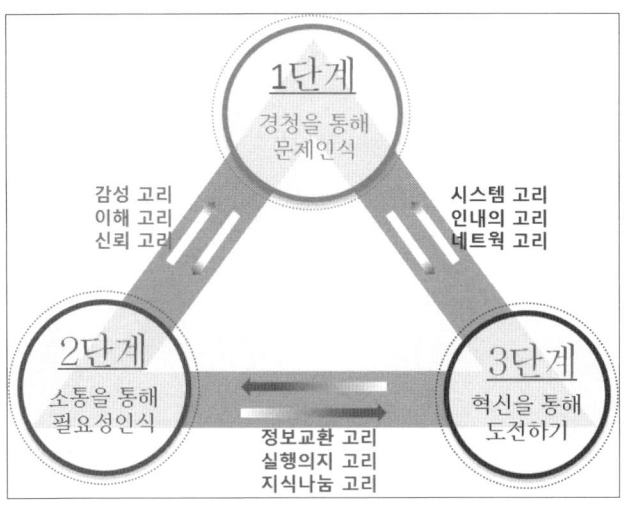

　세계는 4차 산업혁명 시대를 맞아 경영환경이 급변하고 있다. 초연결과 초지능의 특징은 기존 산업혁명에 비해 더 넓은 범위에 더 빠른 속도로 크게 영향을 끼친다.

　이러한 경영환경의 변화로 인해 전 세계 기업들은 발 빠르게 움직이고 있고 우리나라 또한 대기업과 정부를 중심으로 대응전략과 선도전략을 전개하고 있다. 그러나 산업에서 많은 수를 차지하는 중소기업과 소상공인들에게는 4차 산업혁명에 대한 이해가 없고, 어떤 대응, 어떤 전략이 필요한지 등에 관한 지식과 정보의 부재가 현실인 상황이다.

　여성 기업의 활성화를 위해 필요한 사항을 도출하면 다음과 같이 요약된다.

　첫째, 여성 기업가정신에 대한 '교육'이 필요하다. 미래 불확실성에 대한 예측과 기회포착을 위해 혁신과 도전정신으로 무장한 비전과 철학을 중심으로 하는 기업 경영이 필요하다.

둘째, 여성 기업인들의 단점으로 지적된 '부족한 네트워크'를 세미나(Zoom 미팅) 등을 통해 보완해야 한다. 같은 업종 또는 이 업종을 경영하는 기업가들과의 교류의 장이 필요하다.

셋째, 정부의 '정책적인 지원'이 필요하다. 여성 기업인들의 애로사항을 통계 조사한 결과 ▲판로 ▲자금조달 ▲경영 애로 상담 ▲경영정보 지속제공 ▲여성 기업인들과의 교류 확대로 나타났다. 정책 지원으로 이를 보조해야 한다.

넷째, 앞서 언급한 여성 기업 활성화를 위해 가장 필요한 전문가는 '여성 컨설턴트'이다. 감정적 소통으로 여성 기업을 이해하고 같은 여성끼리의 동질감과 친밀감을 형성하여 서로에게 신뢰감을 주는 일이 필요하다. 여성 컨설턴트는 여성 기업가정신의 교육, 네트워크 연결, 정부 정책의 정보 지원 등을 연결해줄 수 있는 적임자이다.

따라서 여성 기업의 활성화를 위해서 역량과 전문지식으로 무장한 여성 컨설턴트의 배출이 시급하다. 여성 컨설턴트가 여성 기업을 도울 수 있는 정부지원과 시스템이 갖추어져야 할 것이다.

참고문헌

- 통계청, 「2020년 상반기 지역별고용조사 경력단절여성 현황」, 2020.11.24.
- 통계청, 「창업기업 수」 2021.4.20.
- 이창은, 「여성기업가정신의 특성에 관한 연구」, 『디지털경영연구』, 제5권 제2호, 2019.
- 김미란, 「여성 기업가 역량모델 및 진단도구」, 계명대학교대학원, 박사학위 논문, 2020.
- 김보례, 윤아름, 김준길, 박향기, 「2019년 여성기업 백서」, (재)여성기업종합지원센터 여성경제연구소, 2019.
- 이정훈, 이주성, 윤병운, 이성주, 『기업가정신과 혁신』, 이앤비플러스, 2014.

저자소개

박옥희 Park Ok-Hee

학력
· 컨설팅학 박사
· 경영학 학사, 석사

경력
· 엔씨스마트 경영컨설팅 대표
· (주)경영지도법인 성장 상근이사
· NCS 블라인드 채용 공공기관 전문 면접관
· 중소벤처기업부 비즈니스지원단 전문위원
· 한국경영인증원 가족친화인증 심사위원
· 한국건강가정진흥원 가족친화 컨설턴트
· 고용노동부 주관 일·생활균형 컨설턴트
· 소상공인시장진흥공단 소상공인 역량 강화 컨설턴트
· 스마트소상공인 지원센터 컨설턴트

· 경기 스타트업 플랫폼 전문위원
· 한국산업인력관리공단 NCS 기업활용 컨설팅 컨설턴트
· 한국관광공사 관광두레 컨설턴트
· 한국인터넷진흥원 제안서 평가위원
· 인천도시공사 기술자문위원(관리운영 부분)

자격
· 경영지도사
· 기업·기술가치평가사

저서
· 『안전기술과 미래경영』, 브레인플랫폼, 2021. (공저)
· 『공공기관 채용의 모든 것』, 브레인플랫폼, 2021. (공저)
· 『경영지도사 인적자원관리분야2차 조직행동론 실전모의고사(125문)』, e-pub, 2018. (공저)
· 「중소기업의 가족친화경영 수준 자가진단을 위한 방법론 및 프로토타입 제안: 청년 구직자의 선호도 정보에 기반하여」, 박사학위 논문, 2021.

제7장

최귀선

창업현장에서 보는 창업 한국의 미래

⊙ 창업현장에서의 단상

최근 5년여간 대한민국 최고의 창업현장인 청년창업사관학교에서 초기창업 대표들과 함께하여왔다. 지금 이 순간에도 졸업한 대표들 얼굴을 떠올리며 한 명 한 명의 성공을 빌고 응원한다.

필자는 탁월한 지식과 능력을 갖추진 못했지만 여러 기업체에서 다양한 일들을 했고 나름대로 다수의 성공 경험을 가지고 있다. 몇 차례 창업을 하면서는 애쓰며 하나하나 기업을 만들어가는 보람도 있었지만 더 이상 지탱하지 못한 채 폐업하는 과정에서의 씁쓸한 경험도 갖게 되었다. 이러한 나의 빛과 그림자 같은 경험은 창업 대표와 더욱 공감하면서 대표로 하여금 사업화 과정에서의 시행착오를 줄이고 좀 더 자신감을 갖도록 하는 데 필자의 진심을 다하도록 하였다.

1) 창업 인프라 현장에서

지난 5년간, 매년 입교 대표들의 사업화 과제 내용과 대표의 역량이 갈수록 우수해진다는 느낌을 받아왔다. 창업지원사업이 예비창업과 초기창업 부문으로 구분됨에 따라 예비창업지원사업을 통해 좀 더 체계화된 비즈니스 모델과 역량을 갖춘 사람들이 입교한다. 사업현장에서의 어느 정도 충실한 경험을 바탕으로 입교한다. 관련 정보나 교육 등을 통해 사전에 창업준비를 철저히 하여 입교하기도 한다. 창업사업화를 위한 비즈니스 모델 정립, 창업 실습, 밸류체인(자사를 중심으로 한 공급자와 수요자 관계) 이해, 고객 조사, MVP(Minimum Viable Product, 최소기능제품) 제작 등 각종 창업교육과 실전 창업훈련이 그중 하나일 것이다.

이러한 초기창업 환경은 그 밖의 기업 성장지원 프로그램과 함께 우리나라의 성공창업 인프라로써 대한민국 미래경제의 밑거름이라 아니할 수 없다. 즉, 이들 창업현장을 통하여 향후 국가 경제의 모습을 상당 부분 조명해볼 수 있는 데, 매년 우수한 과제(대표)가 증가한다는 점은 우리나라 경제발전에 중요한 청신호를 보여주는 것이다.

이런 측면에서 창업현장에 몸담고 있는 필자로서는 나름 보람과 자긍심을 가지면서 동시에 시대적 소명감과 책임감 또한 갖게 된다.

2016.5.18. 청년창업사관학교 비전캠프 3일 차 태백산 등정

2) 창업 대표를 보면서

그동안 창업현장에서 수많은 창업 대표들을 보아오면서 공통적으로 느끼는 점이 있다. '이 대표는 이 부분을 잘하기 때문에 사업을 성공시킬 수 있겠구나', '아, 이 대표는 이런 면이 있어서 사업을 하는구나'라는 점이다. 즉, 모든 대표에게서 나름대로 그들이 뭔가를 잘할 수 있는 한 가지 이상의 역량과 태도를 갖고 있음을 볼 수 있었다.

다른 한편으로는, '이 대표의 이런 특장점에다 사업 성공을 위해 필요한 다소 부족한 일정 부분만 보완된다면 훨씬 사업화 성공 가능성을 높일 수 있을 텐데…' 하는 아쉬움 또한 많이 느낀다. 이러한 면에서, 창업 대표로서 각자의 사업에 맞는 핵심직무 측면의 사업적 역량과 조직 리더로서의 인성적 측면을 살펴보고자 한다.

(1) 사업에 맞는 핵심 직무역량

사업에는 많은 기능들이 있는데 이들 각각의 기능 중 어느 하나라도 간과되면 그로 인해 사업에 결정적인 어려움을 초래하게 된다. 사업대상(아이템)에 따라 필요로 하는 기능은 다를 수 있는데 특히, 해당 아이템에 대한 핵심 직무역량은 사업화 성공 여부에 매우 중요하다. 따라서 기업의 대표는 주요역량의 전부 또는 일부를 반드시 갖추고 있어야만 한다. 주요역량 중 부족한 부분은 대표의 관리범위 내에서 핵심 구성원이나 필요에 따라 파트너십으로 갖추고 있어도 무방하나 반드시 대표의 강력한 우월적인 교섭력이 전제되어야 한다.

창업현장에서 보면 아이디어나 비즈니스 모델은 우수해 보이는데 그 사업을 성공시키기 위해 필요한 핵심 직무역량을 대표가 갖추지 못한 경우도 꽤 있다. 일부 주요역량을 직원이나 외부에 의존하는 경우에는 대표의 관리력이 낮아져 사업 자체가 위태로워질 수도 있다.

아이디어 주체로서 대표가 본인 사업에 대한 큰 틀에서의 자신감이나 소신은 가질 수 있으나, 사업은 종합예술과도 같아서 어느 기능 하나만 삐끗해도 곧바로 어려운 상황에 빠지게 된다. 특히, 핵심역량이 부족하면 제대로 된 사업화 진척을 할 수 없을뿐더러 경쟁상황에서 곧바로 밀리게 되어 퇴출될 수밖에 없게 된다. 대표가 핵심역량을 갖고 있느냐, 얼마만큼 경쟁우위의 역량인가가 그만큼 중요한 이유이다.

예전에는 "도시락을 싸 가서라도 동업은 말려라"라는 말이 있을 정도로 동업에 대한 부정적인 인식이 강했었다. 그러나 스타트업(특히, 기술창업의 경우)이 조기에 아이템을 구현하여 시장에 출시하고 고객검증과 개선을 스피드 있게 하면서 성장을 이끌기 위해서는 경쟁력 있는 핵심역량을 보유한 대표와 팀원(핵심 구성원)의 구성은 필수적이다.

실리콘밸리에서는 이러한 팀 문화, 팀 조직으로 성공하는 경우가 많다. 팀 멤버들 또한 회사와 같이 성장하면서 창업회사에서 계속 중요한 역할을 수행하거나 직접 새로운 스타트업을 만들기도 하고 또 다른 기업에서 성공경험을 자산으로 중요한 직무를 맡기도 한다. 이러한 모습은 최근 우리나라에서도 자주 접하게 된다. 유튜브에서 스타트업 공동리더 2명이 사업 초기의 경험과 그동안의 성장 과정을 말하면서 어깨를 툭툭 치며 서로의 역량에 대하여 이야기하는 모습은 매우 든든해 보인다. 고객도 제품도 없는 스타트업에서 대표와 핵심 멤버의 차별화된 핵심역량은 그들의 열정과 일치된 목표와 함께 유일한 성공 무기이기 때문이다.

(2) 리더십과 인성

대표는 사업에 따른 핵심역량 보유와 더불어 구성원과 함께 성공적인 조직을 만들어가기 위한 리더십과 인성을 동시에 갖추어야만 한다. 리더십과 인성에 관한 필자의 생각도 분명히 있다. 그럼에도 불구하고 이 지면에서는 이 부분에 대해 건너뛰려고 한다. 그 대신에 보통 기업가정신이라 할 수 있는 창업 대표에게 요구되는 역량을 본고의 마지막 부분(3. 성공하는 창업가의 5가지 역량)에 정리하였다.

다시 말해, 창업 대표에게 필요한 리더십과 인성을 말하라 하면 아마도 필자의 기존관념이 알게 모르게 튀어나올 것이다. 그중 일부는, 예를 들어 괴팍함과 같은, 사람마다 의견 차이가 있고 좀 티격태격해야 할 내용도 있을 것인데 이러한 부분을 기성관념의 틀로 제한하지 않으려는 것이다. 왜냐하면, 사업의 특성 즉, 예민한 고객 니즈, 치열한 경쟁, 승자독식 구조로의 변화, 기술의 발전속도 등을 고려할 때 기업 대표에게 바람직한 인간적 품성이란 명목으로 리더십이나 인성을 일정한 틀로 정의하거나 고정하기보다는 이러한 급변하는 상황에서의 적응력과 생존력이 강조되어야 하기 때문이다. 사업 특히 창업의 환경은 광야와도 같다. 대표의 경험도 중요하지만 때로는 젊은 패기(열정과 도전)가 더 필요하기도 하다. 아직도 불편한 이 사회구조를 바꾸고 혁신적인 아이디어를 실행하기 위하여는 괴짜 창업가도 있어야만 한다.

그렇지만 하나의 기업에는 구성원과 함께 다수의 파트너가 있고 기업이 고객을 포함한 사회에 미치는 영향이 크기 때문에 창업기업과 대표에게 건전한 도덕성은 반드시 기본이 되어야만 한다. 최근 기업의 ESG 경영이 강조되듯이 내외부적인 투명 경영을 통해서만 지속가능한 기업

발전을 할 수 있음을 주목해야 한다. ESG란, 'Environment', 'Social', 'Governance'의 머리글자로 기업 초기부터 친환경, 사회적 책임, 지배구조 건전성을 염두에 둔 사업 철학이 필요함을 강조하는 용어다. ESG가 포괄하는 가치는 개별 기업을 넘어 자본시장, 사회에 미치는 중요가치로서 누구보다도 스타트업이 추구해야 할 근간가치가 되어야 한다.

◉ 창업 한국, 미래성장을 함께 만들어가자

어김없이 2021년도 봄에도 예정되었던 다양한 창업사업화 지원사업들이 공지되었는데 경쟁률은 갈수록 높아지고 있다. 수년에 걸친 창업 정책과 제도의 시행과 확대를 통하여 이제는 대한민국의 창업생태계가 나름의 형태를 갖추면서 소위 '창업산업'이라고 할 정도의 체계와 규모까지 갖추게 되었다. 그만큼 창업과 관련된 여러 가지 활동들이 하나하나 사업으로 자리를 잡아가고 서로 연결고리를 이루고 있으니 하나의 산업이라고 해도 결코 지나친 표현이 아닐 것이다(이후 필자는 창업산업이라는 용어를 자연스럽게 쓰고자 한다).

1) 창업산업의 의의

창업산업은 다른 산업과는 다른 특장점을 가지고 있다. 일반적으로 산업이라 하면 특정된 유형 또는 무형(서비스와 같은)의 생산업을 말하는데 비해 창업산업은 이들을 모두 포함하는 생산업 초기단계에서의 산업으로서 향후 성장단계에 이르러서는 각각의 개별산업으로 편입되는 것을 특징으로 한다. 여기에서는 이러한 창업산업의 효과성 측면을 3가지로 살펴보고자 한다.

(1) 산업 생태계의 선순환 구조

예비창업가를 대상으로 하는 2021년도 창업진흥원의 예비창업패키지 예산은 1,002억 원이다. 창업 초기단계 예산으로는 중소벤처기업진흥공단에서 운영하는 창업성공패키지 1,077억 원과 창업진흥원의 초기창업패키지 1,002억 원이 있다. 이들을 포함하여 중소벤처기업부의 금년도 창업지원 규모는 31개 사업으로 총 8,120억 원이 집행된다(R&D, 소상공인·여성·장애인 창업 등 제외). 이는 전년 대비 10.8% 증가한 것으로 정부에서는 매년 창업지원 규모를 늘리고 있다.

이러한 예산은 참신한 아이디어와 역량을 갖춘 (예비) 창업가의 성공적인 창업과 성장을 지원함으로써 우리나라 경제를 지속적으로 발전시키기 위함인데 이러한 창업산업 예산은 국가의 여타 지원사업보다 훨씬 높은 수준의 선순환 특징을 갖고 있다.

지원 예산은 사업화에 필요한 교육과 코칭, 지적재산권 확보 등을 위해서도 사용되지만, 예산의 상당 부분은 기술개발과 시제품 제작 그리고 초기 판로 구축에 사용된다. 즉, 기술개발 및 시제품 제작을 위한 관련 디자인 업체, 회로 및 기구 업체, 플랫폼 개발업체들과 협력하고 이들에게 제품(서비스 포함) 개발 및 시제품 제작을 의뢰하며 그에 따라 예산이 사용되는 것이다. 시제품 제작 예산을 통하여 목표로 하는 제품과 서비스(플랫폼)가 완성되면서, 개발 및 제작 업체는 수입이 발생되고 동시에 경험과 노하우가 축적된다. 이러한 과정이 반복되면 개발 및 제작

업체는 사업의 안정과 함께 이들의 위탁 개발 및 제작 능력도 향상되어 갈 것이다. 이는 판로 부문에서도 동일하다. 보다 적확하고 효율성 높은 마케팅 툴로 개선되어 가면서 마케팅 지원 업체의 역량 또한 확대될 것이다.

이처럼, 정부의 창업지원 예산은 매년 확대되고 있는 상황이다. 여기서 알 수 있는 것은 첫째, 예산의 많은 부분이 디자인, 기술개발, 시제품 제작 및 판로 지원과 같은 국가 경제발전에 유의미한 산업 분야에 사용된다는 점에서 창업산업 즉, 창업지원 예산 자체가 선순환으로 작동하고 있다는 점이다.

둘째는, 다양한 창업지원사업을 통한 MVP 및 시제품 제작 수요가 늘어남으로 인해 이를 담당하는 공급 제조업체의 수요증가와 함께 고객중심 제조 능력이 향상되어 국가 기술개발 및 제품화 경쟁력에 일조한다는 점에서 창업산업 즉, 창업지원의 사업내용 및 예산이 선순환되고 있다는 점이다.

(2) 산업발전의 상승효과

창업산업의 선순환 구조에서 보았듯이 창업지원사업을 통하여 스타트업은 목표로 하는 제품과 서비스를 완성되게 된다. 그리고 이 과정에서 공급업체의 디자인, 기술개발, 시제품 제작 능력도 향상됨을 알 수 있다. 이는 다시 창업기업으로 하여금 보다 수준 높은 MVP나 피봇팅 제품을 만들게 하고 후배 창업 대표들에게는 새로운 제품과 서비스를 개발하고 만들 때보다 효율적이고 혁신적인 결과물 도출이 가능하도록 한다. 이러한 점에서 창업산업은 선순환 구조를 넘어 산업발전의 나선형 상승효과를 가져오게 한다.

(3) 미래 신산업 육성

창업지원사업의 유형이 여러 가지로 다양화되면서 몇 가지 긍정적인 방향을 엿볼 수 있다. 기술혁신 창업생태계 확대, 민간 역량과의 협력 지속 강화, 미래 신산업 육성과 글로벌 진출, 소재·부품·장비 부문에 대한 국가경쟁력 확대를 위한 강소 스타트업 육성이 그것이다. 이러한 네 가지 측면의 창업지원사업 방향은 모두 국가의 미래 먹거리를 위한 중요한 초석이라 아니할 수 없다.

첫째, 기술혁신 스타트업에 대한 지원 강화이다. 대학원과 연구기관의 연구성과 및 원천기술기반 고부가가치 기술혁신형 창업기업 발굴이라든가 대기업 사내벤처팀의 육성, 혁신분야 창업패키지(1,050억 원 예산) 신설 등 개방형 혁신 창업생태계 조성 확대 방향이다.

둘째, 그동안 민간 역량을 활용하여 창업팀을 선별하고 민간투자와 정부 R&D, 후속지원을 연계하여 고급기술인력의 창업 활성화를 꾀하는 노력을 계속해왔는데 이러한 방향은 계속되고 있다.

셋째, 인공지능(AI), 지능형 반도체, 로봇, 나노, 복합소재, 바이오 헬스케어 등 신산업 분야의 기술력과 성장 가능성을 갖춘 스타트업(벤처 포함) 육성이다. 이러한 신산업과 혁신기술 사업화는 글로벌진출을 목적으로 하는 만큼 글로벌 기업과의 협업프로그램도 만들고, 처음부터 글로벌을 지향하는 글로벌창업사관학교도 운영하기 시작하였다.

마지막으로, 소재·부품·장비 스타트업 육성이다. 비대면·온라인 경제화, DT(Digital Transformation) 흐름에서 제조업의 패러다임 전환과 게임체인저로서의 스타트업 발굴·육성이 그것이다. 이는 최종제품의 이전 단계 밸류체인을 튼튼하게 하면서 관련 국내 기업의 경쟁력 강화를 가져올 것이다. 동시에 제조업 자체의 지속적 혁신성장을 가능하게 하는 국가의 미래지향적 포석이기도 하다.

이상의 미래 신산업 육성 효과와 함께 갈수록 영향력이 커지면서 승자독식 구조인 플랫폼 분야에서의 스타트업 역할 또한 강조하고자 한다. 젊은 창업가들의 번뜩이는 아이디어와 거침없는 도전, 실행으로 이루어가는 글로벌 플랫폼 유니콘을 기대해본다.

2) '창업산업' 산업지도

대한민국의 창업생태계를 창업산업이라고 정의한 만큼 창업산업에 대한 산업지도를 제시하고자 한다. 이는 창업생태계 내의 구성과 함께 플레이어들의 역할을 보여주는 데 그 목적이 있다.

대한민국 '창업산업' 산업지도

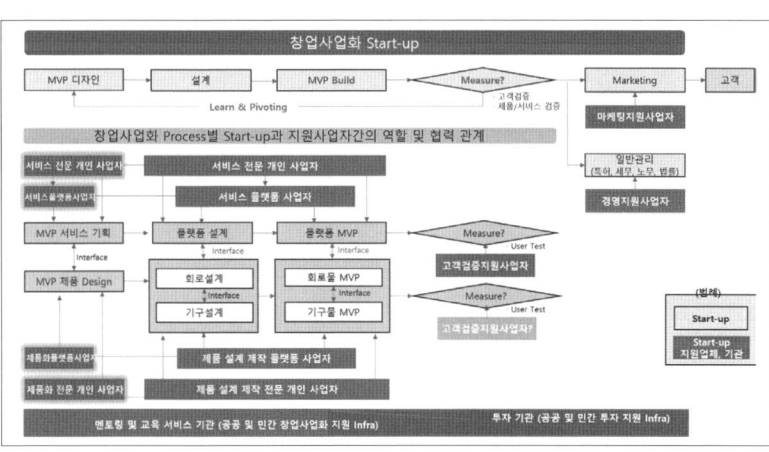

위 '창업산업' 산업지도는 최종고객을 맨 우측에 두고 그 앞단에 창업 사업화를 추진하는 Start-up을 두었다. 스타트업 앞단에는 창업사업화 프로세스 단계별로 제품 및 서비스를 만들어주는 공급기업들이 위치해 있다. 즉, 기능별 공급 순서인 제품(서비스) 기획과 디자인-설계-MVP 제작-마케팅의 순서로 역할과 협력관계를 정리하였다. 맨 아랫단에는 전반적인 스타트업 지원 인프라를 표시했으며, 재무, 노무, 법률, 특허 등과 같은 지원성 업무기능은 편의상 마케팅 하단에 배치하였다. 이는 스타트업이 아이템별 MVP 제작을 거쳐 초기 마케팅에 이르는 전반적인 기능 간, 사업 협력 간 기본적인 연결구조를 보여준다.

산업지도의 최상위에는 스타트업에게 바람직한 Build, Measure, Learn 그리고 피봇팅 프로세스를 넣음으로써 스타트업의 기본이 그대로 강조되어 있음을 볼 수 있다. 이와 함께, 각 기능별 외부 협력업체는 전문화된 개인기업과 플랫폼사업자로 구분하여 3자 간 협력관계를 볼 수 있다. 최근에는 마케팅 지원을 넘어 보다 구체적인 고객검증까지를 전문 지원업체에 맡기면서 협력하기도 하는데 서비스 부문에서는 이러한 시도가 이루어지고 있는 반면 제품 부문의 고객검증은 아직은 스타트업 자체적으로 이루어지고 있다.

이러한 각각의 기능을 내부인력 채용으로 진행할 것인지 아니면 개인 전문가에 맡기거나 플랫폼 사업자에 맡길 것인지, 만일 맡긴다면 어느 기능영역까지 맡길 것이고 어느 정도의 결과물을 기대할 것인지 등 스타트업의 고민은 계속되고 있다. 동시에 스타트업에 더 빠르고 만족스러운 제품 및 서비스를 제공하고자 하는 공급사업은 더욱 확대되고 전문화될 것이다. 창업산업은 그 체계화와 함께 질적 성장을 계속 이루어갈 것이다.

3) 창업산업 관계자의 중요성

창업현장에는 이 시간에도 혼신의 힘을 다하면서 하나하나 사업화를 일구어가는 수많은 창업 대표들도 있지만, 그 주변에는 다수의 창업 관련 기관들과 상당수의 관계자들이 각자의 위치에서 나름의 지원 역할을 하고 있다. 그런데 이러한 창업 관련 기관들과 관계자들이 자칫 기본적인 사명은 모른 채 아직도 갑의 위치에 선 것처럼 지시하고 관리하려는 자세를 보이는 경우가 종종 있다. 이는 창업지원부문뿐 아니라 모든 공공부문에 공통적인 사항이겠으나 본 소주제(창업산업 관계자의 중요성)를 빌어 정리하고자 한다.

첫째는, 공적인 급여나 수당을 받는 경우(예, 공무수행 사인: 공공기관의 위원회에 참여하거나 공공기관 업무를 위임·위탁받아 수행하는 민간인) 이 원천이 국민(세금)에게서 나오며, 무슨 일을 하든 그 일의 최종고객은 국민혜택(편익)이 되어야 함을 잊어서는 안 된다(그런 의미에서 공직자의 자세는 더더욱 중요).

어떤 공공 창업지원기관의 지원사업 평가위원으로 참석했다고 하자. 사업목적에 맞추어 객관적인 평가를 위해 최선의 노력을 하여야 함에도 불구하고 거슬릴 정도로 지나친 자율복장으로 참석하거나 평가 도중 핸드폰을 사용하는 경우도 있다. 상호 인격이 존중된 말투와 자세가 아닌 고압적 행태도 보인다. 무시하며 훈계와 취조하듯이 말하는 경우도 있다. 전문성이 너무 결여되거나 질의 하나 제대로 못 하고 대충 평가하고 일찍 마치려고만 하는 경우도 있다. 이렇게 되면 피평가자는 평가위원에 대한 불신을 넘어 주관 공공기관과 나아가 국가의 제도 운영까지 부정적으로 받아들이게 될 것이다. 앞에서 언급한 창업산업의 산업 선순환과 산업발전의 상승효과와 같은 정책효과와는 전혀 거리가 멀게 된다. 이는 지원사업 선정과정 이후의 교육, 멘토링, 사업비 집행 및 평가에 이르는 모든 과정에서도 동일하다.

이와는 반대의 경우도 있다. 지원사업참여에 대한 감사 표시와 함께 발표내용을 경청하고 인격적인 말투와 자세를 보인다면 그것만으로도 평가위원들뿐 아니라 지원사업 자체와 주관기관, 국가의 정책에 긍정적인 느낌을 갖게 할 것이다. 나아가 정해진 시간 내에 충분한 의사 표현의 기회를 주고 평가 내내 평가예절을 지키면서 정중하면서도 전문성 있는 성실한 진행(조언의 경우, 적절한 선에서의 조언이 바람직)을 한다면 선정 여부와 관계없이 그동안의 준비노력이 헛되지 않았다고 생각할 것이다. 이 또한 지원사업 선정 이후의 교육, 코칭, 사업비 승인, 결과평가 과정에서도 동일하다. 창업 대표의 입장에 공감하는 인격적인 전문 서비스(코칭, 멘토링뿐 아니라 사업비 집행요령 설명 등 일반적인 지원업무 포함)만으로도 창업 대표에게는 큰 힘이 될 것이다.

둘째는, 창업 대표의 특수성 때문에 창업산업 관계자의 역할이 더욱 중요하다는 점이다. 창업 대표는 매월 봉급을 받는 급여사업자가 아닐뿐더러 이미 자리를 잡은 기성 기업의 대표도 아니다. 안정된 고객이나 매출도 없는 상태에서 손익분기점 도달은 아직 멀기만 하다. 다시 말해 언제 사업을 접을지도 모르는 상황에서 창업 성공을 꿈꾸며 시간과 자금을 투여하고 있는 것이다. 이는 창업산업 관계자의 입장과는 큰 차이가 있고 그런 까닭에 창업산업 관계자는 창업자의 입장에 더욱 공감하려고 노력해야 한다.

　공감과 상호 이해를 바탕으로 했을 때라야 창업산업 관계자는 본연의 역할을 할 수 있는 것이며, 창업 대표 또한 국가지원제도의 수혜에 감사하면서 최선의 노력을 다할 것이다. 이러한 호흡을 통해 국가창업지원 사업의 궁극적인 목표달성에 한 걸음 한 걸음 다가갈 것이다.

⦿성공하는 창업가의 다섯 가지 역량

　창업 대표에게 요구되는 역량(기업가정신)에는 무엇이 있을까? 그동안의 경험을 통해 나름대로 정리한 창업 대표에게 일반적으로 요구되는 다섯 가지 역량을 살펴보기로 하자.

　첫째, 정직과 소명심이다.
　정직은 모든 일의 기반이 된다. 이는 진실성이라 할 수 있고 도덕성이라 할 수도 있다. 이것이 무시되면 사업의 근간이 무너지는 것과 같다. 왜냐하면 사업을 하면서(돈을 벌면서) 거짓과 비도덕성으로 부를 창출하는 사람은 사업가가 아니라 사기꾼이 되기 때문이다. 따라서 정직은 어떤 경우에도 양보될 수 없는 기업가의 기본 덕목이라 할 것이다. 또한 정직이 결여되면 불법적인 의사결정이 되고 어떤 경우에도 떳떳할 수 없는 비겁한 처지에 놓이게 된다. 정직이야말로 설혹 여러 가지 환경 등으로 인해 사업이 어려워진다 하여도 떳떳할 수 있는 근거가 되고 다시 시작할 수 있는 명분이 된다. 마르틴 루터는 직업 소명론에서, 직업은 하나님이 주신 소명으로 일에는 귀천이 없으며 인간은 일을 통하여 삶의 의미와 가치를 추구하는 존재라 하였다. 창업 대표로서의 소명론은 개인적인 직무 소명을 넘어 사회, 국가 나아가 인류를 향한 이웃 사랑의 소명으로 나아가야 한다. 이웃 사랑을 고객(사회) 가치, 관계자(직원 및 관계사) 혜택으로 보면 어떨까? 루터는 직업 소명의 목적이 '자기 생계뿐 아니라 자신의 일이 이웃의 유익을 도모하고 섬기는 일'이 되어야 한다고 했다.

우리나라에서도 예로부터 '널리 인간을 이롭게 한다'는 홍익인간의 사상이 있었는데 이 또한 창업 대표의 사상으로 확장해보면 좋겠다. '사업을 통하여 사회, 국가, 인류를 널리 이롭게 한다'고 말이다. 이러한 기업가로서의 소명의식과 정직이야말로 기업의 기반이면서 창업 대표의 기본 덕목이다.

둘째, 모든 사업 이해관계자와의 긍정적, 적극적 소통이다.

기업은 소재, 원료부터 최종 사용자에 이르기까지 여러 단계의 연결고리를 통하여 사업을 영위하고 있다. 이를 가치사슬(Value Chain)이라고 하는 이유도 이러한 연결고리를 튼튼하게(경쟁우위 확보) 함으로써 사업의 경쟁력을 강화(가치 상승)해갈 수 있기 때문이다. 이를 위하여는 무엇보다도 상호 간의 협력이 필요하며 이러한 협력을 이끌어내기 위해서는 소통의 능력이 더할 수 없이 중요하다. 다시 말해, 나의 사업과 연결된 가치사슬 어느 하나도 중요하지 않은 것이 없는 만큼 모든 사업 이해관계자들과 적극적이고 긍정적으로 소통하여야 할 것이다.

이러한 소통은 말처럼 쉬운 것만은 아니다. 소통의 대상에 대한 지식과 경험이 필요하다. 소통 상대방에 대한 이해와 공감 능력도 요구된다. 수없이 도전하면서 기다리고 또 도전하는 인내와 끈기 또한 필요하다. 그리고 이러한 소통 능력은 타고난 천성에만 의지할 것이 아니라 나름대로 배우고 시도하고 계발하여야 한다. 또한, 소통의 기본으로는 무엇보다도 인간적인 배려, 노력과 함께 첫 번째 역량으로 언급한 정직(진실성)이 근간이 되어야만 할 것이다.

셋째, 자발적 협력을 이끄는 리더십과 솔선수범이다.

기업은 결국 사람이 하는 일인데, 기업 구성원의 자발적·적극적·창의적인 활동과 성과만큼 창업 대표가 바라는 건 없을 것이다. 그런데 이를 위하여는 그렇게 일할 수 있는 상황 즉, 업무와 성과에만 몰두할 수 있는 환경(기업문화)이 뒷받침되어야만 한다.

다시 말해, 직원이 회사 일에 전념할 수 있도록 회사는 그 장애물을 제거하는 데 노력하여야 한다. 적절한 급여 및 보상체계와 함께 회사의 일 이외에 신경 써야 할 요소들에 대한 배려(지원)도 필요하다. 위에서 소명의식을 언급하며 인간은 일을 통하여 삶의 의미와 가치를 추구하는 존재라고 하였다. 그럼에도 불구하고 직장에서는 일하기를 싫게 만드는 요소들이 있다. 일을 위한 일, 비효율(이해할 수 없는 일), 존중할 수 없는 상사와 동료, 잔소리 등이 그것이다. 대표는 상사로서의 위계적인 권위로만 기업을 이끌어서는 결코 직원의 역량을 끄집어낼 수 없다. 규칙과 절차보다는 조직원을 더 믿고 오히려 규칙을 줄여야 할 것이다. 과제 중심의 팀(Task Force Team)에 해당 사업을 위한 모든 것(기능별 인력, 업무의 자율, 책임과 권한에 대한 결정권, 사업예산 등)을 주고 맡겨, 팀 스스로 일과 성과를 만들어가는 조직이 바람직하다. 즉, 자율과 책임이 병행되는 기업문화를 이끄는 리더십과 이를 위한 솔선수범이 바탕이 된다면 갈수록 높은 자율과 책임 문화로 발전하면서 기업은 더욱 강한 경쟁력 기업으로 나아가게 될 것이다.

넷째, 몰입 및 꾸준한 노력이다.

창업 대표들을 보면서 느끼는 점은 한결같이 자기 사업에 몰두하고 있다는 점이다. 자기 생각에 너무 파묻히다 보면 미처 보지 못하거나 간과하고 놓치는 부분도 있기는 하나, 일에 몰입하다 보면 오히려 새롭거나 또 다른 아이디어와 방법들을 곧잘 발견하게 된다. 다시 시도하고 개선하고 바꾸면서 더 나은 것을 만들어갈 수 있게 된다. 거침없는 피봇팅(Pivoting)이다. 이 세상에 단 한 번의 시도로 사업이 성공하는 경우는 없다. 만에 하나 그런 경우가 있다 하더라도 후속 사업들이 모두 순탄하게 성공 대로를 가는 경우는 절대로 없다.

그래서 스타트업은 MVP를 빨리 만들고 바로 고객반응을 확인하고 개선하라고 한다. Build-Measure-Learn이 그것이다. 이러한 고객중심의 시도는 계속해서 해나가야만 한다. 고객 문제 검증, 고객 솔루션 검증, 고객 제품(서비스) 검증을 사업화 단계별로 꾸준하게 계속하여야 한다. 큰 고객가치를 만들어가기 위해서는 수많은 (작은) 시도와 결과 도출을 반복해보는 것이 중요하기 때문이다. (큰) 사업이 될 것인지 아닌지에 대한 판단을 작게 작게 빨리빨리 하면서 일을 키워가는 고객 중심의 재빠르고 꾸준한 노력이 필요한 것이다.

다섯째, 탁월한 혜안과 통찰력이다.

창업 대표로서 갖추어야 할 본인 사업의 현상파악과 분석력, 목표수립 및 달성 전략화 능력에 추가적으로 필요한 것이 있다면 미래 트렌드에 대한 이해와 함께 이를 넘어선 남다른 탁월한 사업적 혜안과 통찰력이다.

필자는 창업 대표에게 "그 업에서 좀 놀아봤느냐?"라는 질문과 확인을 하곤 한다. 그만큼 해당 산업에서의 경력(특히, 성공 경험)과 역량이 사업 성공에 매우 중요한 요인이기 때문이다. 그 분야에 너무 익숙하기 때문에 자기 울타리에서 벗어나지 못하는 우를 범하는 경우도 있겠으나 위에서 언급한 창업 대표로서의 필수 역량들과 함께 해당 업의 전문적인 경험까지 갖추어야 현실의 경쟁에서 살아남고 성공할 수 있기 때문이다.

창업 대표는 수많은 의사결정을 스스로 해나가야만 한다. 대표의 의사결정에 따라서 작으면 작은 대로 크면 큰 대로 해당 과업의 성과와 효율성이 결정된다. 대표의 올바른 의사결정을 위해서는 사업에 대한 현실적이고 객관적인 분석(빅데이터와 같은 과학적, 수치적 분석 포함)은 물론이고 미래에 대한 예측과 통찰력이 요구된다. 가까운 장래의 사업과 고객, 이해관계자(기업)뿐 아니라 좀 더 긴 기간을 감안한 혜안이 필요하다. 이를 위하여 거시적 환경요인분석 도구인 PESTEL 분석이 이용되기도 한다(이는 Politics, Economy, Society-Cultural, Technology, Environment, Legal의 약자로 산업의 현재와 미래에 영향을 주는 환경분석 툴임).

이러한 분석 능력과 함께 대표로 하여금 감각적 수준의 미래 예측이 가능하도록 하는 요인은 무엇보다도 해당 산업에서의 다양한 경험과 성공체험이다. 이를 토대로 설정한 조직의 목표나 대안제시는 성공의 지름길이기도 하다. 우량 경쟁업체의 성과지표를 벤치마킹하는 것을 넘어 다가올 미래의 예측지표를 미리 설정하고 개척하는 퓨처마킹(Future-Marking)이 요구된다. 한편, 기업 내 조직체계와 의사결정 구조 역시 내부 역량을 시너지화 하는 측면에서 똑같이 중요하며 창업 대표는 이에 대한 안목 또한 갖추고 있어야 한다.

기업은 살아있는 것이 그리고 계속 살아나가는 것이 목적이다. 이를 위해 기업은 돈이 되는 사업을 하는 것이다. 돈이 되지 않는 사업은 과감히 정리하고 미래에 돈이 될 만한 새로운 사업을 준비하고 투자하는 것이다. 따라서 현재와 미래의 사업이 속한 산업과 고객의 현재와 미래 트렌드를 꿰뚫어 볼 수 있는 식견(Insight)이야말로 현재뿐 아니라 앞으로 계속 살아남는 기업이 되기 위한 어쩌면 가장 중요한 대표의 역량이라 할 것이다. 하물며 창업 대표는 미래에 돈이 될 만한 하나의 사업을 위해 올인하고 있지 않은가? 해당 산업경력과 함께 성공경험이 중요한 이유이고 나름의 미래 통찰력이 필요한 이유이다.

이러한 능력은 일부는 본성적인 측면도 있겠지만 그렇다고 저절로 축적되는 것은 아니고 대표의 남다른 노력에 의해서만 가능하다. 즉, 사업적 측면의 다양한 경험과 다방면의 전문화 노력, 산업을 넘나드는 관계성(청취력), 모든 사업 이해관계자와의 원만한 소통, 사업과 인간관계를 통찰할 수 있는 인문학적 소양에 이르기까지 창업 대표에게는 참으로 많은 것들이 필요하고 요구된다. 창업 대표는 종합예술인 사업의 총감독이요, 오케스트라의 노련한 지휘자가 되어야 할 것이다.

'기업은 사람이다'라고 한다.

하물며 창업기업, 창업가에게는 말하여 무엇할까!

저자소개

최귀선 CHOI GWI SUN

학력
· 국립한밭대학교 창업경영대학원 창업학 석사
· 한양대학교 공과대학 산업공학과 학사

경력
· 현) 서울청년창업꿈터 센터장
· 현) 코리아엔젤스협동조합 심사역, 하모니움 대표
· 현) 안산시 운영위원(외국인주민상담센터)
· 전) 중진공 청년창업사관학교 교수(본원)
· 전) 청년창업사관학교 헤드코치(서울, 인천)
· 전) (주)지멕스 전무, (주)M테크놀로지 CEO, 소명 대표, (주)엘피스 CEO, 제이엠아이(주) 이사, (주)TG, (주)한독, 대우조선(주), 제일다문화센터 한국어학교 운영, 창업 4회
· 평가위원·전문위원·멘토링·컨설팅·강의: 산업기술평가관리원, 중소기업기술정보

진흥원, 중소벤처기업진흥공단, R&D특구진흥재단, 창업진흥원(창업선도대학·창업지원기관), 장애인기업종합지원센터, 여성기업종합지원센터, 경기도경제과학진흥원, 경기테크노파크, 중소기업유통센터, 한국콘텐츠진흥원, 성남산업진흥원 및 지자체 창업지원기관, 국방전직교육원, 평생교육원, 대학 등

자격
- ISO 9000 심사원, 창업지도사 1급
- 품질관리기사 1급, 공정관리기사 1급
- 평생교육사, 한국어교원, 사회복지사, 장애인활동지원사
- 산업기술혁신평가단 정위원 및 기술개발 평가위원
- 스마트공장 수준확인 심사원 및 평가위원
- 공공기관 NCS 블라인드 면접관 및 평가위원

저서
- 『그래서 성공이다』 가나북스, 2015. (공저)

특허
- 『장애인 활동 지원 매칭 시스템』, 2021.
- 『RFID를 이용한 딱지 게임기』, 2008.

수상
- 혁신 데이터 코디네이터 우수상(2021년, 한양대)
- 친환경에너지제품경진대회 금상(2009년, 중소기업청장상)

제8장

이승관

21세기 산업카운슬링 창직 비즈니스 모델

◉산업카운슬링의 등장

　산업카운슬링이란 일반적으로 개인이 가지고 있는 문제나 고민해결을 위하여, 전문적인 이론과 방법에 근거하여 진행되는 상담이나 조언을 말한다. 넓은 의미의 정의는 내담자의 요구에 대응한 여러 상담이나 조언을 심리학, 임상학적인 내용에 기초하여 정서 지원을 제공하는 것을 말한다. 카운슬링을 산업현장에 적용하는 산업카운슬링이 필요한 사회적 배경에는 근로의식의 변화, 근로행태의 변화, 근로환경의 변화에 기인한다. 4차 산업혁명 시대가 도래하면서, 기술이 고도화되고, 일·가정 양립의 문제와 현재 약 750만 명에 이르는 중고령화 문제, 명예퇴직, 휴직, 전직, 퇴직 증가와 삶의 전반적인 변화 등이 대두하였다. 이에 퇴직, 전직자 지원서비스를 지원하는 중고령자 고용촉진법이 2020년 5월 30일 시행되고 있는 등 중고령화의 급속 진행으로 산업카운슬링의 필요성이 그 어느 때보다 중요하게 되었다.

　산업현장의 중심이 되고 있는 근로자에 대한 정의를 살펴보면 근로기준법상 근로자라 함은 직종을 불문하고, 임금을 목적으로 사용자에게 근로를 제공하는 자를 말한다. 근로자는 일하는 사람들로 볼 수 있으며 기본역량, 공통역량, 리더십 역량을 발휘하는 과정에서 세 가지 차원을 갖고 있다. 첫째 개인 차원에는 본인의 능력, 태도, 가치관 등이, 둘째 집단차원에서는 리더십, 커뮤니케이션, 갈등관리 등이, 셋째는 조직 구성원으로서 조직변화, 조직개발, 조직문화의 범주 내에서 자신의 목표와 조직의 목표를 달성하도록 하는 과정에서 현실적인 어려움에 직면할 수 있는바, 이에 대한 관심이 필요하다.

근로자의 건전한 멘탈 헬스(Mental Health)의 유지와 관리가 이른바, 경력개발관리의 전 주기와 연계되어 발전할 수 있도록 체계적인 관리 및 지원이 필요하다. 멘탈 헬스(스트레스)상담 서포트, 커리어 개발 서포트, 인간관계(커뮤니케이션) 개발 서포트, 그리고 협회와 지부에서 공공기관 및 기업, 단체에 파견 또는 추천지원을 하게 된다. 정규과정을 마치고 자격인증시험에 합격한 사람에겐 산업카운슬러 자격이 주어진다. 근로복지기준법 제83조에는 "사업주는 근로자의 업무 수행 또는 일상생활에서 발생하는 스트레스, 개인의 고충 등 업무저해요인의 해결을 지원하여 근로자를 보호하고, 생산성 향상을 위한 전문가 상담 등 일련의 서비스를 제공하는 근로자 지원프로그램을 시행하도록 노력해야 한다"라고 규정하고 있다.

◉산업카운슬러의 역할

산업카운슬러는 산업현장에서 산업카운슬링을 지원하는 전문가로 산업현장에서 기업의 작업환경에 따라 근로자의 정신적 문제를 파악해 근로자가 정신건강을 위한 전문적인 도움을 받을 수 있도록 상담을 제공하며, 정도가 심한 부적응자는 정신과 의사나 임상 심리상담사에게 연결하는 사람을 말한다.

산업카운슬링(Industrial Counselling)의 최초 연구는 미국 하버드대학교의 메이요(A. Mayo)교수와 뢰스리스버거(Roethlisberger)교수가 1920년부터 1932년까지 미국 시카고 교외의 서부전기회사(Western Electric

Company)의 호오손 공장에서 약 8년간에 걸쳐 수행되었던 인간행동에 대한 실험활동의 결과 근로자는 조직에서 감정적인 요인이 들어 있는 협동체계에서 목표를 수행하는 과정에서 인간관계가 조명의 밝기 등을 높여주어 생산성을 높이는 것보다 더 중요하다는 연구 논문을 통하여 최초로 산업카운슬링의 중요성을 제시하였다.

호오손 실험(Hawthorne Experiment)에서 근로자의 생산성과 관련되는 가장 중요한 요소가 근로자의 인간관계에서 오는 조직 감성요인의 협동체계의 중요성임이 연구를 통해 객관적으로 검증되었다. 근로자에게 마음속에 품고 있는 고충을 말할 수 있는 기회를 주면 그만큼 불만이 적어지고, 근로의욕은 그가 마음속에 안고 있는 감정과 분리해서는 이해할 수 없는 것으로 연구 실험 결과가 나왔다.

미국의 정신과 의사인 칼 로저스(Karl Rogers)는 산업카운슬링을 발전시킨 학자로 내담자 중심치료를 통해 상담자의 이론이나 기법보다는 내담자의 의식적 경험을 보다 중시하고 이것에 초점을 맞췄다. 다른 치료와 달리 이 방법에서 내담자는 자신의 삶을 이해하고 이끌어갈 수 있는 능력을 가진 개인으로 이해된다. 이것은 산업의 현장에서 도움을 필요로 하는 내담자(Client)와 도움을 줄 수 있는 상담자(Counselor) 사이의 개별적 만남의 관계다. 상담자의 전문적인 기법에 의해 내담자의 인격 성장과 자아실현을 향한 행동변화를 이끌어내어 문제 해결에 도움을 주는 일련의 학습 과정이다.

오늘날 산업카운슬링이 필요한 사회적 배경으로는 근로의식의 변화, 근로형태의 변화, 근로환경의 변화, 기술고도화 및 혁신화, 4차 산업혁명 시대의 도래, 일·가정 양립의 문제, 능력 및 실력주의, 중·고령화 문제, 인간 및 개선존중 등을 꼽을 수 있다. 특히 4차 산업혁명 시대의 도래에 따른 근로자의 심신증, 신경증 등의 증상 증가는 심각한 직장 부적응 현상의 일환이다. AI(인공지능), 로봇 등의 생산현장 등장으로 일자리가 감소하고, 고용불안이 가중한 것도 원인이다. 또한 전 세계를 강타한 코로나19는 미래를 예측할 수 없는 새로운 근로환경을 요구하고 있으며 산업의 위기에 따른 수요 감소로 명예퇴직, 휴직, 전직, 퇴직의 증가로 고용불안이 가중되고 있으며 고용률이 감소하고 있다.

이와 같은 산업현장에서의 트렌드는 근로자에 대한 산업카운슬링의 전문적 프로그램 도입 및 운영의 필요성을 입증한다. 오늘날 근로자를 담당하는 인적자원부서의 역할은 과거의 행정전문가, 근로자 근로조건 전문가에서 전략적인 업무를 수행하고 변화를 담당하는 전문가로 발전하고 있다. 인적자원의 가장 중요한 내적 동기요인을 산업카운슬링을 통해 선순환 구조로 전환시켜주는 토탈 인적자원관리가 가능한 산업카운슬링이 필요하다. 많은 기업이 사내 상담제도인 '산업카운슬러' 제도를 운영 중이다. 가족이나 친구 문제로 종일 일이 손에 잡히지 않은 경험이 있을 것이다. 이렇듯 임직원의 심리적 안정은 업무몰입과 밀접한 관계가 있다.

산업카운슬러는 자발적으로 지원한 임직원들이 정규교육과정을 수료하고 전문자격을 얻어 활동하는 것으로, 개인의 고민을 공유하고 스트레스를 해소할 수 있도록 돕는다. 산업카운슬러는 내담자의 인간적 성장을 위한 정서적 조언, 여러 문제 등에 대한 스스로의 대책 방법에 대한 조언, 내담자 스스로 해결할 수 있도록 하는 조언, 내담자의 개성과 삶의 방식을 존중하고 자기 자원 활용을 통하여 자기 계발할 수 있도록 하는 조언 등을 지원하여 균형 잡힌 인간관계, 집단, 조직, 사회유지, 개선, 사회환경 개선에 공헌한다. 산업카운슬링의 장소는 조직화된 산업 전체를 대상으로 하며 기관, 학교, 병원, 단체 등 그 외 모든 시설을 포함하고 산업, 교육, 보건, 의료, 사업, 복지 분야 등도 포함된다.

⊙창직 측면에서 산업카운슬러의 부상

창직 측면에서 산업카운슬러는 산업현장 근로자들이 적응 과정에서 겪는 제반 심리적 갈등과 고충, 정신적 스트레스를 스스로 해결할 수 있도록 지원하는 전문가다. 산업현장에서 근로자가 본인의 가치관, 능력, 태도에서 직면하는 다양한 스트레스를 포함한 멘탈 헬스의 현장 맞춤형 카운슬링을 제공하는 산업카운슬러가 새로운 창직 업종으로 부상될 전망이다.

산업현장에서 스마트공장 등 생산성 제고를 위한 제도는 많이 시행되고 있으나, 근로자 내면세계에 대한 고충처리 등에 대한 문제 해결은 아직은 근로자 자신이 중심이 되어 해결해나가는 실정이어서 이에 대한 관련 전문가의 육성 및 활성화를 위한 노력이 필요하다. 부분적이기는 하지만 고용노동부는 '신중년 적합직무 고용장려금' 사업을 통해 산업카운슬러, 경영·진단전문가, 노년플래너, 전기·설비기술자 등 채용을 지원하고 있다. 따라서 산업카운슬러는 근로자에게 회사의 규칙이나 업무수행에 관련된 문제들에 대한 조언과 정보를 제공하게 되며, 근로자의 능력개발과 관련된 업무수행의 적응촉진 기능의 촉매자가 되도록 직원의 가족문제, 인간관계, 성격 등 심리적인 문제에 대해 상담과 조언을 해주는 기능을 수행하게 된다.

산업카운슬러의 기능은 기업체의 고충처리 제도와 일면 유사한 점이 있다. 산업현장과 근로자가 멘탈 헬스(정신건강)를 필요로 하는 곳이면 어느 곳에서나 산업카운슬링 및 산업카운슬러의 활동이 가능하다. 그중에서도 실제 근로자가 집적화되어 산업카운슬링이 필요한 생태계는 전국의 산업단지관리공단이 중심이 될 수 있다. 전국적으로 근로자들이 종사하는 산업단지는 현재 전통 제조업 중심에서 최근에는 AI 기반의 4차 산업혁명이 도래하여 새로운 디지털 트랜스포메이션이 확산되고 있어 근로자에 대한 멘탈 헬스의 지원이 시급한 과제로 대두되고 있는바, 산업카운슬러의 중요성이 부상하고 있다. 국가산업단지 47개를 비롯해 1,220개의 일반산업단지 등이 있으며 고용인원은 220만 명에 이르고 있다.

최근에 코로나19 등으로 근로자의 멘탈 헬스가 문제가 많이 일어나고 있으나 근로자의 멘탈 헬스를 체계적·예방적 차원에서 다루는 선제적인 인적자원관리가 이루어지고 있지 않아서 산업카운슬링의 도입과 확산이 중요한 과제로 대두되고 있으며 관련 전문가의 수요가 확산될 것으로 전망되고 있다. 산업카운슬러의 역할과 기대 측면에서 다음과 같이 산업카운슬링 방향을 제시하고자 한다.

근로자의 조직행동 측면에서 산업카운슬링의 실시이다. 산업현장에 종사하는 근로자가 내담자 입장에서 직면하게 되는 다양한 요인 중 개인 수준의 행동으로는 태도, 동기부여, 스트레스 등이 있다. 태도는 특정 행동에 대해 좋고 싫음을 의미하며, 동기부여는 조직의 목표달성을 지향하고 근로자를 감독하여 목표를 달성하게 하는 일련의 과정이라 할 수 있으며, 스트레스는 직무를 수행하면서 발생하게 되는 멘탈 헬스 문제라 할 수 있다.

집단 수준의 행동으로는 근로자가 소속되는 팀 등 조직 내에서 발생하는 개인갈등, 집단갈등으로 인해 근로자가 어려움에 직면하게 될 때 이를 해소하기 위한 전문적인 산업카운슬링이 필요하게 된다. 결정적인 순간과 위기의 순간에 듣는 힘이 되는 조언은 한 사람의 인생을 송두리째 바꿔놓기도 한다. 이런 상담자의 역할을 과거에는 형제나 가족, 이웃 등이 맡아왔지만, 핵가족화와 이웃 간의 교류 단절 등 달라진 환경으로 대체할 대상이 필요해졌다. 이 역할을 최근에는 상담사, 카운슬러, 상담심리사 등으로 불리는 인력들이 담당하고 있다. 기업의 생산현장 최전선에서 활동하는 산업카운슬러는 최근 시니어의 새로운 직업으로 관심을 받고 있다. 고용노동부는 올해 1월 산업카운슬러를 신중년 적합직무로 선정해 지원하고 있다.

이 분야가 주목받는 이유는 무엇일까? 산업카운슬러라는 직종을 낯설어하는 이도 많겠지만, 이 직업이 생긴 역사를 알기 위해서는 꽤 오랜 시간을 거슬러 올라가야 한다. 업계에선 산업카운슬러의 기원을 1924년 미국에서 진행된 호오손 실험에서 찾는다. 하버드대학교 연구진이 노동자에 대한 물질적 보상 방법 변화가 생산성을 증진시키는지 알아보기 위해 진행한 이 연구는 노동자의 심리상태나 인간관계의 중요성을 깨닫는 단초가 됐으며, 산업현장에 카운슬러가 배치되는 계기가 됐다. 이때 활동한 카운슬러가 최초의 산업카운슬러(Industrial Counselor)로 평가받는다.

산업카운슬러가 활성화한 대표 국가로 일본이 있다. 일본은 1950년대 이후 급격한 산업화를 겪으면서 산업현장에서 노동자의 관리 필요성을 느끼게 됐고, 각 기업에서 카운슬링 제도를 도입하면서 현재 활동 중인 산업카운슬러가 1만 명이 넘는 것으로 알려졌다. 국내에 산업카운슬러 도입이 시도된 것은 노조설립 등 노동운동이 태동하던 1980년대부터다. 노동운동 발생 이유나 노동자의 요구사항에 대한 학문적 접근이 이뤄진 것이 계기가 돼 필요성이 대두됐고, 이어 1988년 1월 한국산업카운슬러협회가 설립됐다.

산업카운슬러가 하는 일은 말 그대로 산업현장에서 활동하는 근로자가 겪는 심리적 갈등이나 고충, 스트레스를 해결할 수 있도록 지원해주는 것이다. 한국산업카운슬러협회는 이러한 역할을 크게 세 가지 프로그램으로 세분화해 정의한다. 근로자가 직무에 충실할 수 있도록 직무 스트레스뿐만 아니라 가정불화 등 개인적인 문제까지 상담을 통해 심리적 안정을 돕는 역할이다. 커리어 개발지원 프로그램이다. 근로자의 경력과 적성, 재능을 고려해 능력개발 계획을 세울 수 있도록 돕는 과정이다.

마지막 조직문화 개선 프로그램은 사내 직원 간 인간관계나 의사소통이 원활하게 이뤄지도록 지원해주는 상담이다. 현재 정부는 근로복지기본법 제83조를 통해 "생산성 향상을 위한 전문가 상담 등 일련의 서비스를 제공하는 근로자 지원 프로그램을 시행하도록 노력해야 한다"고 규정하고 있다. 현장에서는 주로 상담과 교육 두 가지 역할이 핵심이다. 상담의 경우 기업 내 초년생의 적응을 돕고 업무에 대한 동기부여를 유도한다. 적응한 인력이 더 성장할 수 있도록 상담을 해주거나 세대 간의 갈등을 봉합하는 역할을 한다.

기업에서의 상담은 철저하게 익명으로 진행된다. 얼굴을 마주하고 있지만 상대의 지위나 이름은 모르는 상태에서 진행된다. 근로자들이 상담 내용이 알려지는 것에 예민해 하기 때문이다. 기업카운슬러들은 근로자들이 직장 내 인간관계나 업무상 고충보다는 부부관계나 자녀 등 가정사에 대한 상담을 주로 요청해온다고 이야기한다. 심리상담사 자격증을 취득하면 내담자의 갈등, 취업·사회에 대한 정신적 불안감의 심리안정을 돕는 상담기법과 심리이론을 습득할 수 있으며, 취득 후 카운슬러, 감정 코칭 등의 역할과 리더십교육, 감성교육 및 상담 등 다양한 업무수행이 가능하다.

산업카운슬링은 현실치료법 등의 심리상담 과정, 우울증, 공황장애, 강박증 증상 등의 상담을 위한 심리분석, 인지행동 심리상담사, 아동발달장애·노인성 치매 초기증상 등의 개선과 예방을 돕는 음악심리, 놀이심리, 미술심리상담사, 가정·학교·데이트폭력, 아동학대 등 다양한 위기심리를 돕는 가족심리, 위기심리, 학교폭력예방상담사 과정을 포괄한다. 주로 청소년상담센터, 재가노인복지센터, 여성인력개발센터 등 사회복지시설과 기업으로 교육출강을 가거나 수면클리닉센터 업무 등에 활용된다.

⦿창직 측면에서 산업카운슬러의 방향성

산업카운슬링과 관련된 심리상담은 인간중심상담, 개인심리상담 기법을 활용하여 실존주의상담, 인지행동치료, 행동치료, 현실치료, 교류

분석상담 등 다양한 방법이 적용된다. 상담에서는 상담자인 산업카운슬러와 내담자 사이의 라포(Rapport) 형성이 상담의 성공 여부에 결정적인 요인으로 작용한다. 대상자와의 관계를 성공적으로 이끌기 위해서는 라포 형성이 중요하다 라포란 마음의 유대란 뜻으로 서로의 마음이 연결되어 통하는 상태를 말한다.

라포가 형성되면 호감과 상호신뢰를 통해 유대감이 깊은 인간관계를 형성하게 되므로 인간관계 초반에 무엇보다 필요하다. 산업카운슬링은 사람중심, 사람존중이 기본원리로, 심신의 건강과 함께 각 개성과 역할이 충분히 발휘할 수 있도록 지원하는 카운슬링 활동의 총칭이라 할 수 있다. 산업카운슬러는 산업현장에서 일하는 사람들인 근로자가 산업현장에서 나타나는 개인 차원, 집단 차원, 조직 차원에서 복합적으로 나타나는 행동양식과 태도에 대해 근로자의 입장에서 경청(Active Listening), 반응, 질의, 공감, 확인, 제안 등의 단계별 멘탈 헬스(정신건강)상에 나타날 수 있는 문제에 대해 산업현장에서 전문적인 서비스를 제공하여 일하는 사람들인 근로지의 가정생활, 직장생활, 직장 내에서의 인간관계의 문제, 사회에서의 커뮤니티 문제를 체계적으로 지원하여 일과 가정이 양립하는 산업현장의 근로의식 고취를 가져올 수 있도록 산업현장 등에서 근로자와 관계성을 개선하고 근로자의 심리적인 만족도를 높여주는 프로그램을 지원하여 21세기의 새로운 창직 분야로 부상하고 있으며 새로운 창직가정신에 기반한 21세기 근로자 멘탈 헬스 전문가로 발전할 수 있는 전문직으로 발전할 가능성이 높다.

기업은 작업환경 등에서 오는 스트레스 등으로 정신건강에 어려움을 겪고 있는 근로자에 대해 조치를 취해야 한다. 이를 소홀히 하여 해당 근로자의 신체적, 정신적 건강이 악화될 경우 기업이 감수해야 할 위험이 클 수 있다. 이에 따라 각 기업, 사업장에서는 작업환경에 대한 근로자의 정신적 건강을 돌보는 상담전문가, 즉 산업카운슬러를 필요로 하게 되었다. 산업카운슬러는 기업의 작업환경에 따른 근로자의 정신적 문제를 파악해 근로자가 정신건강을 위한 전문적인 도움을 받을 수 있도록 상담을 제공하며, 정도가 심한 부적응자는 정신과 의사나 임상심리상담사에게 연결해준다.

산업카운슬러는 근로자와 정신과 의사 혹은 임상심리사를 연결하는 일을 수행한다. 산업카운슬러가 근로자에게 제공하는 대표적 상담내용은 정신건강과 관련된 문제, 일하는 것과 살아가는 방식, 보람 있는 일터를 만들기 위한 인간관계의 개선 등이며, '정신건강에 대한 지원'과 '경력 개발에 대한 지원', 그리고 '인간관계 개선에 대한 지원'을 수행한다.

산업카운슬링의 해외 현황은 1950년대 후반에 일본의 일부 공공기관에 근무하는 인사·노무 담당자와 관리자 등이 모여 '산업카운슬링 연구회'를 만든 데서 출발했다. 1960년 제1회 '산업카운슬링 전국 연구대회'가 릿쿄대학에서 개최되면서 전국 조직의 '일본 산업카운슬러 협회'가 탄생했다. 1960년 창립된 '일본 산업카운슬러 협회'는 산업카운슬러의 양성, 훈련, 자격시험을 실시하고 있다. 1991년에는 '초급/중급/상급 산업카운슬러'로 자격증을 구분하였지만 현재는 초급 카운슬러에 해당하는 '산업카운슬러'와 중급 산업카운슬러에 해당하는 '시니어카운슬러'로 명칭이 변경되었다. 일본 산업카운슬러협회에 따르면 현재 이 자격을 가진 사람은 1만 명이 넘는다. 또한, 매년 전국 32개소에서 산업카운슬러 양성 강좌를 열어 3,000명 가까운 사람이 수강하고 있다.

2015년 제44회 일본산업카운슬러 전국연구대회에 참석한 한국산업카운슬러 대표단

일본에서는 학력과 관계없이 산업카운슬링 관련 자격시험을 볼 수 있으며, 자격증 취득을 위해서는 필기와 실기를 거쳐야 하는데 합격률이 60% 이상이다. 배우는 학과 과정은 카운슬링에 관한 기초지식, 기본적 사례에 대한 대응능력, 경청의 기법, 대화 분석 능력 등이다. 학과시험은 매년 1월에 전국 각지의 시험장에서 실시된다. 출제 범위는 '산업 상담 개론', '상담의 원리와 기법', '성격 이론', '직장의 정신건강'으로 구성되며, 상담이나 심리학 및 관련 분야에 대한 광범위하고 종합적인 지식이 요구된다. 실기시험은 학과시험 실시 후 매년 1월 말~2월 초에 전국 각지의 시험장에서 실시된다. 내용은 응시자 상호 간 역할놀이 및 구술시험으로 이루어지며, 시간은 20분 정도이다. 흥미 및 적성은 상담 및 의뢰인의 상태를 파악하기에 청취자의 기본인 수용·공감의 태도를 가지려고 노력해야 한다. 적절한 대응을 할 수 있느냐는 현장에 입각한 실천적인 지식과 기능의 이해가 동시에 요구된다. 직장생활에서 나타날 수 있는 위험 및 기본적인 기업구조와 분위기에 대한 관심과 이해도가 높아야 한다.

미래학자들은 인공지능이 10년 내에 인류사회를 급격하게 바꿀 거라고 말한다. 그렇지만, 결국 인간만이 지니는 특별한 점 세 가지가 있는데, 여기에 얼마만큼 접근하느냐가 인공지능의 한계를 극복하는 길이라고 지적하는 목소리도 있다(KAIST 전산학부 오혜연 교수).

첫째는 빅데이터 학습의 한계이다. 인공지능에게 어떤 사물 하나를 가르치려면, 그 사물이 나온 수천수만 장의 사진에 일일이 태그를 달아 학습시켜야 한다. 반면 인간은 '스몰데이터(Small Data)'만으로도 학습이 가능하다. 컵이란 사물을 2~3개만 봐도 새로운 컵을 보고 컵이라고 말할 수 있는 것처럼 말이다. 아직 인공지능엔 하나를 배우면 열을 아는 능력이 없고, 한 번도 학습하지 않은 건 죽었다 깨어나도 모른다.

둘째는 사회성이다. 우리는 '관계 맺기'의 천재이다. 싸운 친구와 화해하고, 삐진 애인을 달래주며, 타인의 슬픔에 진심으로 공감하는 것 등, 우리에게는 너무나 당연한 이 감정들을 데이터화시키고 수치화시켜 인공지능 프로그램에 넣기란 현재로는 불가능하다. 오 교수는 여기에 덧붙여 문화, 성(性), 나이에 따라서 달라지는 사회성도 데이터로 만들기에는 경우의 수가 너무 많고, '이 사람은 뭔가 나랑 안 맞아' 등과 같은 인간이 직관적으로 느끼는 감정들 역시 수학적 데이터로 만들기에는 매우 까다롭다고 했다.

셋째로 큰 숲을 보는 것도 인간 고유의 영역이다. 인간의 삶을 그리는 일은 역시 인간 그 자체뿐일는지 모른다. 인공지능이 사회문제를 해결하는 효율적인 기술일지는 몰라도, 사회에 어떤 문제가 만연해 있는지 파악하는 건 인간의 몫이다.

　우리나라에는 일본의 산업카운슬러협회와 유사한 사단법인 한국산업카운슬러협회가 1988년 설립되었다. 이 기관이 발급하는 1, 2급 산업카운슬링 자격증은 한국직업능력개발원에 민간자격으로 등록되어 있다. 산업카운슬링 1급 자격증은 산업카운슬링 고급원리 및 전문기법을 체득하여, 상담을 통해 문제를 지원·조정·해결할 수 있는 전문지식과 능력을 갖추어야 하며, 2급 자격증은 산업카운슬링 기본원리 및 기법을 체득하여 상담 및 실무에 적용할 수 있는 기본 능력을 갖추어야 발급받을 수 있다. 1988년~2020년까지 국내에서 산업카운슬러 2급 자격증은 약 3,000명이, 1급 자격증은 450명이 취득했다. 특히 이 자격증을 취득하는 사람 중 약 80%는 인사/노무/직원만족/조직문화/복리후생 등을 담당하는 재직근로자들이며, 나머지 약 20%가 퇴직자에 해당한다. 퇴직자들은 자격증 취득 후 근로자상담지원 분야에서 활발히 활동하고 있다.

　산업현장에서 근로자 멘탈 헬스의 중요성이 부각되면서 국내 산업카운슬러에 대한 수요가 증가할 것으로 예상되고 있다. 그렇다면 산업카운슬러가 되려면 어떤 과정을 거쳐야 할까. 손쉬운 방법 중 하나는 한국산업카운슬러협회를 통해 민간 자격을 획득하는 방법이다. 협회 자격은 1급과 2급으로 나뉘는데 1급은 석사 이상 혹은 그에 준하는 경력자로 6개월간 180시간 이상의 교육과 임상전문실습을 거쳐야 심사에 지원할 수 있다. 2급은 학사 이상으로 6개월 120시간의 교육과 임상일반실습을 거쳐야 취득할 수 있다.

협회 관계자는 "2급은 현직 회사원으로 재직하며 사내에서 카운슬러로 활동하기 위해 취득하는 경우가 대부분이며, 1급은 기업 임원이나 전문직 출신자들이 전문 카운슬러로 활동하기 위해 취득하는 경우가 많다"고 설명한다. 1급 자격 보유자는 시장에서 수요에 비해 공급이 모자라 대부분 현역으로 활동 중이다. 물론 기업에서 산업카운슬러로 활동할 때 이 자격이 필수조건은 아니다. 한국상담심리학회가 부여하는 상담심리사 자격증이나 한국상담학회 등의 자격을 통해 관련 경력을 쌓아도 기업의 의뢰를 받는 경우가 있다. 업계 관계자들이 관련 협회를 통한 자격 취득을 권하는 이유 중 하나는 기업에서 산업카운슬러를 채용할 때 협회를 통해 추천받는 경우가 많기 때문이다. 공인 국가자격이 없는 상황 하에 업계에서 인정받는 자격이 무엇인지 파악하는 사전 조사가 중요한 것도 이 때문이다. 고용은 일반적으로 계약직 채용으로 이뤄진다. 근무일이나 근무시간은 천차만별. 회사에 따라 5~6시간에서 더 짧게 일하는 경우도 있다. 근무일도 주 1~2일에서 5일까지 다양하다. 이러한 고용 조건이 파트타임 근무를 선호하는 시니어에게 적합하다고 평가받는 이유 중 하나다.

최근 고용노동부는 신중년 구직자의 양질의 일자리 창출과 중소기업 인력난 해소를 위해 '신중년 적합직무 고용장려금'의 2021년 시행계획을 발표했다. 올해는 4차 산업혁명과 한국판 뉴딜 시행에 따라 향후 수요 증가 및 신중년의 재취업 확대가 기대되는 신규 직업 29개가 편성됐다.

새롭게 등장한 신중년 적합직무는 무엇이고 해당 직무 종사자가 하는 일은 무엇인지 알아보자. 생애경력 설계사: 구직자, 재직자가 경력을 바탕으로 작업 역량을 분석하고 미래 설계를 할 수 있도록 관리하고 코치하는 역할로 21세기는 산업카운슬러 시대다. 일본에선 2015년 12월부터 50인 이상 되는 약 13만 개 기업에 재직하는 직장인의 '스트레스 체크'가 후생노동성에 의해 법제화되고 특히 스트레스가 심한 직원들의 상담을 산업카운슬러가 중심이 되어 하게 된다. 산업카운슬러는 산업조직에서 일하는 사람들의 직장생활과 관련해 일어나는 문제와 그 배경이 되는 가족문제 등 심리적 문제에 대한 바람직한 해결과 대처를 위한 정서적 지원을 하는 전문가다.

가까운 일본에선 55년 역사에 약 5만 명의 산업카운슬러가 활동하고 있다. 오늘날 근로자는 산업현장에서 대부분의 직장생활을 하고 있다. 근로자의 내면적인 멘탈 헬스의 건전성을 유지할 수 있도록 지원해주는 산업카운슬러는 인공지능, 빅데이터, 클라우드, 사물인터넷, 로봇 등 4차 산업혁명 시대에 산업현장에서 근로자의 멘탈 헬스(정신건강)의 문제를 현장 맞춤형 멘탈 헬스 닥터 역할을 수행하여 산업안전에 기여하는 중요한 분야로 부상할 전망이다. 창직 측면에서 산업현장의 근로자들은 현장에서 많은 멘탈 헬스 문제에 대한 경험과 지혜를 터득하게 된다.

대부분의 채용이 협회나 학회를 통해 이뤄지다 보니 회사에서 지급하는 금액에서 수수료를 공제해야 한다. 폐쇄적인 시장 특성 때문이다. 현직 산업컨설턴트 중에선 "비용이 아깝게 여겨질 수 있지만 심리검사 비용, 보수교육 등 기관을 통해 지원받는 부분도 있어 큰 손해는 아니다"라고 평가하는 사람도 있다. 한 산업카운슬러는 "건강에 문제가 없다면 평생 직업으로 삼을 수도 있고, 상담이나 교육 중 선택해 전문화한다면 상근직뿐만 아니라 프리랜서로도 활동 가능하기 때문에 시니어가 노려

볼 만하다"고 평가했다. 산업카운슬러는 향후 산업카운슬러 대상 생애경력설계서비스 제공, 산업카운슬러 자격증 소지자에 대한 사회공헌 기회 제공, 신중년 적합직무 고용창출장려금을 통해 산업카운슬러 구인 발굴 등을 추진한다.

또한 산업카운슬러 자격증 보유 회원을 재단 사회공헌일자리로 추천, 신중년 적합직무 일자리에 산업카운슬러 전문가 추천, 상담솔루션 및 감정노동자 정서관리에 대한 교육 지원 등의 역할을 담당할 것으로 전망된다. 창직형 산업카운슬러의 제1 영역은 EAP(Employee Assistance Program)으로 이에는 멘탈 헬스(정신건강) 대책 지원활동으로 정신적, 심리적 부적응 문제 지원, 직장에서의 적응과 성장발달 지원, 직장에서의 과도한 스트레스 예방과 대책을 지원하게 되며 제2 영역은 CDP(Career Development Program)로 커리어 개발과 전직지원서비스 지원활동을 통하여 경제불황과 구조조정에 따른 고용불안을 해소하고 산업구조변화에 따른 직업의식과 형태의 다양화로 노동이동이 증가, 직업능력, 생활의 질 향상 등으로 커리어 개발 필요성이 증가하고 있는바 이에 대한 경력개발 차원에서 근로자들이 각 분야별 전문성을 활용하여 업종별로 전문화된 산업카운슬링 플랫폼을 구축하여 24시간 언택트 방식으로 산업카운슬링을 제공하는 것도 새로운 창직 시장으로 발전할 것으로 전망된다.

제3의 영역은 HRP(Human Relations Program)로 인간관계 개발과 커뮤니케이션 지원 분야에 참여한다. 인간관계 개발 활동과 커뮤니케이션을 통한 성장 촉진, 인간관계갈등 개선과 조직의 손실 예방, 조직문화 활성화, 직장환경 개선에는 조직과 근로자 모두가 필요하다. 산업카운슬링의 효과는 문제가 되는 행동이나 증상의 개선, 트라우마 회복 등 사회적인 심리안정이나 기능성의 개선, 대인관계의 문제 해결능력 향상, 자기에 대한 인식의 변화와 자신감의 향상으로 자기개념의 변화, 자기수용, 자기효능감의 증가와 문제 해결능력의 향상으로 심리적 데미지로부터의 회복력이 증진되어 산업현장에서 노동생산성의 향상과 근로자 자신의 미래환경에 대한 새로운 도전의식의 고취가 기대되어 이 산업에 대한 수요 증가로 향후 창직형 산업카운슬러의 이 분야에 대한 진출이 활발하게 될 것으로 전망된다.

참고문헌

- 김양순, 『산업카운슬링 이론과 실제』, 한국산업카운슬러협회, 2020.
- 심응섭 외, 『심리학 개론[제2개정판]』, 박영사, 2005.
- 이승관, 『산업카운슬러의 역할과 기대』, 한국산업카운슬러협회, 2020.
- 한국산업카운슬러협회, 『산업카운슬러의 이론과 실제』, 2014.
- https://en.wikipedia.org/wiki/Hawthorne_effect
- https://en.wikipedia.org/wiki/Hawthorne_effect#/media/File:Hawthorne,_Illinois_Works_of_the_Western_Electric_Company,_1925.jpgfile:///C:/Users/POOHS2CHIC/AppData/Local/Microsoft/Windows/INetCache/IE/CX3VZW53/Hawthrone_Experiment_PBM_SEM-I-.pdf
- http://www.naeil.com/news_view/?id_art=155076
- http://www.ksilbo.co.kr/news/articleView.html?idxno=613818
- http://edu.donga.com/?p=article&ps=view&at_no=20190308160339222978
- http://bravo.etoday.co.kr/view/atc_view.php?varAtcId=8976
- http://bravo.etoday.co.kr/view/atc_view.php?varAtcId=11901&utm_source=dable
- http://www.siminsori.com/news/articleView.html?idxno=200898
- https://www.counselor.or.jp/about/tabid/102/Default.aspx
- https://www.50plus.or.kr/detail.do?id=3217752

저자소개

이승관 LEE SEUNG KWAN

학력
· 성균관대학교 경영학 박사
· 성균관대학교 경영학 석사
· University of Hawaii, ICBP 수료
· SeongNam-KAIST ICT Leadership 수료
· 제4차산업혁명최고위과정 1기 수료

경력
· K-ICT창업멘토링센터 멘토위원
· 바이오세라(주) 경영전문위원
· 김영귀 환원수(주) 경영전문위원
· 진스랩(주) 경영전문위원
· (주)첨단 수석전문위원[산업카운슬러부문]
· 한국산업카운슬러협회 전문위원

- 한국산업카운슬러협회 부설 50+커리어센터 전문위원
- 한국스마트의료기기산업진흥재단 전문위원
- 강남노무법인 근로자카운슬링연구소장
- 경기중소벤처기업연합회 위원
- 경기도경제과학진흥원 R&D Plus 컨설턴트
- 성남산업단지관리공단 수석전문위원
- 성남산업진흥원 부장, 전문위원
- 인천테크노파크, 울산테크노파크 책임, 실장
- National Director of IO-WGCA
- 성균관대, 숙명여대, 한성대 외래 및 겸임교수
- (주)쌍용 차장

자격
- 경영지도사
- 산업카운슬러 1급, 커리어컨설턴트
- 경영진단사, 기술평가사, 기술경영사
- 창업지도사, 창업보육전문매니저
- 정교사

저서
- 『AI시대의 미래형 산업카운슬링 추진전략』, (사)한국산업카운슬러협회, 2021.
- 『Career 미래사회를 위한 커리어컨설턴트 연구』, (사)한국산업카운슬러협회, 2021.
- 『IT융합전략』, 한성대학교 지식서비스컨설팅대학원, 2012. (공저)
- 『u-Healthcare 융합기술 활성화 방안』, KEIT PD Issue Report, 2012. (공저)
- 『Economic Cooperation and Integration in Northeast Asia-A Study on Korea's Global e-Trade Marketing Infrastructure』, LIT VERLAG Berlin 2006. (공저)

· 『경인지역 기계·금속산업 인력 실태조사(중소기업청-인천경기기계공업협동조합)』, 송도테크노파크, 2006. (공저)
· 「중소기업의 전자무역 이용성과에 관한 연구」, 성균관대학교 박사학위 논문, 2005.

수상
· 산업통상자원부 장관상
· 성남시장상
· 성남산업진흥원장상
· 한국의료기기공업협동조합 이사장상
· 한국스마트의료기기산업진흥재단 이사장상

SNS
· Facebook(이승관): https://www.facebook.com/seunggwan.i

제9장

김태철

린스타트업을
통한 차별성

⊙ 린스타트업의 개념과 필요성

스타트업의 화두 중 하나는 린스타트업(Lean Startup)이라는 단어가 아닐까 생각한다. 린스타트업이란 상품이나 서비스에 핵심적인 최소한의 가치만을 담고 시장에 출시한 뒤 시장 환경의 반응을 면밀히 분석하여 지속적으로 보완해나가는 일련의 과정을 반복해 성공 확률을 높이는 경영 방법론을 의미한다. 린스타트업은 실리콘밸리의 벤처기업가 에릭 리스(Eric Ries)가 처음 사용했다. 린스타트업의 개념에 대하여 간략하게 설명하고, 린스타트업 경영방식의 개념을 도입할 수 있도록 도와주는 프레임인 린 캔버스(Lean Canvas) 템플릿도 제공하고자 한다.

1) 시장의 변화는 치타만큼이나 빠르다

린스타트업이란 핵심적인 최소한의 기능을 갖춘 제품을 시장에 먼저 내놓고, 시장 환경의 반응에 따라 제품을 지속적으로 보완해나가는 경영방식을 의미한다. 원래 Lean이라는 경영방식은 기존에도 있었다. 하지만 이 개념이 다시 주목받게 된 이유는 기술의 발전으로 인한 시장 환경의 변화 속도가 급격하게 빨라졌기 때문이다.

제품 개발의 기존방식을 폭포수 모형(Waterfall Model)이라고 한다. 시장요구사항을 분석하고 두 번째로 기획을 하고 이가 끝나면 실행해보는 것이다. 네 번째로 테스트를 해보고 유지 보수하는 단계별 순서대로 처리하는 방식인 것이다. 그러나 이에 반해 시장을 조사하고 분석한 뒤 제품을 기획하여 만들고, 최종적으로 시장에 내놓는 방식을 고집하면 스피드 경쟁에서 뒤처지게 된다. 사업은 치열한 경쟁 속 스피드 속성이 있다. 시장 조사를 했던 시점과 제품을 시장에 내놓는 그 간극 사이에 시장이 변해버리기 때문이다. 과거에는 시장 환경의 변화가 지금에 비해 빠르지 않았다. 철저한 시장 조사와 분석으로 소비자를 관통하는 시장(소비자) 니즈를 발견한 뒤 그에 맞는 제품을 내놓을 수 있었다.

2) 소비자들은 점점 똑똑해지고 있다

이제는 과거의 방식이 통하지 않는 경우가 빈번히 발생하고 있다. 인터넷과 스마트폰의 발달로 인하여 소비자는 제품에 대한 지식과 정보를 제품 제작자만큼 가질 수 있게 되었다. 뿐만 아니라 서로의 지식을 나누는 소통의 채널인 SNS가 너무나 발달하게 되었다. 소비자들이 똑똑해지기 시작하면서 시장의 트렌드도 빠르게 변화하게 된 것이다. 1달 전에는 기가 막힌 사업 아이템이 지금은 진부해져 버릴 정도가 되었다.

3) 현재의 모바일 게임 순위가 과연 며칠이나 유지될까?

모바일 게임회사는 꾸준하게 자리다툼을 하고 있다. 후발주자 게임회사들은 쓴맛을 보게 되는 양상을 보이며 게임시장은 빠르게 변화하는 현상이 두드러지게 나타나고 있다. 특별히 모바일 게임 열풍이 시작된 지 채 5년이 지나지 않았지만 소비자의 트렌드는 변화무쌍하게 변했다.

위와 같은 이유로 린스타트업 방식이 주목받기 시작했다. 시장에서 고객이 우리의 제품을 선택할 최소한의 가치를 담은 제품(Minimum Valuable Product, 이를 줄여서 MVP라고 함)을 먼저 내놓고, 이후에 새로운 기능을 제품에 덧붙이면서 시장의 반응을 살피는 것이다. 새로운 기능을 고객이 선호한다면 해당 기능을 발전시켜 제품에 포함시키고, 그렇지 않다면 과감히 파기하는 것이다. 이러한 방식이라면 시장의 빠른 변화에 유연하게 대처하면서도 소비자가 만족하는 기능들을 계속 제품에 추가시킬 수 있다.

린스타트업의 예시로 지금은 가장 유명한 SNS 채널로 발돋움한 페이스북의 초창기를 살펴보도록 하자. 페이스북의 창시자 마크 저커버그가 처음 페이스북을 개발했을 때, 페이스북에는 이미지를 업로드할 수 있는 기능이 없었다. 즉 지금처럼 사진을 통해 내가 잘 살고 있다는 것을 남들에게 보여줄 수 없었던 것이다. 하지만 초창기 페이스북이라는 제품에는 고객이 제품을 선택할 최소한의 가치(MVP)였던 사람과 사람을 연결시켜주고, 자신이 알고 있는 지인들과의 커넥션 및 커뮤니케이션을 도와주는 역할은 제품에 충실히 담겨있었다. 이 제품을 시장에 내놓은 뒤 페이스북은 점점 기능을 추가하면서 소비자의 반응을 살피고, 반응이 좋은 기능들은 제품에 반영하여 업그레이드시켜나갔다. 이런 일련의 과정들이 쌓이고 쌓이면서 지금의 페이스북이라는 거대한 SNS가 만들어지게 된 것이다.

4) 린스타트업, 과연 경영에만 필요한가?

변화무쌍한 시장에 빠르게 대처할 수 있는 린스타트업의 개념은 경영학도만, 혹은 창업을 준비하는 사람만 알아야 할까? 그렇지 않다. 시장의 변화에 적응해야 하는 것은 모든 사람이 마찬가지다.

5) 린스타트업의 배경

커피 수요가 상승하고 있을 때, 어떤 창업자는 예쁜 휴대용 컵을 잘 만들어 커피전문점에 납품하면 큰돈을 벌 것 같았다. 디자인을 세련되고 화려하게 컵을 만들어 전문점에 넣어보았다. 생각과는 달리 뜨거운 커피로 인해 예쁜 종이컵만으로는 사용하기 어렵다는 피드백을 들었다. 창업자는 이에 실망하지 않고 소비자 의견을 듣고 전문가 의견을 들어 방향을 수정한다. 종이로 만든 컵홀더를 추가하여 뜨거운 커피 컵을 편하게 잡을 수 있게 하였다. 이 정도 결과에 만족하지 않은 창업자는 2개나 4개의 커피를 한꺼번에 넣을 수 있는 종이홀더박스도 소비자들의 의견을 반영하여 개발하게 되었다. 소비자와 전문가들의 좋은 코멘트로 인해 사업에 획기적인 결과를 얻게 된 사례이다. 세상은 급변한다. 제품과 서비스 주기도 빠르게 변화 적응하고 있다. 스피드가 생명인 세상이 되었다. 고객에게 줄 핵심가치를 빠르게 적용하고 신속하게 상품화하는 것이 최신 트렌드가 되었다.

변화무쌍한 4차 산업혁명 시대에 린스타트업은 창업과 기업을 경영하는 분만 활용 가능한 것일까? 그렇지 않다 모든 분야에서 적용 가능하다. 정치, 경제, 사회, 문화, 행정은 물론 자연과학, 사회과학이나 산업기술에서도 심지어 취업전략에서도 적용할 수 있는 개념인 것이다. 물론 완벽한 도구는 아니다. MVP를 찾기 어렵거나 어떻게 문제를 해결할지 모를 경우 좋은 프레임이 있다. 바로 린 캔버스다. 이 도표로 만들어진 내용을 순서대로 살펴보고 적어나가다 보면 좋은 결과를 얻을 수 있다. 최근에 실버산업 관련 탄소 분야의 발열체 개발에 관심이 많아졌다. 수요중심의 제품 개발을 통해 사업 기회를 만들겠다는 생각이 들었다. 이를 위해 노인유치원을 운영하는 원장과 함께 현장에서 필요한 발열제품들을 검토해나갔다. 탄소발열업체 대표와 마케팅전문가, 컨설팅

전문가와 함께 린스타트업을 활용하여 아이디어를 내고 시제품을 만들었다. 이를 시장인 노인들에 사용해보고 전문가들과 함께 개선해가면서 좋은 결과를 얻고 있는 상황이다.

6) 린스타트업의 실행원칙

　기술기반의 스타트업 75%는 실패로 마치게 된다. 성공률을 높이기 위하여 우리는 고객과 시장에서 답을 찾아야 한다. 린스타트업은 지속적인 배움의 연속이며 혁신을 유도하는 것이다. 린스타트업을 하기 위한 전제조건은 팀 빌딩이다. 우수한 인재가 있어야 사업이 성공할 수 있는 것이다. 그래야 조직의 발전이 있다. 지속적인 인재영입과 양성은 사업 성공에 직접적인 관련이 있는 것이다. 기업의 혁신과 성공은 기업가정신으로 다져진 팀원이 많아져야 한다는 뜻이다.

　조직은 비전과 미션, 그리고 목표와 전략수립이 중요하다. 비전이 수립되었다면 그것을 해나가는 방법(How) 즉 전략을 다양하게 수립할 수 있다. 그 방법론에 따라서 시장이 원하는 제품(What)을 빨리 출시하고 그것을 통해 시장의 반응을 읽고 시장에 대하여 최적화시키면서 사업을 추진하다 보면 성공확률이 높아지게 되는 것이다.

　린스타트업의 핵심모형은 바로 반복주기(Iteration Cycle)이다. 아이디어, 아이템이 있다면 그것을 빨리 구축하고(Build) 그 구축된 제품, 서비스를 통해 측정하고(Measure) 그 측정된 데이터를 배워서(Learn) 그 아이디어를 수정해가는 것이 이 사이클의 반복주기다. 이 순환주기를 반복하여 빨리 돌려 전체시간을 최소화하는 것이 린스타트업의 핵심이다. 이는 고객이 진정 원하는 제품과 서비스에 가깝게 접근할 수 있어 공급자 중심의 사업이 아닌 소비자들이 원하는 시장에 접근하여 성공률을 높이는 방법이다.

대부분 실패하는 스타트업에서 성공률을 높이기 위해서는 어떻게 해야 할까? 모두가 알고 있는 해답은 판매를 성공시키는 것이다. 판매를 성공시키는 것은 말은 쉽지만 실제 그것을 만들어내는 일은 엄청나게 어려운 것이 사실이다. 린스타트업은 이러한 판매를 성공적으로 이끌기 위한 방법으로 성공률을 높이는 린스타트업 사이클 3단계를 정의한다. 이 단계는 다음과 같다. 린스타트업 사이클은 파란색 원과 붉은색 원으로 구성된다. 파란색은 데이터이고 붉은색은 프로세스이다. 이때 '만들고-측정하고-배운다(Build-Measure-Learn)'로 이루어지는 3단계를 린스타트업 사이클이라고 한다.

⦿ 린스타트업의 성공사례

아마존(Amazon)을 설립한 제프 베이조스(Jeff Bezos) 역시 초기에 수립한 비즈니스 모델이 그대로 진행되는 경우는 거의 없으며 실제로는 전혀 다른 방향으로 진행되기도 한다고 말했다. 신경과학자 대니얼 레비틴(Daniel Levitin)은 그의 저서에서 어느 분야든 최고의 경지에 오르기 위해서는 1만 시간의 연습이 필요하다고 했다. 대니얼 레비틴은 성공의 가능성이 보인다면 실행의 끈을 놓지 않는 것이야말로 성과창출의 핵심임을 강조한 것이다. 중소벤처 창업기업뿐만 아니라 대기업들까지 린스타트업에 관심을 보이고 있는 상황이다. 많은 기업들은 린스타트업을 체계적으로 연구하는 한편 이를 사내에 적용하여 새로운 비즈니스를 만들기 위한 실험도 계속하고 있다. GE는 린스타트업을 자사의 실정에 맞게 재구성한 패스트웍스(Fast Works)라는 전략을 추진하였다. 또한 소프트웨어 기업 인튜이트(Intuit)는 신제품 개발에 린스타트업을 적용하여 다수의 성공적인 제품을 출시하기도 하였다. 구글(Google)이나 퀄컴(Qualcomm) 심지어 코카콜라 등도 린스타트업을 열심히 내부적으로 배우고 이를 통해 성과를 낸 것으로 알려졌다.

린스타트업에 주목하는 가장 큰 원인은 혁신에 대한 열망이다. 극심한 불확실성 속에서 새로운 제품과 서비스를 만들기 위해 불필요한 군살을 빼내고 빠르게 움직이는 초기단계의 조직이 필요하다. 급속한 변화와 치열한 경쟁 속에서 외부환경과 내부환경을 잘 읽고 시장이 원하고 고객에게 가치를 전달하는 차별성 있는 제품과 서비스를 신속하게 제공해야 하기 때문이다.

새로운 비즈니스를 발굴하려는 실험은 대부분 실패로 끝나는 사례가 많다. 성공한 벤처기업조차 초기에 수립한 비즈니스 모델과 추진 계획을 지속적으로 실행한 경우는 거의 없다. 많은 기업들이 창업 후 생존을 위한 최소 수익조차 창출하지 못하는 소위 죽음의 계곡(Valley of Death) 시기를 넘지 못하고 사라져버렸으며 아주 적은 기업만이 끝까지 살아남아 높은 수익을 거둘 수 있었다. GE는 린스타트업의 방법론을 벤치마킹하여 '패스트웍스' 경영기법을 경영에 도입한 결과, 가스터빈에서 헬스케어 제품에 이르기까지 100여 개 제품을 이 기법으로 개발하여 회사의 주력제품으로 만들어 많은 성과를 내고 있다. 소비자와 전문가의 니즈와 아이디어를 활용하여 개선하고 혁신한다는 것이다. 또한 실리콘밸리 기업 중 자포스(Zappos)는 유행에 민감한 시장에서 고객의 피드백을 바탕으로 사업을 수정했다. 온라인 신발판매 업체인 자포스는 로컬 상점과 소비자를 연결시키는 인터넷플랫폼을 구축하여 창업 10년 만에 10억 달러에 이르는 거대한 기업으로 성장하였다. 드롭박스는 데모 영상을 만들어 소비자를 상대로 지속적으로 서비스를 향상시킨 결과 출시 이후 바로 5천만 명의 이용자를 확보할 수 있었다.

C라는 회사는 기존의 택시 서비스의 문제를 해결하는 서비스를 만들기로 했다. 먼저 택시 중 고급기종을 선택하여 미리 고객이 가고자 하는 위치를 지정받아 승객을 태운다. 그리고 승객은 그냥 내리면 된다. 왜냐하면 이미 가고자 하는 고객의 위치를 알기 때문에 요금은 자동적으로 계산되어 승객이 사용하는 앱 프로그램을 통해 청구된다. 특히 밤늦은 시간이나 귀빈, 택시를 잡기 어려운 곳에서 특화가 가능하리라 생각했다. 처음에는 작게 5대의 택시를 기반으로 여성 고객을 상대로 서비스를 시작했다. 성공이었다. 이제 서비스를 조금 늘려 20대의 택시와 여성 고객과 주기적으로 예약을 하는 VIP를 대상으로 서비스를 제공했다. 역시 성공이었다. 이 서비스를 확대한다. 점진적으로 지속적으로…. 이러한 서비스가 우버(Uber)이다.

반드시 완성된 제품일 필요는 없다. 다른 사람들에게 동작 원리를 설명하기 위한 간단한 프로토타입이나 스케치 및 동영상도 좋다. 일례로 클라우드 서비스 기업 드롭박스(Dropbox)의 실험은 제품이 아닌 동영상이었다. 창업자 드루 휴스턴(Drew Houston)은 자신이 구상하는 서비스가 어떻게 구동되는지를 묘사한 애니메이션을 만들어 투자가들로부터 큰 호평을 받았고, 이를 기반으로 든든한 지원을 얻어냈다.

직원들의 내부 의견을 창의적으로 활용하는 대표적인 기업이 바로 픽사(Pixar)이다. 픽사는 '토이스토리(Toy Story)'를 시작으로 디지털 애니메이션 제작에 뛰어든 이후 만드는 작품마다 큰 성공을 거두어 세계 최고의 애니메이션 기업으로 성장하였다. 픽사에는 일일 리뷰 회의라는 제도가 있었다. 일일 리뷰 회의는 픽사의 모든 직원들이 모여 미완성된 작품을 감상하면서 자유롭게 의견을 나눌 수 있는 자리였다. 여기에서는 직급과 부서에 관계없이 여러 직원들이 작품을 냉정하게 평가하고 개선할 수 있는 아이디어를 제시한다. 이들의 창의적인 의견 개진은 시장 출시 전 해당 작품의 완성도를 끌어올리는 동시에 새로운 작품을 구상할 수 있는 동기를 부여한다. 구성원들이 생각하는 다양한 아이디어를 열린 자세로 토의하고 개선하는 노력이 이루어질 때 혁신의 실마리를 발견할 가능성도 더욱 커질 것이다.

⊙ 린 캔버스

비즈니스 모델 캔버스가 고객을 세분화하여 고객에게 전달하는 핵심가치를 높여줄 수 있다고 하면 린 캔버스는 일단 더 단순화하여 고객의 문제점을 정의하고 차별화된 가치제안을 강조하고 있다. 비즈니스 모델 캔버스에서 약간 변형된 캔버스인 것이다. 즉 핵심기능을 쉽게 정의함으로써 그 기능에 충실한 최소존속제품 개발도 수월하게 하는 것이다. 린 캔버스만 잘 작성해도 최소존속제품의 구축(Build)이 가능하고 그것을 통해 무엇을 측정(Measure)할 수 있는지 알 수 있게 되며 그 측정된 결과를 통해 배워(Learn) 제품을 지속적으로 개선시켜나갈 수 있게 된다.

문제	Idea	가치	관계	고객
해결해야 할 문제, 혹은 시장에서 있는 아이디어를 고객이 겪고 있는 문제에 대해 적어보세요.	문제를 해결할 수 있는 아이디어를 적습니다.	아이디어와 액션을 바탕으로 고객이 우리 제품을 선택할만한 가치가 무엇인지 적어봅니다.	채널을 통해 연결된 고객과의 관계를 어떻게 형성할지 적는 부분입니다.	내 가치, 또는 내 물건을 구매하는 사람의 페르소나(가상의 인물 설정)를 상상하고, 그들의 특징을 정리합니다.
	Action 아이디어를 바탕으로 실행에 옮길 To do list를 적습니다.		**채널** 이 곳에는 고객에게 어떻게 가치를 전달할지 고민한 결과를 적습니다.	
비용구조 가치를 만들어내기 위한 Action을 하는 데에는 비용이 수반됩니다. 이 비용을 조달하는 방법에 대해 적습니다.			**수익원** 고객을 통해 어떻게 수익을 창출할지 적는 공간입니다.	

1) 문제의 기술

세 개의 문제점만 기술한다. 완전히 새로운 것만 찾지 말고 기존 것의 불편함에 개선, 살짝 비틀기 등을 더하여 대체재를 찾아본다.

2) 고객의 세분화

고객들의 나이, 지역, 성별, 성향 등의 프로필을 만들어 관리한다. 고객에 대한 충분한 이해가 필요한 것이다. 우리들은 대부분 네이버의 사용자다. 네이버의 고객은 광고주, 유통회사, 콘텐츠 제공자인 것이다.

3) 고유의 가치제안

제품을 구입해야 하는 이유와 다른 경쟁제품과의 차별성을 쉽게 알리는 설득력 있는 메시지가 필요하다. 스타트업은 초기수용자를 타겟팅해야 한다.

4) 해결방안(아이디어)

문제를 푸는 해결방안을 세 가지만 기술한다. 해결방안이 핵심가치를 제공할 수 있는지에 주목하며 결정해야 한다. 문제에 대한 인터뷰와 조사를 통해 얻을 수 있다.

5) 경쟁우위(관계)

핵심기능은 다른 제품이 쉽게 흉내 낼 수 없는 특징이다. 이에 대한 특허출원이 필요하다. 경쟁우위를 확보하기 위하여 속도가 매우 중요하다. 이를 위해 조직은 슬림 하면서 빠르게 움직일 수 있어야 한다.

6) 수익원

게임회사도 무료기반으로 시작하다가 유료로 가는 사례가 많다. 유료화 시기의 방식이 전략적으로 중요하다. 판매, 판매수수료, 광고료의 다양한 수익방안을 검토해야 한다.

7) 비용구조

우수인력확보 및 유지에 비용이 얼마나 소요되는지, 비용기반의 사업인지, 가치기반의 사업인지 검토가 필요하다. 비용기반의 제조업 사업은 비용축소에 관심을 가지고, 가치기반의 사업인 경우 고부가가치를 낼 가치를 끊임없이 고민해야 한다.

8) 핵심지표(액션)

측정해야 할 핵심활동에 집중한다. 핵심지표를 제대로 선정해야 중요한 정보를 파악할 수 있고 고객에게 제공되는 가치를 지속적으로 높일 수 있게 된다. 초기 카카오톡은 다운로드 수와 메시지 건수를 핵심지표로 하였다.

9) 유통채널

고객에게 제품과 서비스를 전달하는 유통채널을 말한다. 고객의 클레임이 발생될 경우 어떻게 할 것인지 다루어야 한다.

린스타드업은 짧은 주기로 반복 순환하며 제품과 서비스를 개선하고 혁신하는 특징이 있다. 제품과 서비스에 최소한의 핵심가치(MVP: Minimum Viable Product)를 넣어 빠르게 시장에 론칭하고 시장의 반응을 확인하는 것이다. 이를 다음 제품과 서비스에 반영하는 전략이다. 이러한 반복 싸이클을 통하여 고객의 아이디어를 구축하고 제품을 측정하여 데이터를 학습하면서 사업추진 방향을 전환(피봇)하는 것이 핵심인 것이다. 한마디로 시장에서 반응을 묻고 빠르게 제품에 적용시켜 소비자가 원하는 완전한 세품을 출시하는 시대가 된 것이다. CEO의 경험과 직관에만 의존하여 의사 결정하지 않고 검증된 데이터를 기반으로 지속적인 개선을 통해 사업 실패 가능성을 낮추는 전략이다. 린스타트업은 MIT 제임스 워맥 교수 등이 말한 것처럼 고객의 요구를 정확하게 파악하고, 효율적으로 제품과 서비스를 만들고, 지속적으로 개선과 혁신을 추구하는 린경영방식에 기반을 둔다.

실리콘밸리의 벤처사업가 에릭 리스가 제안한 아이디어인 린스타트업은 신제품을 개발하고 사업화를 하는 창업기업에 적합한 방식으로 체계화된 경영방식인 것이다.

참고문헌

- 이춘우 외, 『기업가정신 이해』, 한국청년기업가정신재단, 2014.
- 빌 올렛, 『스타트업 바이블』, 비지니스북스, 2015.
- 에릭 리스, 『린스타트업』, 인사이트, 2015.
- 김태철 외, 『도전하라 창직과 창업』, 위즈덤플, 2020.
- 「스타트업 피봇(Pivot) 유형과 활용전략」, 네이버 블로그(http://m.blog.naver.com〉misiceo)

저자소개

김태철 KIM THAI CHURL

E-mail : kitach@hanmail.net

학력

· 충남대학교 지구환경과학과 학사

· 전북대학교 산업공학과 공학석사(기술경영)

· 전주대학교 산업공학과 공학박사(기술경영)

경력

· 현) 한국탄소산업진흥원 수석연구원(산업자원부 산하기관)

· 현) 한국앙트레프레너연구소 소장

· 현) 전라매일 객원 논설위원, 충남일보, 투데이안 칼럼니스트

· 현) 한국재정정책학회 이사

· 현) 대한민국 정책기자단

· 전) 전주대학교 공과대학 겸임교수

· 전) 한국탄소융합기술원 창업보육센터장, 테크비즈본부장

· 전) 한국창업보육협의회 이사(KOBIA), 전북창업보육협회 회장
· 전) 울트라 자동차부품회사 관리이사

자격
· 미국AMA PCM, 기술거래사, 공공기관 전문면접관(KCA), 존맥스웰 리더십 강사
· 데일카네기리더십 코치, 응용지질기사1급, CSR컨설턴트, 스마트팩토리 컨설턴트, MVP미래비전 코치, 전주야후학교 강사, 존맥스웰리더십 강사, 세계신지식인 선정

저서
· 『도전하라 창업과 창직』, 2020. (공저)
· 『도전하라 기업가정신』, 2021. (공저)
· 『창직형 창업』, 2021. (공저)
· 『창업지원사업 만족요인 경영성과』, 한국상품학회, 2018.

수상
· 전북도지사 공로표창(2004)
· 중소기업청장 공로표창(2016)
· 중소기업중앙회장 공로표창(2018)
· 산업통상자원부장관 공로표창(2018)

제10장

박스완

창의력 계발을 위한 스캠퍼 기법

⊙ 스캠퍼 사례

1) 키오스크

코로나 바이러스와 키오스크

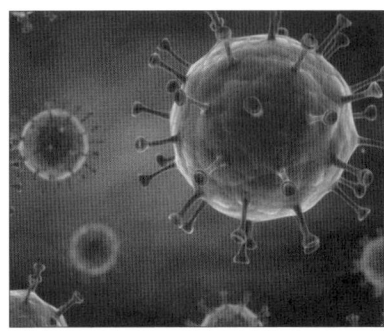
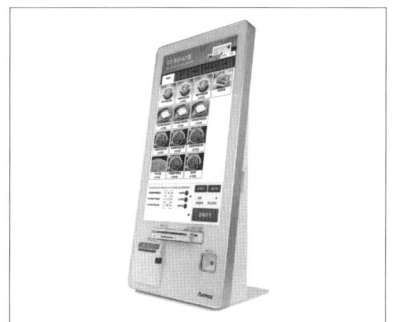

    2020년을 후대에 기록한다면 가장 큰 화두는 '코로나'가 아닐까 싶다. 우리 삶은 코로나 이전을 생각할 수 없을 만큼 많은 면들이 변화하였다. 그중에서 필자는 많은 상점들에서 사람을 '대체'하고 있는 키오스크를 스캠퍼(Scamper)의 예로 들고자 한다. 본래 키오스크는 '신문, 음료 등을 파는 매점'을 뜻하는 영어 단어지만, 우리나라에서는 터치스크린이 탑재된 안내기기 또는 무인주문기계를 가리킨다. 2010년을 넘어서면서부터 최저시급의 증가로 인한 인력의 감축, 관공서 등의 휴일 이용 등 사람이 일일이 있을 수 없는 곳에 편리함을 위해 도입되기 시작하였다. 키오스크란 이름으로 불리기 시작한 건 2016년 전후이며 코로나로 인해 언택트가 강조되면서 어디에서나 볼 수 있을 만큼 도입이 확대되었다.

    '주문 접수, 안내, 결제 같은 누구나 할 수 있고 표준화된 업무를 기계가 대체할 수 없을까?'라는 질문 아래 항상 사람이 있었던 자리는 기계로 대체되었다. 업체는 주문 접수에 할당되는 인원을 감축해 인건비를 절감할 수 있어 효율적인 인력 활용이 가능하다. 고객은 스크린을 통해 잘 정리되어 있는 시각적 정보로 인하여 보다 효율적으로 메뉴를 안내받고 정확하게 선택할 수 있다. 대체하기는 이처럼 '이것'을 '저것'으로 대체할 수 있을까? 라는 질문에서 시작된다. 사람을 기계가 대체할 수 있을 만큼 기능, 용도, 성분 등 대체하기를 적용하여 생각해볼 수 있는 문제는 무한대이다. 사람의 어떤 역할까지 기계가 대체할 수 있을까 라는 의문과 함께 더 많은 자리에서 사람을 기계가 대체하고 있다.

2) 다이슨 선풍기

다이슨 선풍기

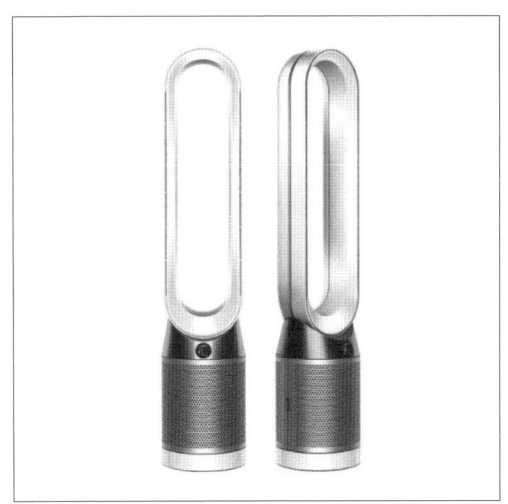

날개 없는 선풍기, 다이슨! 누가 날개 없는 선풍기를 상상할 수 있었

을까? 다이슨의 선풍기는 선풍기 시장에 혁신의 바람을 불어넣었다. 선풍기에서 날개를 '제거'한 다이슨 선풍기는 어린 자녀를 둔 학부모들 사이에서 안전사고를 방지할 수 있다는 이유로 더욱 환영받고 있다. 또한 선풍기에 공기 청정기 기능을 '결합'하여 일반선풍기와의 차별화에 성공하였으며 사물인터넷 기능까지 접목시켰다. 이 외에도 선과 먼지봉투가 없는 무선 청소기, 날개가 없는 헤어드라이어 등의 제품을 줄줄이 내놓은 다이슨은 2017년 창업 24년 만에 매출 3조7000억 원에 도달했다.

유체의 위치에너지와 운동에너지의 합이 항상 일정하다는 베르누이의 원리를 활용한 다이슨 선풍기는 제임스 다이슨이 건조기 개발 중에 공기의 흐름을 관찰하다가 날개를 제거한 선풍기의 가능성을 염두에 두고 만들어졌다고 한다. 누가 선풍기에서 기본 부품인 날개를 없앨 생각을 할 수 있었을까? A=B, 이 고정관념을 깨는 혁신이야말로 다이슨의 성공 비결이 아닐까 한다. 다이슨은 선풍기 하면 날개라는 고정관념을 탈피해 날개를 없앴다.

이처럼 제거하기는 제품이나 상황의 혁신을 꾀할 수 있는 효과적인 방법이다. 하지만 생각처럼 쉬운 일은 결코 아니다. 지금까지 그래 왔던 익숙한 것을 다른 것으로 바꿔보려는 질문은 계속 연습하고 갈고 닦아야만 어느 순간 빛을 발할 것이다. 혁신은 어느 순간 발현되는 것이 아니라 부단한 질문과 노력 끝에 탄생한다.

⊙ 스캠퍼 배경

스캠퍼는 창의력 사고 기법 중 하나로 확산적 사고에 해당한다. 브레인스토밍으로 우리에게 알려진 알렉스 오스본(Alex Faickney Osborn)의 체크리스트 기법(1951년)을 발전시켜 밥 에벌(Bob Eberle)이 1971년 완성했다. 브레인스토밍이 자유롭게 방대한 사고를 도출하는 것이라면, 스캠퍼는 7가지 방법에 따라 문제 해결을 도출하는 것으로 좀 더 구체적이고 실현 가능하다.

체크리스트와 스캠퍼

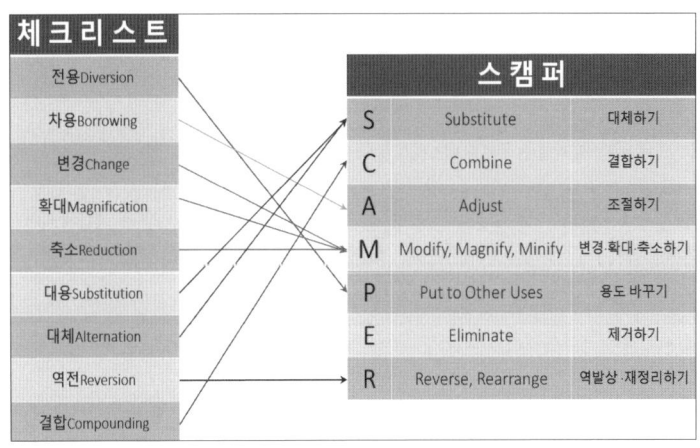

스캠퍼는 대체하기(Substitute), 결합하기(Combine), 조정하기(Adapt), 수정·확대·축소하기(Modify, Magnify, Minify), 다른 용도로 사용하기(Put to Other Uses), 제거하기(Eliminate), 반대로 하기, 재배열하기(Reverse, Rearrange)의 총 7가지 방법의 앞글자를 따서 SCAMPER라 명명되었다.

⊙ 스캠퍼 개념

- 대체하기(Substitute)
- 결합하기(Combine)
- 조절하기(Adjust)
- 변경·확대·축소하기(Modify, Magnify, Minify)
- 용도 바꾸기(Put to Other Uses)
- 제거하기(Eliminate)
- 역발상·재정리하기(Reverse, Rearrange)

스캠퍼는 위와 같이 7가지 방법으로 이루어져 있으며 순서에 집착하기보다는 유연하게 각 방법을 적용해보는 것이 문제 해결에 용이하다. 각 방법을 활용하기 위한 질문과 예시를 통해 스캠퍼의 개념을 살펴보기로 한다.

첫째 대체하기(Substitute)는 순서, 재료, 성분, 역할, 장소 등을 기존의 것에서 새로운 것으로 대체하는 것이다.

대체하기 질문	
	· 무엇으로 대체할 수 있을까?
	· 규칙을 바꿀 수 있을까?
	· 다른 성분으로 바꿀 수 있을까?
	· 다른 방법으로 할 수 있을까?
	· 다른 장소로 바꿀 수 있을까?

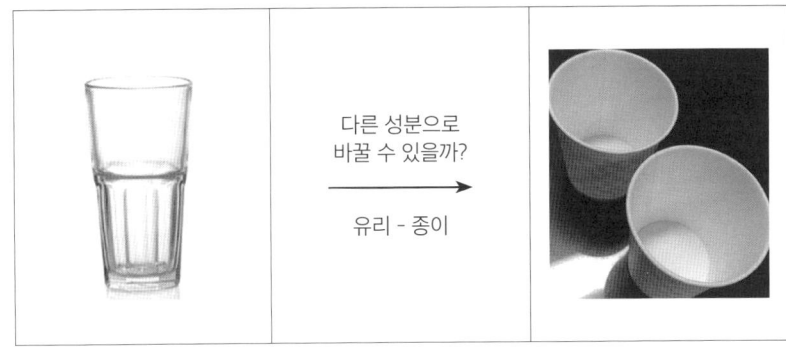

유리컵의 깨지기 쉬운 소재를 종이로 대체하여 휴대와 이용이 간편하도록 만들었다. 나무젓가락과 일회용 접시 등도 이러한 맥락으로 소재를 대체한 예이다. 이외에 채식주의자 또는 고기섭취 자제를 필요로 하는 사람들을 위해 육류를 콩으로 대체한 콩고기도 있다.

둘째 결합하기(Combine)는 두 가지 이상의 A와 B를 결합하는 것으로 제일 쉽게 실현해볼 수 있는 방법이다.

결합하기 질문	· A와 B를 조합하면 어떻게 될까?
	· 비슷한 것들끼리 결합하면 어떻게 될까?
	· 다른 목적이 결합될 수 있을까?
	· 모두 모아보면 어떻게 될까?
	· 어떤 장치들을 결합할 수 있을까?

카메라와 휴대폰, 컴퓨터를 결합한 스마트폰은 다른 목적을 가진 장치들을 결합한 것이며 프린터와 스캔, 복사 기능을 결합한 복합기도 결합하기의 예다.

셋째 조절하기(Adjust)는 모방하는 것과 관련되는데 어떠한 것을 다른 목적과 용도에 맞게 조정하거나 응용해보는 것이다.

조절하기 질문	· 이것과 비슷한 다른 것이 있을까?
	· 어떤 것을 모방할 수 있을까?
	· 이 기능을 다른 것에 적용할 수 있을까?
	· 어떤 아이디어를 응용할 수 있을까?
	· 어떤 장치들을 결합할 수 있을까?

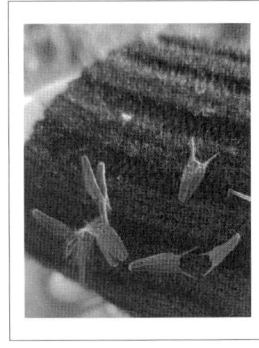 → 어떤 아이디어를 응용할 수 있을까?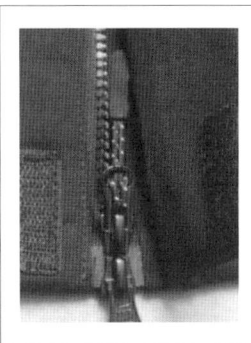

식물 씨앗이 옷에 붙는 원리를 응용한 옷에 붙는 찍찍이(벨크로), 지렛대의 원리를 응용한 손톱깎이를 예로 들 수 있다.

넷째 변경·확대·축소하기(Modify, Magnify, Minify)는 어떤 것의 모양, 색상, 세기, 특성 등을 변경하거나 확대·축소해보는 것이다.

변경·확대·축소하기 질문	· 무엇을 변경시킬 수 있을까? · 어떤 것을 확대, 축소할 수 있을까? · 순서를 변경하면 어떻게 될까? · 색, 모양을 바꾸면 어떻게 될까? · 길이, 무게를 바꾸면 어떻게 될까?

 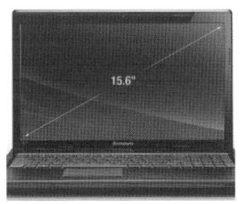 

어떤 것을 확대, 축소할 수 있을까?

컴퓨터를 축소하면 노트북이 되고, 노트북을 축소하면 스마트폰이 되며 태블릿은 스마트폰보다는 크고 노트북보다는 작아 휴대하기가 편리하다. 이처럼 어려운 기술적인 면을 적용하지 않고도 변경·확대·축소하기를 통해 태블릿은 시장에서 성공적인 결과물을 만들어냈다.

다섯째 용도 바꾸기(Put to Other Uses)는 어떠한 것의 원래 쓰임과는 다른 용도로 사용해보는 것이다.

용도 바꾸기 질문	· 다른 어떤 용도로 활용할 수 있을까? · 이것을 다른 곳에 쓰인다면 어떤 용도로 쓸 수 있을까? · 장점을 어떤 용도로 써야 극대화 할 수 있을까? · 다른 것에 적용했을 때 쓰임이 더 많은 용도는 무엇일까? · 지금 용도와는 다른 시장에 적용할 수 없을까?

  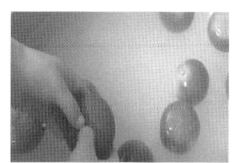

다른 어떤 용도로 활용할 수 있을까?

빵을 만드는 재료로 쓰이는 베이킹파우더는 지방산을 중화시키는 성분이 많은 천연세제로 과일을 세척하거나 빨래, 청소에 이용할 수 있다. 트럭을 개조하여 원래의 용도와는 다르게 사용하는 푸드트럭도 용도 바꾸기이다.

여섯째 제거하기(Eliminate)는 어떠한 것의 일부를 없애거나 과정 등을 생략함으로써 새로운 것을 만들어내는 것이다.

제거하기 질문	· 생략할 수 있을까?
	· 나눌 수 있을까?
	· 불편한 점을 없앨 수 있을까?
	· 무엇을 없앴을 때 더 활용적일수 있을까?
	· 어떤 과정을 생략해야 효율적일까?

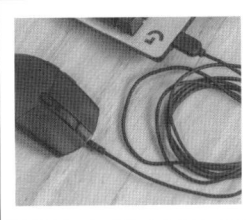

생략할 수 있을까?

불편한 점을
없앨 수 있을까?

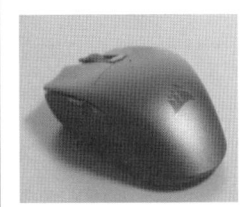

마우스의 선을 제거하여 무선마우스, 전화기의 선을 제거한 무선전화기 등을 예로 들 수 있다.

일곱째 역발상·재정리하기(Reverse, Rearrange)는 A의 위치, 순서, 기능 등을 기존과 다르게 거꾸로 해보거나 바꿔보는 것이다.

역발상·재정리하기 질문	· 거꾸로 바꿔보면 어떨까?
	· 배열을 수정하면 어떻게 될까?
	· 원인과 결과를 바꾸면 어떻게 될까?
	· 위치나 순서를 바꿀 수 있을까?
	· 위아래를 바꾸어 볼까?

거꾸로 바꿔보면
어떨까?

위치나 순서를 바꿀 수
있을까?

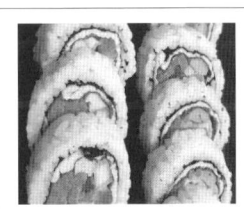

김밥에서 밥과 김의 위치를 바꾼 누드김밥, 냉동고를 아래에 배치한 냉장고 등을 예로 들 수 있다.

스캠퍼 적용 예시

	어떻게 하면 새로운 빨대를 만들 수 있을까?	
	질문	결과
S	다른 성분으로 바꿀 수 있을까?	플라스틱 대신 종이로 바꿔볼까?
C	다른 목적이 결합될 수 있을까?	스푼을 결합하면 어떨까?
A	어떤 아이디어를 응용할 수 있을까?	온도에 따라 색이 변하는 빨대를 만들 수 있을까?
M	길이를 바꾸면 어떻게 될까?	길이가 길거나 짧은 빨대를 만들어볼까?
P	다른 어떤 용도로 활용할 수 있을까?	빨대를 접으면 책갈피가 될 수는 없을까?
E	생략할 수 있을까?	빨대를 입술을 오므려 빨아들이는 과정을 없애볼까?
R	배열을 수정하면 어떻게 될까?	아래에서 위로 빨아 들이지 않고 바꿔보면 어떨까?

⊙ 스캠퍼 문제점

 창의적인 사고 기법은 현대사회에서 더욱 중요시되고 있으며 이를 위한 교수 방법도 다양하다. 그중 스캠퍼 기법은 다루기 쉽고 접근이 용이한 만큼 여러 분야에서 활용되고 있지만 스캠퍼 기법을 활용한다고 해서 혁신적인 아이디어와 제품들이 꼭 나온다고 보장할 수 없다. 창의적인 사고방식은 실체가 없지만 문제 해결의 긍정적인 결과로서는 실체가 필요하다. 사고의 실행을 위한 구체적인 계획수립이 뒷받침되어야 하며, 계속되는 연습과 학습은 물론이고 도출된 아이디어를 뒷받침할 수 있는 기술력이 반드시 필요할 것이다.

⊙ 함께 토론해봅시다

1) 이 장에서 배운 핵심아이디어는 무엇인가?

_____
_____
_____

2) 이 아이디어가 나에게 중요한 이유는 무엇인가?

_____
_____
_____

3) 이 아이디어를 근거로 가정과 직장에서 실천해야 할 행동은 무엇인가?

_____
_____
_____

4) 볼펜을 생산하는 업체가 있다. 새로운 볼펜을 만들어내고자 한다. 스캠퍼 기법을 활용하여 볼펜을 만들어보자!

어떻게 하면 새로운 볼펜을 만들 수 있을까?	
질문	결과
S	
C	
A	
M	
P	
E	
R	

참고문헌

- 김병희, 『기획의 내비게이션』, 한경사, 2011.
- 강석원, 『창의를 창의하다』, 세계와나, 2018.
- 중소벤처기업부, 『새로운 모색과 창조』, (재)한국청년기업가정신재단
- 네이버 지식백과, 「에벌의 스캠퍼 발상법」

저자소개

박스완 PARK SWAN

학력
· 우석대학교 아동복지학부 학사

경력
· 현) 스완파크 대표
· 전) 2015, 2016 중소기업진흥공단 청년창업사관학교
· 고용노동부 주관 청년창업 CEO 양성과정 우수아이템 선정 2014
· 전북대학교 LINC사업단 가족회사 수출역량강화 사업 2015
· 중소기업진흥공단 실리콘 밸리 연수단 2015

자격
· 사회복지사 1급, 가정복지사 외 다수

제11장

김건수

유대인 기업가들의 성공의 비밀

⊙세계를 이끌어가고 있는 유대민족(Jewish)

세계를 움직이는 인류 중 가장 영향력이 있는 민족이 어디인지 묻는다면 어느 민족이라고 대답을 할 것인가?

세상에는 수없이 많은 우수하고 발전된 민족들이 존재하고 있으며 과거에는 미약했으나 지금 세상의 중심이 되는 민족이 있고, 예전에는 번성하여 세계를 이끌었지만, 지금은 쇠퇴하거나 사라진 민족도 우리는 많이 찾아볼 수 있다. 그 외에 신기하게도 수천 년 동안 사라지지 않고 계속 세상의 중심으로 남아있는 몇 개의 민족들이 있는데, 필자는 이들 중 유대민족과 유대민족에서 크게 성공한 기업가에 대해 알아보려고 한다.

유대인…. 많이 들어 본 단어인데 혹시 유대인 하면 제일 먼저 떠오르는 인물은 누구일까? 전 세계적으로 현재나 과거의 인물 중에서 가장 유명한 유대인이라면 아마 이분일 것이다. ① B.C ② 동방박사 ③ 십자가 ④ 부활 이 정도 힌트를 주면 문득 생각나는 이름이 있을 것이다. 성답은 예수 그리스도다.

1) 유대인의 기원

과연 유대인은 언제부터 지구상에 존재하였는지 알아본다면 그 시작은 세계 최고의 베스트셀러인 성경, 특히 유대인들이 신성시하는 구약(TANAKH, Old Testament)에 잘 나와 있다.

유대인들은 B.C 약 4,000년부터 메소포타미아강과 티그리스강 부근(메소포타미아 문명)에서 시작하여 현재까지 6,000년 동안 활동하고 있으며, 현재 지구상에 1,500만 명이 살고 있다.

2) 유대인의 분포

그중 600만 명이 이스라엘에 거주하고 있으며 나머지 900만 명이 전 세계에 흩어져서 살고 있는데 2020년을 기준으로 세계 최강국인 미국의 경우 전 인구(2020년 기준 3억3천만 명)외 2%(650만 명)에 지나지 않는 유대인은 종교, 정치, 사상, 철학, 경제, 금융, 음악, 문학, 미술, 과학, 기술, 의학, 언론, 정보산업 등 많은 분야에서 거의 주도적인 역할을 하고 있었다.

3) 세계 최강대국인 미국에서 활동하는 유대인

이름만 들어도 고개를 끄덕일만한 미국 대기업의 CEO 중 27.5%가 유대인이다.

미국의 4대 일간지인 워싱턴 포스트, 월스트리트 저널, 로스앤젤레스타임스의 경영진과 뉴욕 타임스의 경영진 중 45%가 유대인이다. 또한, 미국의 대표적인 TV 방송망인 NBC, ABC, CBS, CNN, FOX NEWS도 경영진, 보도진이나 앵커에 유대인이 다수 포진하였고, 전 세계 학생들이 동경하는 미국의 8개 명문 사립대학들로 구성된 아이비리그(Ivy League)의 총장 및 교수진의 40%가 유대인이며, 미국 50대 영화사(유니버설, 파라마운트, 20세기폭스, MGM, 워너브라더스, 콜롬비아 등)의 제작자, 시나리오 작가, 캐스팅 담당, 감독 중 60%가 유대인이다.

4) 유대인들의 성공비법

미국의 유대인사회는 보수적인 공화당보다 민주당에 좀 더 교감하고 있으며, 미국 내에서 기업을 운영하는 기업가들은 3가지의 성공 비법을 가지고 있다.

(1) 노조운동

미국 유대인은 노조에 막강한 영향력을 가지고 있다. 미국 전국노동연맹(AFL)은 시가(Cigar) 제조업자 새뮤얼 곰퍼스(Samuel Gompers)라는 영국계 유대인이 창설했으며 초기 노조지도부의 대부분은 진보 성향을 가지고 있던 유대인들이었다.

(2) 금융

유대인은 미국뿐 아니라 전 세계 금융망을 장악하고 있다. 금융은 산업생산과 불가분의 관계이므로 금융을 통한 유대인의 산업계 장악이 매우 용이하다.

(3) 유통망

유대인은 전 세계 곡물 유통 메이저 기업 중 3개사, 대형 원유기업 중 4개사, 식품 메이저 중 3개사를 비롯해 주요 백화점과 대형 할인매장들을 소유하고 있으며 메이시스(Macy's), 블루밍데일(Bloomingdale), 니먼 마커스(Nieman Marcus), 엠포리엄(Emporium), 아이 매그닌(I Magnin) 등 미국의 대형 백화점은 유대 자본이 운영하고 있다.

코스트코(Costco), 프라이스 클럽(Price Club), 홈 디포(Home Depot) 등 대형 할인매장도 유대인이 설립했고, 커피 전문점 스타벅스(Starbucks), 아이스크림 전문점 베스킨 라빈스(Baskin Robbins)와 하겐다즈(Häagen-Dazs), 허쉬 초콜릿(Hershey), 던킨도넛(Dunkin' Donuts), 샘소나이트(Samsonite)도 유대 기업이다. 또한, 많은 IT 기업(Dell, Oracle, Unisys, Intel)들과 더불어 대단위 생산시설이 필요치는 않으나 가득률은 높은 화장품 기업인 헬레나 루빈슈타인(Helena Rubinstein), 에스티 로더(Estée Lauder), 비달 사순(Vidal Sassoon) 등과 패션 기업인 캘빈 클라인(Calvin Klein), 리바이스(Levi's), 랄프 로렌(Ralph Lauren) 등의 분야에서도 유대 자본이 주를 이루고 있다.

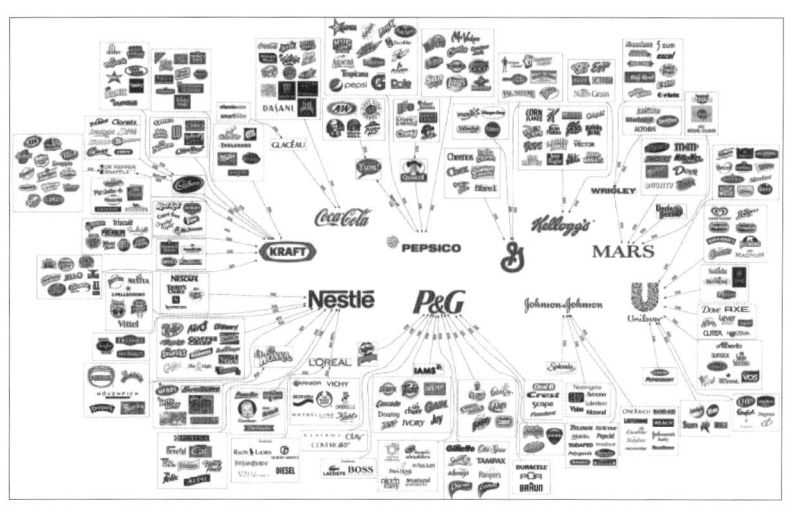

5) 유럽의 유대인들

그 외 영국과 프랑스와 같은 서유럽 주요국의 경우도 유대인이 각 분야에서 두각을 나타내고 있고, 러시아나 동구권에서도 소수지만 유대인의 정치, 경제, 언론, 학계에서의 활약은 대단하다.

6) 노벨상의 단골손님 유대인

유대인 하면 꼭 짚고 넘어가는 부분이 있는데 노벨상 수상자의 22.3%를 차지하고 있으며, 매년 가을이 되면 전 세계의 이목은 노벨상 수상자 발표에 집중되고 국제적인 석학의 최종 검증 무대로서 엄청난 권위와 무게를 지니는데 수상 심사 대상자 리스트에 포함되는 것만도 커다란 영광이다. 스웨덴 화학자이며 실업인인 알프레드 노벨(Alfred Nobel)의 유지에 의해 1901년부터 시작된 노벨상의 역사는 벌써 120년째가 되었는데 노벨상 수상자를 많이 배출하지 못한 대한민국 국민의 입장에서 유대인들의 노벨상 수상이 한편으로는 많은 부러움의 대상이면서 더 알아볼 가치가 있는 연구의 대상이라 하겠다.

⊙유대인 기업가의 성공사례

기업인들이 가장 관심을 두는 건 고객들의 소비(Consumption)이다. 물론 유대인기업가들도 마찬가지인데 좀 다른 방식으로 소비자들에게 접근하므로 여기서는 그 특별한 접근방식을 살펴보고 또 다른 유대인기업가들에 대해서도 더 알아보도록 하겠다.

아직도 소개하지 못한 수많은 유대인 기업가들이 수두룩한데 그중에서도 특히 유대인과 관련된 전문지식과 많은 정보를 함축하고 있는 인물이 있으니 그가 바로 미국의 석유왕이라 불리는 존 데이비슨 라커펠러(John Davison Rockefeller, 1839-1937)이다. 우리가 편하게 '록펠러'라고 부르는 친숙한 인물이지만 그의 자산가치를 현재로 환산하면 놀랍게도 MS의 빌 게이츠의 3배에 달한다는 인물로 역대 세계 부자 순위 1위의 사업가이다.

1) 록펠러에게 물어보다

왜 록펠러일까? 그는 유대인일까? 돈이 많아서일까? 돈 버는 방법을 많이 알아서일까? 기부를 많이 해서일까? 가정교육을 잘 받아서일까? 록펠러는 이 모든 질문에 답을 줄 수 있는 매력적인 인물이다. 그럼 록펠러를 알아보러 함께 떠나보자.

(1) 록펠러는 유대인인가?

결론부터 말하자면 유대인이 맞다.

유대인은 모계 중심이다. 이 말의 핵심은 부모가 유대인인 경우와 어머니가 유대인일 때를 혈통적으로 유대인으로 본다는 것으로 아버지 윌리엄 록펠러는 독일계 미국인이고, 어머니 엘리자 데이비슨이 유대인이었다.

그럼 유대인은 어떤 민족이며 어디에서 시작되었을까? 살펴보자면 관련 서적이 무수히 많지만, 앞에 언급한 대로 성경에 특히 잘 나와 있다(유대인이 유대교와 밀접한 관계가 있기에 종교적인 단어가 많이 나오게 됨을 미리 일러둔다).

태초의 인간인 아담의 후예 중에 '노아'라는 인물이 있다. 하나님께서 온 세상을 대홍수로 잠기게 하여 '노아의 방주'에 타고 있던 생명체(노아의 가족과 짐승들의 암수 1쌍씩)만을 남기셨을 때 노아는 셈, 함, 야벳 이렇게 아들 3형제가 있었으며 훗날 함은 아프리카인들의 조상이 되고, 야벳은 유럽인의 조상, 셈은 중동과 지중해 연안 사람들의 조상이 되었다. 여기에서 재미난 사실은 유대인도 셈의 후손이고, 수천 년이 지났어도 항상 사이가 좋지 않은 이슬람권 중동의 나라들인 사우디, 요르단, 시리아, 이라크 등도 셈으로부터 나왔다고 하며, 노아는 무슬림들도 중요하게 여기는 인물이라는 점이다.

번성하던 유대인들은 북이스라엘 왕국의 멸망(B.C. 721), 남유다 왕국의 멸망(B.C. 586)으로 인해 뿔뿔이 흩어지게 된다. 이스라엘 땅은 폐

허가 되고 노예로 끌려가거나 고향을 떠난 유대인들은 이주하여 정착하게 된 곳에서도 자신들의 규범과 관습을 유지하며 살아가는데 이를 디아스포라(Diaspora)라고 한다. 성경에 자주 나오는 문구 중 "너희가 종되었을 때(노예생활을 할 때)"처럼 항상 낮고 부족했던 때를 기억하고 먼저 살피라는 문구는 유대인 기업가들의 가슴속 깊은 곳에 자리 잡고 있는 정신 중의 하나이다.

현재 유대인을 크게 세파라드(Sepharad, 지중해 일대와 이베리아 부근에 분포하고 있는 유대인)와 아시케나지(Ashkenazi, 러시아와 동유럽에 분포하는 유대인) 이렇게 두 분류로 나누는데 전 세계 1,500만 명의 유대인 중 15% 정도인 세파라드를 혈통적인 유대인이라고 보고, 80%를 차지하는 아시케나지를 종교적인 유대인으로 해석하고 있으며, 미즈라힘(중앙아시아 유대인) 등 소수의 유대인 분파들도 존재하고 있다.

(2) 록펠러는 어떤 기업인이었을까?

여러분들은 유대인 하면 처음 떠오르는 단어는 무엇인가?

'돈'과 '경제', '부의 축적' 등과 관련된 답들이 많이 나오는데 록펠러는 특히 경영 기법에 있어서 주위의 호불호가 많이 갈리는 사업가이다. 록펠러가 태어난 시절은 미국이 무서운 속도로 초강대국의 기반을 다지기 시작하던 무렵이었고, 격동의 시기인 골드러시와 남북전쟁을 겪은 시기였다. 가정에 충실하지 못한 아버지와 독실한 신앙심을 가진 어머니 사이에서 태어난 그는 집안 형편으로 인해 고등학교를 졸업하고 작은 회사에 사무원으로 취직한다. 록펠러는 어린 시절부터 일기를 쓰는 대신 자신만의 금전출납부인 회계장부를 기록하는 습관을 갖고 있었고 매일매일의 수입과 지출, 저축과 투자금, 그리고 사업과 자선금의 내역을 한푼도 소홀히 하지 않고 작성해나갔다. 매일 저녁 그 장부를 기록하며 자신의 하루 일과를 꼼꼼히 더듬어보는 한편 다음의 수입과 지출을 따져보았다. 장부에 적힌 숫자가 그에게는 하루하루의 기록이자 반성인 셈이었고, 이는 록펠러의 성실함을 간접적으로 보여주는 부분이다.

그는 미국에서 대규모 유전이 발견되었을 때 정유업에 과감히 투자하여 막대한 재산을 갖게 되었고, 리베이트와 뇌물증여 등의 갖가지 편법을 동원해 석유 산업의 동맥인 철도를 장악하며 스탠더드 오일을 설립해 전국의 대표적인 정유 회사들을 하나하나 인수했다.

기업합동의 원조인 스탠더드 트러스트를 출범시켜 최전성기엔 미국 전체 석유 공급량의 95%를 관리하는 완전 독점을 현실에서 달성하기도 했다. 나이가 들어 은퇴할 시점에 들어서는 "내 재산은 인류의 복지를 위해 사용하라고 하느님께서 주신 것"이라 주장하며, 자선 사업가로 변신하여 록펠러 의학 연구소와 록펠러 재단 등을 설립한다. 그는 록펠러 제국의 건설자인 동시에, 가문에 막대한 '돈'과 함께 평생 따라다닐 '오명'을 함께 가져온 장본인이었다.

(3) 록펠러가 부모님께 물려받은 사업철학

가정에 불성실했던 아버지였지만 그래도 장사수완이 좋은 편이어서 교육은 혹독하게 시켰다고 하는데 심부름이나 간단한 잡일을 시켜서 그에 합당한 금액을 용돈으로 주었고, 어머니의 직장에서 일손을 거드는 식으로 노동의 과정에서 경제관념을 익히게 하였다. 믿지 못하겠지만 아버지는 성인이 된 록펠러에게 돈을 빌려준 다음 이자를 받았고 함께

사는 집에서 집세도 받아 가기도 했다고 한다.

　우리에게도 친숙한 탈무드의 '어린이용 탈무드'에 나오는 이야기 중 하나는 록펠러의 실화와도 관계가 깊다. "높은 곳에서 떨어지면 아빠가 받아 줄게"라고 말한 아버지의 말을 듣고 의심 없이 떨어지는 록펠러를 아버지는 받아주지 않았다. 그러고선 어린 록펠러에게 "아무도 믿지 말 거라. 심지어 아버지인 나조차도…"라고 했다.

　이런 아버지 때문에 록펠러가 결벽에 가까운 철두철미함을 가지게 되었다는 말도 있다.

　유대인들도 가정교육의 중심에 항상 어머니가 자리 잡고 있고, 미국에서 교육열이 높은 어머니를 일컬어 'Jewish Mom'이라고 부르기도 한다. 록펠러에게도 언제나 사랑으로 인도해주시는 유대인 출신의 어머니가 계셨다. 록펠러는 어머니의 삶과 신앙을 존경했고, 어머니의 가르침에 따라 학교에 들어가기 전부터 98세로 세상을 떠날 때까지 한 번도 빠짐 없이 온전한 십일조를 하나님에게 드렸으며 세세 최고의 부자가 된 뒤에는 수입을 정확히 하고 십일조를 계산하기 위해 별도의 십일조 전담부서에 직원을 40명이나 둘 정도였다고 한다. 록펠러는 자수성가로 부자가 되었지만, 아이들에게 자전거를 하나만 사주고 공유하게 하였고, 옷이 해지기 전에는 절대 새 옷을 사주지 않았으며 근검절약(아들과 함께 간 호텔에 대한 이야기도 유명)하는 정신을 잊지 않았다. 아이들에게 집에서 아르바이트도 시켰는데 다른 일꾼들과 똑같이 인건비를 주었다고 한다. 60세 이후의 은퇴 시기엔 프레드릭 테일러 게이츠(Frederick Taylor Gates) 목사의 조언으로 자신의 부를 소외된 이웃을 위해 아낌없이 쏟아부음(쩨다카, Tzedakah)으로써 세계인의 모범이 된 모습도 조명되고 있다.

록펠러의 어머니는 유대인이지만 독실한 기독교(침례회) 신자였고, 록펠러에게 꼭 지키도록 가르친 세 가지가 포함된 소중한 유언을 남겼는데 그 유언은 다음과 같다.

① 하나님을 친아버지로 섬겨라
② 목사님을 하나님 다음으로 섬겨라
③ **오른쪽 주머니에는 항상 십일조를 준비해라**
④ 누구도 원수를 만들지 말아라
⑤ **예배를 드릴 때는 항상 맨 앞자리에 앉아라**
⑥ 항상 아침에는 그날의 목표를 세우고, 하나님 앞에 기도를 드려라
⑦ 잠들기 전에는 반드시 하루를 반성하고 기도해라
⑧ 남을 도울 수 있을 때 힘껏 도와라
⑨ **주일 예배는 꼭 다니던 교회에 가서 드려라**
⑩ 아침에는 가장 먼저 하나님의 말씀을 읽어라

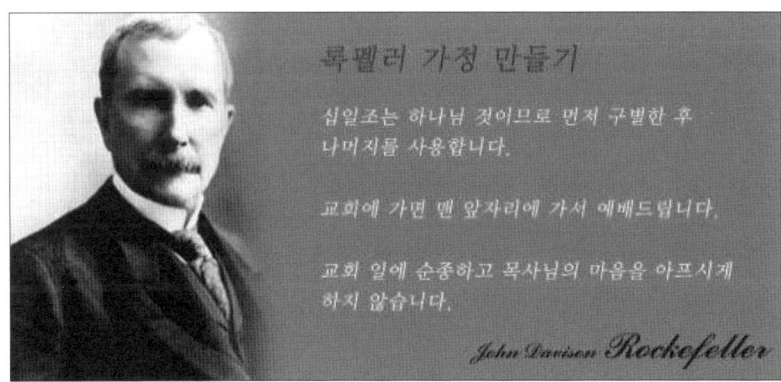

록펠러는 이 약속을 거의 지키려고 노력했다. 어머니께 물려받은 이런 굳건한 신앙이 있었기에, 록펠러가 성공할 수 있었던 건 아닐까 한다.

록펠러 외에도 1994년 노벨 물리학상을 수상한 과학자 이지도어 아이작 라비(Isidor Issac Rabi)는 위대한 성과를 거둘 수 있었던 비결이 무엇이냐는 질문에 부모님 덕분이라고 대답했다. 학창 시절 그의 부모님은 방과 후 집에 돌아온 그에게 우리나라 대개의 부모님처럼 학교에서 무엇을 배웠는지 묻지 않고 학교에서 어떤 질문을 했는지 물어봤다고 한다.

록펠러의 어머니가 남긴 유언 중 8번과 관련된 부분이 유대인들이 중요시하는 쩨다카인데, 쩨다카는 남을 돕는 행위(자선, Charity)를 의미하며, 유대인 부모들은 집안이나 벽에 일종의 저금통 격인 쩨다카 통을 걸어놓고 아이들이 어렸을 때부터 틈틈이 저금하여 남을 도울 수 있는 넉넉한 마음을 지니고 준비하도록 하였다. 그래서 성장한 후에도 자연스레 기부나 자선을 통한 실천의 삶을 살아가는 걸 기본으로 하고 있다

아울러 성경에는 농작물이나 포도를 수확할 때 어려운 이웃을 위해서 수확물의 10% 정도는 남기고 수확하라고 쓰여 있는데, 이는 현재 노블레스 오블리주(Noblesse Oblige)나 기업들이 실시하고 있는 CSR(기업의 사회적 책임활동, Corporate Social Responsibility)과 비슷한 의미를 갖고 있다.

쩨다카는 많은 걸 가지지 못하고 있더라도 할 수 있으며 꼭 돈이나 물품으로 지원하는 거 외에 어르신이나 노숙자를 위해 밥을 하고, 아프고 외로운 이웃을 찾아가고, 학교에서 자원봉사를 하는 등 각자의 시간이나 전문성을 나누는 것도 작은 의미의 쩨다카로 이 모든 기부, 소유, 나눔, 정의, 신념 등이 유대인들의 나눔의 철학이라고 본다.

(4) 10% 더 하고, 10% 더 줘라

유대인들은 어렸을 때부터 부모나 어른들로부터 여러 가지 색다른 습관을 배우는데 그중의 하나가 '10% 더'이다. 십일조와는 좀 다른 개념이라고 볼 수 있는데, 아르바이트나 일을 해도 10% 더 하고, 어른으로 성장해서 반대로 일당(?)을 줘야 하는 위치가 되면 10%를 더 주는 넉넉한 사업가로 성장의 기틀을 마련하게 되며 이는 유대인들이 사업의 성공 가도를 걷게 되는 중요한 부분을 차지한다. 남들보다 일을 좀 더 하더라도 항상 하나님께서 더 한 만큼을 30배, 60배, 100배 채워주실 거라는 믿음에서 비롯된 습관이다. 여담이지만 지금도 교회에서는 교회부지를 구입할 때 시세보다 10% 정도를 더 주고 구입하는 걸 보통의 예로 행하고 있다.

2) 유대인 기업가들의 성공을 이끄는 힘의 원천

(1) 가정교육

그럼 여기서 우리는 유대인들의 가정교육에 대해서 좀 더 살펴보고자 한다.

유대교는 타 종교와 달리 포교의 행위가 없다. 타 종교는 포교를 통해 신자들을 모집하지만, 유대교는 선택받은 민족인 '선민'으로 하나님이 주신 선물인 자손들에게 유대교를 전달하는 방식을 택하고 있으므로 이 교도들에게 굳이 전파할 필요성을 못 느낀다. 우리만이 선민이라는 배타적인 종교관은 유럽의 기독교도들에게 박해를 받게 되는 원인이 되기도 하였다.

유대인들은 종족보존을 위해 하나님께 꼭 지키겠다고 약속한 게 있는데 그게 바로 '십계명'이며, 그 외에 하나님의 말씀과 유대인들이 생활해야 할 방식, 습관, 문화 등을 후대에 잘 전달하는 방법도 4가지가 성경에 잘 나타나 있으며 그 내용은 다음과 같다.

① 쉐마(Shema)
② 테필린(Tefillin)
③ 학가다(Haggadah)
④ 하브루타(havruta)

(2) 하나님이 유대인들에게 알려준 4가지 전달법

쉐마(Shema)는 태교나 자장가처럼 부모가 자녀에게 보통 15분 이상 잔잔히 하나님 말씀과 삶에 도움되는 좋은 내용들을 자연스럽게 전달해주며 호기심을 자극해주는 것이다(아빠와 함께 밤하늘의 별에 대해 얘기 하던 꼬마는 훗날 'E.T'를 만든 영화감독(스티븐 스필버그)으로 성장하게 된 다).

테필린(Tefillin)은 손목과 이마에 가죽으로 된 작은 상자 속에 하나님 말씀이 적힌 작은 두루마리를 넣고 다니고, 집 문설주와 바깥문에도 붙여두어 그 말씀을 중요시하라는 것이며, 학가다(Haggadah)는 평소 어느 때나 하나님 말씀을 읊조리며 말씀을 이해하고 행동하라는 것이다.

그리고 요사이 우리나라의 교육계, 기업계 등 사회 전반에서 소통과 관련한 우수 프로세스로 많은 관심을 받고 있는 하브루타(Havruta)가 있는데 하브루타는 쉽게 표현하면 '아이가 부모에게 물어보고, 부모가 답하기'가 기초이다.

유대인들은 매일 '탈무드(Talmud)'를 함께 읽으며, 부모와 아이, 스승

과 학생, 친구 등과 서로 읽은 부분을 이야기하고 서로의 생각을 나누는 과정에서, 2가지 이상의 새로운 지식을 경험하게 된다(혼자 읽을 때는 알지 못하는 지식과 경험).

유대인 부모들은 아이들이 소년 성인식(바르 미츠바, Bar Mitzvah)과 소녀 성인식(바트 미츠바, Bat Mitzvah) 이전에 재능을 찾을 수 있도록 혼신의 힘을 다해 함께 하는데 그 최고의 방법이 대화와 독서이다.

탈무드에 "혼자서 배우면 바보가 된다"라는 구절이 있는데 함께 책을 읽거나 공부하는 걸 원하지 않고 혼자 하기를 좋아하고 조용하며 말 잘 듣는 아이들을 사회성이 결여된 아이로 취급하기도 한다. 책을 읽을 때도 항상 함께 읽도록 하고 꼭 읽은 내용을 질문을 통해 토론하는 습관이 몸에 자연스레 습득되기를 원한다.

읽고, 묻고, 생각하고, 답하고를 반복하는 이러한 소통하는 과정이 평생 지속되면서, 자연스레 지식이 풍부해지고, 상대방의 얘기를 들어주는 자세(경청과 배려)를 통해 상대방의 입장에서 한 번 더 생각해 볼 수 있는 역지사지(易地思之)를 키울 수 있고, 질문과 대답을 통해 어느 자리에서든 당당하게 말하고 답할 수 있는 자신감인 후츠파(Chutzpah) 정신이 강한 인물로 성장하게 된다.

(3) 안식일을 지켜라

유대인들은 지금도 매주 안식일에 앞서 금요일 저녁에 가족(많게는 3~4대가 한자리에 모임)이 모두 모여 한 주간에 있었던 일들과 지식, 정보에 대해 이야기를 나누며 소소한 일과들에 대해 서로 알아가고 조언해 주는 알찬 시간을 가지는데 집안 어른들과의 토론식 문화를 통해 아이들은 지식과 경험이 풍부해지고, 친구의 마음을 헤아릴 줄 아는 아이는 또래들로부터 인성 좋은 친구로 인정받게 된다. 이 아이들이 성장해서 입사를 하거나 사업을 하게 되어도 동료, 상사, 손님, 거래회사에서 필요로 하는 부분들을 빨리 판단하고, 행동으로 옮기기에 어디서든 소통이 가능한 유능한 인재로 인정받게 된다고 볼 수 있다.

(4) 도서관과 하브루타

미국의 정규 유대인 교육기관이며 미국의 명문대학으로 인정받는 뉴욕의 예쉬바(Yeshiva) 대학교에 가면 가장 소리가 크게 들리는 곳이 바로 도서관으로 강의나 책의 내용을 친구와 진지하고 열띤 하브루타 토론으로 대화하는데 여기저기에서 계속된 토론으로 인해 엄청난 소리가 도서관에 가득하다. 토론하는 두 친구는 서로에게 집중하기에 서로의 소리가 귀에 쏙쏙 들린다는 게 참 신기하게도 느껴진다.

우리나라 도서관에는 항상 위쪽 액자에 '정숙'이라는 단어를 쉽게 보곤 했다. 발소리나 문소리가 나지 않도록 조심조심했던 기억이 지금도 생생한데 우리나라도 많은 변화를 하고 있다고 한다.

특히 (사)전국책읽는도시협의회 회장 도시인 전북 전주시는 2020년 현재 시민 인구가 65만 정도 되는 지방의 중소도시지만 시립도서관 12개소, 공립도서관 29개소, 사립도서관 101개소 등 140여 개의 도서관이 시민들의 복지와 여가생활을 위해 운영 중이며 어린이(평화도서관 등)나 청소년(꽃심도서관 등)에 맞는 특화도서관으로 많은 도서관들이 변신 중이라고 한다.

(5) 유대인의 경전인 탈무드

우리나라 사람치고 탈무드(고대 히브리어로 '연구' '학습'을 의미. 유대교의 율법, 유대 민족의 전통적인 관습, 윤리관, 세계관, 각종 축제를 비롯한 생활 속의 대소사, 민간전승에 관한 해설을 망라한 책)라는 단어를 못 들어 본 사람은 극히 드물 것이며, 읽어보지는 못했어도 탈무드에 나오는 내용들을 조금씩은 알고 있을 것이다.

탈무드의 내용들을 살펴보면 사물을 보는 사람의 한 가지 관점이 아닌 여러 각도로 보는 다면적인 관점으로 보고 생각하는 것이 우리의 보편적인 시각과는 완전히 다르다고 본다. 유대인들은 늘 세상의 흐름과는 반대의 발상으로 비즈니스를 한다고 하므로 그들의 가치관을 접하면서 '역발상'이라고 느끼는 점들이 많을 것이다.

현재 우리가 읽고 있는 탈무드는 원래 유대인들이 읽는 탈무드와는 좀 다르다고 볼 수 있다. 인정하고 싶지는 않지만, 우리가 예전에는 중국, 현대에는 일본의 영향을 받았던 까닭으로 우리가 어렸을 적 읽던 탈무드는 지혜, 교육, 유머 이렇게 3가지로 분류된 것에 익숙한데 이는 일본에서 활동하던 마빈 토케이어(Marvin Tokayer, 와세다대학 히브리어 교수)의 영향이 크다. 전부는 아니지만 토케이어 교수가 쓴 탈무드 관련 서적들이 일본에서 건너오게 되었고 그게 우리말로 번역되었는데 그게 바로 우리에게 친숙한 탈무드이다.

그럼 원래 탈무드는 어떤 책이었을까?

간단히 말하면 탈무드는 랍비라는 존경받던 유대인 율법학자들의 귀한 말씀을 책으로 옮겨놓은 것으로 4세기 말에 편찬된『팔레스타인 탈무드』(예루살렘 탈무드라고도 함)와 6세기에 제작된『바빌로니아 탈무드』가 있다.

최초의 탈무드는 입에서 입으로 구전으로 전해지던 랍비의 말씀을 글로 옮긴 '미슈나(Mishnah)'로 구성되어 있었지만, 시간이 흘러 '미슈나'의 해석된 부분인 '게마라(Gemara)'를 포함한 탈무드가 만들어졌으며, 차후에 좀 더 쉽게 이해하도록 '라쉬(Lash)'를 추가한 탈무드가 최종본으로 보면 되고, 팔레스타인 탈무드보다 바빌로니아 탈무드를 더 중요시하고 있다.

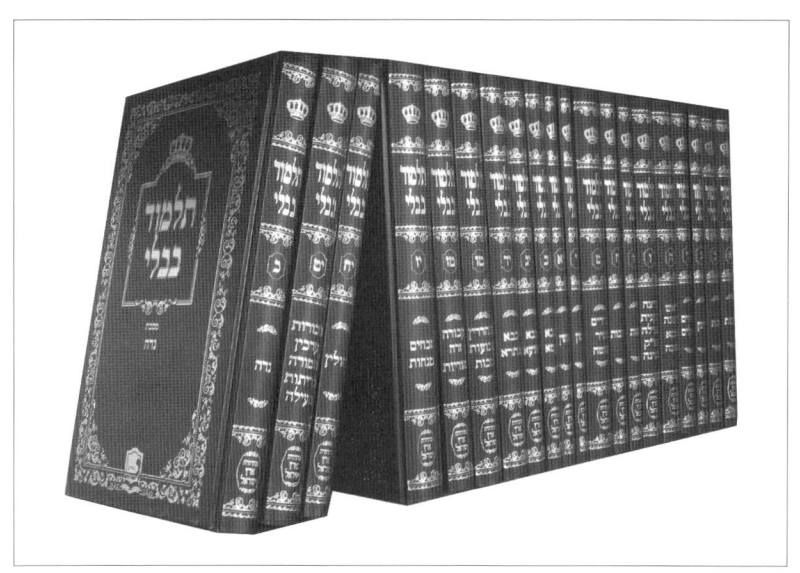

탈무드는 앞서 설명한 쩨다카에 대한 내용도 많이 포함하고 있다.

"정직한 돈이 나의 품격을 높인다"는 내용이 나오는데 진정한 의미의 사선(Charity)이란 베푸는 게 아니라 빌려주는 것으로 진짜 자선은 타인의 존엄을 지켜주는 태도에서 시작되며 탈무드는 다른 사람에게 부끄럽거나 비참한 기분이 들게 해서는 절대 안 된다고 가르친다. 누군가에게 어쩔 수 없이 돈을 베풀 때는 그냥 주기보다는 빌려주는 형식을 택하는 편이 좋다. 자선은 그저 아무런 대가를 바라지 않고 베푸는 것, 주는 것일 수도 있지만 그런 태도는 오히려 상대를 약자로 취급하고, 일어날 의지마저 꺾어버리는 행동이므로 돌려받을 생각은 하지 않더라도, 그의 존엄을 지켜주는 태도로 돕는 것이 진정한 의미의 자선인 것 같다.

유대인들은 구약과 신약을 성경으로 믿고 있는 개신교(Christianity)와는 달리 구약성경(또는 모세오경, Torah)과 탈무드를 경전으로 여기고 있는데 참고로 전혀 남처럼 느껴지는 이슬람의 무슬림들도 구약과 코란(Koran)을 경전으로 신성시하고 있다.

◉ 유대인들의 현재와 미래

1) 끝으로 록펠러에게 물어보았다. - 당신은 유대인입니까?

　꼭 짚고 넘어갈 부분이다. 반전이지만 록펠러는 유대인을 좋아하지는 않았다. 록펠러는 본인이 유대인이라는 자각은 없었지만, 혈통적으로는 유대인이었다. 록펠러의 가문은 일단 독일계 미국인이었다. 록펠러는 독실한 기독교 집안에서 나고 자랐고, 그것도 종파가 엄격한 침례회라 평생 술도 마시지 않았다. 같은 시대를 풍미했던 강철왕 카네기가 록펠러를 놀릴 때 일부러 술병을 선물했을 정도였으니 록펠러가 유대인이라는 것은 어찌 보면 맞는 말이지만 실질적으론 맞지 않을 수도 있다. 당장 그는 당시만 히더리도 제법 흔하게 반유대주의를 주장하던 침례교도로서 WASP(백인 앵글로색슨 기독교인) 계열 재벌의 대표인물이었다.

　하지만 반유대인적 성향이 강했던 록펠러도 사업확장을 위하여 당대 최고의 금융기업이며 유대인 가문인 로스차일드 가문(Rothschild Family)과 손잡을 수밖에 없었다.

　로스차일드(독일에서는 로트실트) 가문은 신성로마제국 당시 독일(프랑크푸르트 게토)에서 대대로 상업에 종사하던 집안이었는데 19세기에 접어들어 독일을 비롯한 오스트리아, 영국, 이탈리아, 프랑스 등에 은행을 설립해 유럽 전역으로 사업을 확대하여 각국의 정치와 경제에 막대한 영향력을 행사하는 금융재벌이 되었다.

　이후 유럽의 철도망 사업으로 사업을 더 키웠으며 전쟁(크림전쟁, 러일전쟁 등)과 식민지침탈에 높은 이율의 자금을 제공하여 부를 더더욱 축적하게 되었다. 20세기에 들어 차후엔 협력관계로 변모한 록펠러 가문(스탠더드오일, Standard Oil Company)과 석유사업으로 경쟁도 하였으며, 미국의 남북전쟁 때 전쟁무기 구입 자금을 요청한 링컨 대통령에게 자금지원의 대가로 유럽금융 기업자금 중심의 미국 내 중앙은행 설립을 제안했지만 거절당하며 관계가 소원해지는 계기가 됐다.

2) 유대인은 계속 존재할 수 있다고 보는가?

　록펠러처럼 엄밀히 혈통적으로는 유대인이지만 종교적으로는 유대인이 아닌 경우도 많이 볼 수 있다. 유대인은 수천 년 동안 그 명맥을 유지해왔지만, 시간이 흐르며 타민족과의 교류도 많아졌으며, 지금은 혈통적인 유대인의 숫자가 많이 줄어든 상태이다. 영화배우 엘리자베스 테일러나 마릴린 먼로처럼 타민족이나 이교도였으나 유대교로 개종하는 종교적 유대인들이 조금씩 늘어나고 있는데 오히려 유대인사회에서는 이를 반기는 추세이다. 그 이유는 여러 가지가 있지만, 출산율 감소에 따른 종족보존에 대한 두려움이 큰 이유이다.

　코로나19가 창궐한 2020년, 새로운 전염병에 대한 해결책은 백신보다 예방이고, 예방 중에서도 가장 기본은 청결이라고 보는 유대계 학자들이 많다. 제2차 세계대전 당시 유대인 강제거주지였던 게토(Ghetto)에서도 자체적인 청결한 습관 덕분에 살아남은 그들이지만 출산율 감소라는 큰 숙제를 해결하려 여러 가지 방법을 찾고 있다고 한다.

지금까지 록펠러를 통해 유대인에 대해서 알아보았다. 록펠러 외에도 페이스북(Facebook)의 창업자 마크 저커버그(Mark Elliot Zuckerburg)처럼 기업을 운영하는 데 유대인들의 운영방식을 잘 인용하고 있는 기업가들도 수두룩하며 저커버그는 직원들과의 관계도 수직이 아닌 수평적인 관계를 유지하고 업무도 일반직원과 같은 공간에서 어울려 일하기를 좋아하여 신입사원과 자유롭게 토론하기도 한다. 유대인 기업가들의 리더십은 수평적인 소통문화에서 나온다고 보며 상식이 통하는 '정의와 평등'이 기업가정신의 원리에 잘 포함되고 있다.

⊙함께 토론해봅시다

1) 이 장에서 배운 핵심아이디어는 무엇인가?

_____
_____
_____

2) 이 아이디어가 나에게 중요한 이유는 무엇인가?

_____
_____
_____

3) 이 아이디어를 근거로 가정과 직장에서 실천해야 할 행동은 무엇인가?

_____
_____
_____

4) 유대인들이 앞으로의 미래 시대에 가장 중점적으로 관심을 갖는 사항은 무엇일까?

_____
_____
_____

⦿ 하브루타를 실습해봅시다

　내가 잘 키운 감나무가 풍성히 열렸는데 3분의 1은 옆집으로 넘어가서 열렸다. 그런데 황당하게도 옆집에서는 넘어온 가지의 열매를 자기네 거라고 주장하는데, 옆집으로 넘어간 감나무 열매를 찾아올 방법은 무엇이 있을까?

_____
_____
_____

참고문헌

- 이대웅, 『십일조의 비밀을 안 최고의 부자 록펠러』, 미래사, 2012.
- 홍익희, 『13세에 완성되는 유대인 자녀교육』, 한스미디어, 2016.
- 쑤린, 『유대인의 생각공부』, 마일스톤, 2019.

저자소개

김건수 KIM GUN SOO

학력
· 우석대학교 생물공학과 학사

경력
· 현) 곰솔나무작은도서관 관장
· 전) 전주시민대학 하브루타교육 명예교수
· 현) 한국앙트레프레너연구소 연구위원
· 현) 한국퍼실리테이터연합회 정회원
· 현) 작은도서관협회 임원
· 현) 포앤디기획 대표
· 전북창직협회 이사

자격
· 하브루타 전문가

· 하브루타 독서코칭 지도사

· 독서지도사 1급

· 퍼실리테이터 전문코치

· 유튜브 영상디렉터

· 캘리그라피 지도사

· 프레디저 전문가

· 심리상담사 1급

· 전주시문화재단 마을술사

수상

· 대통령 훈장(2002)

· 전주시 으뜸자원봉사자상(2019)

제12장

김희홍

소상공인 VS 벤처기업 기업가정신

⊙창업기업의 분류

창업이란 "영리를 목적으로 개인이나 법인회사를 새로 만드는 일" 또는 "창업자가 사업 아이디어를 갖고 자원으로 사업활동을 시작하는 일"이라고 정의할 수 있다. 이러한 창업은 아래의 표와 같이 기술창업, 벤처창업, 일반창업으로 구분할 수 있다(한광식, 2019).

창업형태에 따른 분류

구분	세부내용
기술창업	기술 또는 새로운 아이디어를 가지고 새로운 시장을 창조하여 제품이나 용역을 생산·판매하는 형태의 창업을 의미한다.
벤처창업	High Risk, High Return에 충실하며 반드시 기술창업을 전제로 하지 않는다.
일반창업	기술창업이나 벤처창업에 속하지 않는 창업의 형태로써 도소매업과 일반서비스업, 생계형 소상공인 창업 등이 이에 해당한다.

⊙소상공인과 벤처기업의 법률적 근거

1) 소상공인 정의

'소상공인기본법(시행 2021.3.9., 법률 제17623호, 2020.12.8. 일부 개정)' 제2조(정의) 제1항에서 말하는 소상공인이란 '중소기업법(시행 2021.4.21. 법률 제17558호, 2020.10.20. 일부 개정)' 제2조 제2항에서 소기업 중 광업, 제조업, 건설업 및 운수업에 종사하는 상시근로자가 10명

미만이고 그 밖의 업종에 종사하는 상시근로자가 5명 미만의 요건을 모두 갖춘 자를 의미하며 중소기업은 소기업과 중기업으로 구분된다. 소기업은 중소기업 중 해당 기업이 영위하는 주된 업종별 평균 매출액 등이 '중소기업기본법 시행령' 별표 3(주된 업종별 평균 매출액 등의 소기업 규모 기준 제8조 제1항 관련)의 기준에 맞는 기업을 말하며, 중기업은 중소기업 중 소기업을 제외한 기업을 말한다.

2) 벤처기업 정의

벤처기업이라는 용어는 미국에서 기술집약적 신생기업(New Technology-based Firm: NTBF) 또는 첨단산업중소기업(High Technology Small Firm: HTSF)이라 불리고 있으며 일본에서는 벤처 비즈니스(Venture Business), 한국에서는 벤처기업(모험기업, 기술집약적 중소기업)으로 알려져 있다.

벤처기업의 정의는 연구개발이나 기술개발에 중점을 두는 기업, 소수의 핵심 창업자가 기술혁신으로 개발한 아이디어를 상업화하기 위해 설립된 기업, 위험성은 크나(High Risk) 성공할 경우 높은 기대수익(High Return)이 예상되는 기술집약형 기업으로 정의할 수 있으며 우리나라의 경우 벤처기업 육성에 관한 특별조치법 제2조의 2에 의거 '중소기업기본법' 제2조에서 벤처기업 요건을 정의하고 있다(이상석 & 고인곤, 2018).

⊙ 기업가정신의 이해

1) 기업가정신이란?

코빈(Covin)과 슬레븐(Slevin)(1990)은 기업가정신을 "사업 관련 위험 감수와 기업의 경쟁우위를 확보하기 위해 혁신과 변화를 선호하며 다른 기업과 적극적으로 경쟁하는 기업가 또는 경영진의 성향"이라고 정의하였고, 피터 드러커(Peter Drucker)는 새로운 문제나 새로운 기회에 대해 적절히 대응해나가는 경영관리의 적응 그리고 이노베이션을 경영관리하는 실천능력이라고 정의하고 있다.

2) 기업가정신의 구성요소

(1) 기업가적 구성 3요소

밀러(Miller, 1983)는 혁신성, 위험 감수성, 선제적 행동(미래 지향성 또는 진취성)이라는 기업가적 기업의 세 가지 특징(요인)을 제시하였다. 첫째, 혁신성은 기술혁신, 제품의 디자인, 시장조사, 광고활동 적극 추진, 공정혁신, 관리 관행 기법을 적극적으로 도입하려는 경영활동을 말한다(Lumpkin and Dess, 1996). 둘째, 위험 감수성은 위험에도 불구하고 기회를 포착하고 추구하는 방법이며, 불확실한 결과가 예상됨에도 불구하고 과감히 도전하려는 의지로서, 위험에 무관심하고 위험을 즐기는 정도를 의미한다. 따라서 위험 감수성은 실패로 인한 비용이 큰 사업에 대해서도 기꺼이 많은 자원을 투입할 수 있는 것을 말한다(Miller and Friesen, 1982). 셋째, 진취성은 시장 내 경쟁자에 대한 적극적인 경쟁 의지와 높은 성과를 확보하려는 의지를 보이거나, 시장 내 지위를 바꾸기 위해 경쟁 상대에 대해 직접적이고 높은 수준으로 도전하는 자세를 포함한다(Dollinger, 1995).

(2) 기업가적 구성 5요소

럼킨(Lumpkin)과 데스(Dess)(1996), 고종남(2009)은 상기한 구성 3요소인 혁신성, 위험 감수성, 진취성에 자율성(Autonomy)과 경쟁적 적극성(Competitive Aggressiveness)을 추가하여 구성요인을 다섯 가지로 제시하였다. 자율성은 조직의 관료주의를 탈피하여 새로운 가치와 아이디어를 추구하는 기업가적 독립성을 말하며, 경쟁적 적극성은 시장에서 경쟁사를 앞서기 위해 직접적이고 집중적으로 경쟁하려고 하는 성향을 말한다(한광식, 2019).

3) 기업가정신의 중요성 및 기업가정신 지수

(1) 기업가정신의 중요성

개별 경제주체로서의 기업의 활성화는 곧바로 국가 전체적인 경쟁력 강화로 직결되므로 기업들이 이러한 경제적 어려움을 극복하기 위한 여러 가지 해결책 가운데 기업가정신이 새롭게 주목을 받고 있다.

외국의 연구에 따르면 국민소득 2만 달러까지는 대기업이 국가 경제 성장의 주요 원천이 되나, 그 이상의 성장을 위해서는 튼튼한 중소기업과 기업가정신이 밑바탕이 되어야 한다고 한다(stei et al., 2004). 2008년 금융위기를 맞았던 미국이 21세기에 들어서도 경제 최강국의 지위를 유지해온 밑거름에는 끊임없이 도전하는 실리콘밸리의 기업가정신이 있었으며, 일본이 10년에 걸친 장기불황을 극복하고 새로운 도약을 시작하는 원동력은 모노츠쿠리 정신, 즉 기업인들의 장인정신이 있었기 때문이다(황보윤 외 5명, 2019).

　이렇듯 기업가정신은 각국의 장수기업에도 많은 영향을 미쳤을 것이다. '장수기업'은 장기적으로 존속하는 기업을 의미하지만 국가별 역사적 배경과 경제환경에 따라 규정이 다양하며, 대개 '100년 이상 지속한 기업'으로 정의되고 있다. 중소벤처기업부에 따르면 100년 장수기업이 가장 많은 나라는 일본으로 33,069개이며, 그다음으로 미국이 12,780개, 제조업 분야에서 가족기업이 많은 독일이 10,730개로 뒤를 잇고 있다. 반면 우리나라의 장수기업은 은행을 포함하여 8곳(두산, 동화약품, 몽고식품, 광장, 보진재, 성창기업, 신한은행, 우리은행)밖에 되지 않는다(매일경제신문, 2019.02.07).

　피터 드러커 교수는 다음 사회(Next Society)에서 기업가정신을 발휘한 세계 최고 국가는 한국이라고 했으며 1964년 1억 달러의 수출국가가 2011년 5천억 달러의 수출을 이룬 경제 기적은 한국 기업인들의 기업가정신의 성과라고 했듯이 지금부터라도 기업가정신을 발휘하는 기업이 더 많아지고 범정부 차원에서 지원을 아끼지 않는다면 100년 장수기업은 더 많이 탄생해나갈 것이다.

　다행히 중소벤처기업부 소상공인시장진흥공단에서는 백년가게 육성사업을 추진하고 있다. '백년가게'란 단일 제조업을 제외한 30년 이상 사업을 운영해온 소상공인, 소기업, 중기업 중 오래도록 고객의 꾸준한 사랑을 받아온 곳으로 중소벤처기업부에서 실시하는 평가에서 그 우수성과 성장 가능성을 높이 평가받은 가게를 말하며 2021년 2월 기준 724개가 있다.

(2) 기업가정신 지수

　기업가정신의 중요성에서 보았듯이 기업 간뿐만 아니라 국가 간에서도 그 중요성이 증폭되고 있음을 알 수 있으며 우리 국민과 기업이 힘을 모아 코로나19 사태를 극복해가는 가운데 기업을 바라보는 국민들의 사회적 인식도 개선되고 있는 것으로 나타났다. 중소벤처기업부는 글로벌기업가정신연구협회(GERA, Global Entrepreneurship Research Association)가 발표한 '2020년 글로벌 기업가정신 모니터(GEM, Global Entrepreneurship Monitor)' 조사 결과 우리나라 기업가정신 지수 순위가 전체 44개국 중 9위(5.49)로 전년 대비 6단계 수직 상승했고 특히 제품 및 시장 역동성은 2년 연속 1위를 차지했다. GEM은 1999년 런던 경영대와 미국 뱁슨대가 공동으로 기획한 '기업가정신과 국가 경제성장 간의 상관관계 분석'을 목적으로 수행하는 비영리 국제연구 프로젝트로 G7(미국, 캐나다, 영국, 프랑스, 독일, 일본, 이탈리아), 핀란드, 이스라엘, 덴마크 등 10개국이 시작해 현재 전 세계 약 50여 국가가 참여 중이다. 우리나라는 2008년부터 참여해 창업진흥원이 국내 조사를 수행하는 대표 기관으로 활동하고 있다(한국경제신문, 2021.05.06).

2019~2020년 국가별 기업가정신 지수(NECI) 순위변화

순위	국가	'19년 지수
1	스위스	6.05
2	네덜란드	6.04
3	카타르	5.91
4	중국	5.89
5	아랍에미리트	5.84
6	인도	5.80
7	대만	5.73
8	인도네시아	5.69
9	노르웨이	5.52
10	미국	5.31
11	스페인	5.24
12	요르단	5.24
13	룩셈부르크	5.17
14	캐나다	5.16
15	대한민국	5.13
·	·	·
21	영국	4.83
24	일본	4.71
·	·	·
53	푸에르토리코	3.18
54	이란	3.15
GEM 평균		4.63

순위	국가	'20년 지수
1	인도네시아	6.39
2	네덜란드	6.34
3	대만	6.06
4	인도	6.03
5	아랍에미리트	6.02
6	노르웨이	5.74
7	사우디아라비아	5.69
8	카타르	5.67
9	대한민국	5.49
10	스위스	5.39
11	이스라엘	5.33
12	미국	5.15
13	오만	5.10
14	영국	5.05
15	룩셈부르크	5.02
16	독일	4.93
17	우루과이	4.88
·	·	·
42	푸에르토리코	3.58
43	부르키나파소	3.43
44	앙골라	3.31
GEM 평균		4.69

⦿ 기업가정신과 조직성과

1) 소상공인의 기업가정신 성과

　소상공인이란 소기업 중에서도 규모가 작은 소상공업을 운영하는 사업자를 말한다. 통계청 통계자료에 의하면 2018년 말 기업 기준(국세청 사업자등록 기준)으로 우리나라 전체 사업자 수 664만 개 중 소상공인 사업체 수는 620만 개로 93.4%를 차지하고 있고, 전체 종사자 수 2,059만 명 중 소상공인 종사자 수는 897만 명으로 43.6%를 차지하고 있으며, 전체 매출액 5,491조 원 중 소상공인 매출액은 921조로 16.8%를 차지한 것으로 보아 소상공인이 우리나라 사회·경제적으로 매우 큰 비중을 차지하는 반면, 아래 표에서 보는 바와 같이, 전체 산업의 창업 후 생존율은 높지 않는데, 소상공인이 차지하는 비중이 높은 도매 및 소매업과 숙박업 및 음식점업의 생존율은 전체보다 훨씬 낮게 나타났다. 이를 통해 소상공인의 사업체가 지속가능 성장하기가 쉽지 않다는 것을 알 수 있다.

2018년 산업별 생존기업 생존율(%)

산업별	1년 생존율	3년 생존율	5년 생존율	7년 생존율
전체	63.7	44.7	31.2	22.8
도매 및 소매업	59.5	40.0	27.9	20.2
숙박업 및 음식점업	62.2	34.2	20.5	13.2

특히 코로나19의 확산으로 대부분의 소상공인 사업체는 방문고객 수 감소와 매출액 급감으로 인해 경제적으로 크나큰 타격을 받고 있는데 근본적인 극복방안은 없는 것일까? 조지워싱턴대학교 아이먼 타라비쉬(Ayman Tarabishy) 교수는 최근 국내 언론사와의 인터뷰에서 "코로나로 인해 불확실성이 커진 상황에서 가장 직격탄을 맞은 이들이 소상공인이나 중소기업인데, 소상공인이나 중소기업 경영자들에게 현재 가장 필요한 것이 바로 기업가정신(Entrepreneurship)"이라고 말했으며 "기업가정신은 실패를 두려워하지 않고, 도전하고 자기 주도적으로 생각하고 행동할 수 있는 기반이기 때문에 지금의 위기를 극복하는 데 꼭 하나의 마

법이 있다면 그것이 바로 기업가정신이며, 소상공인 비즈니스는 전문지식이나 빠른 실행력보다는 기업가정신이 있으면 위기를 돌파할 수 있다"라고 인터뷰했다(시사저널, 2020.05.08.).

소상공인의 기업가정신이 경쟁전략과 기업성과에 미치는 영향(채정협 & 이호택, 2020)의 연구 결과에 의하면 기업가정신(혁신성, 위험 감수성, 진취성)은 소상공인들이 소비자의 니즈를 파악하고, 가격경쟁력 확보를 위한 원가절감의 새로운 공정과 관리기법을 적극적으로 도입하여 재무적 성과(매출액, 당기순이익, 자기자본이익률 등)가 창출된 것으로 나타나며, 경쟁업체를 파악하여 차별화된 상품(서비스)을 개발 및 판매하고 경쟁업체에서 제공하지 않는 고객서비스를 제공하면 시장을 선점하여 비재무적 성과(고객 성과: 고객만족도, 고객유지율, 신규고객 비율 등)가 창출되는 것으로 나타났다.

2) 벤처기업의 기업가정신 성과

기술혁신 지원제도가 벤처기업의 기업가정신과 기술혁신성과에 미치는 영향에 관한 연구(전대열 & 윤현덕, 2011) 결과에 의하면, "기업가정신(혁신성, 위험 감수성, 진취성)은 벤처기업의 기술혁신성과에 영향을 미친다"라고 정의하고 있으며 많은 선행연구에서도 기업가정신이 기업성과에 영향을 미친다는 것을 증명하였고(Zahra & Covin, 1995) 역시 기업가정신과 조직성과 간에는 정(+)의 관계가 있음을 증명하였다. 자흐라(Zahra)(1991)는 기업가정신과 조직성과 간의 관계를 실증적으로 검증하기 위해 환경변인, 전략변인, 조직변인의 복합적인 관계가 기업가정신에 영향을 미칠 것이란 가정을 세워 실증연구를 검증하였으며 국내에서도 김종관(1994)은 기업가정신과 조직성과(순이익증가율, 종업원의 사기와 복지, 매출증가율 등)에 유의적인 영향을 미치고 있음을 실증연구를 통해 제시하였고, 이재훈·이정호·윤정현(2007)은 기업가정신과 조직성과 간에는 정의 관계가 있고, 기업가정신이 높을수록 조직성과가 강화된다고 하였다.

⊙ 기업가정신의 특성 및 사례

1) 소상공인과 벤처기업 기업가정신의 행동적 특성

지금까지 창업기업의 분류, 소상공인과 벤처기업의 정의, 기업가정신의 이해를 통해 기업가정신이 조직성과에 미치는 영향이 매우 크다는 것을 살펴보았다. 그러나 생계형인 도소매업, 음식점 및 숙박업, 일반 서비스업에서 소상공인의 기업가정신과 기술을 필요로 하는 제조업의 중소기업 기업가정신, 벤처기업의 기업가정신의 행동적 특성은 분명 차이가 있을 것이다. 지금까지 산업현장에서 컨설팅하면서 경험했던 내용을 토대로 아래 표를 정리하였다.

소상공인과 벤처기업의 기업가정신의 행동적 특성

구 분	소상공인	벤처기업
혁신성	새로운 상품, 서비스, 프로세스 점진적 혁신	새로운 상품, 서비스, 프로세스 창조적 파괴
위험 감수성	현실 안주, 적절한 모험심	High Risk, High Return

진취성	사업의 현재가치 역점	사업의 미래가치 역점
자율성	사업관리 능력 중심	성과창출 능력 지향
경쟁적 적극성	새로운 틈새시장 탐색 (소극적 투자)	경쟁자와의 치열한 경쟁 (과감한 투자)

2) 성공인의 기업가정신 사례연구

(1) 소상공인 기업가정신

점포 개요	
점포명(대표)	푸른청과(윤혁)
창업연도	1970년도
소재지	서울시 동작구 상도 3동(성대전통시장 내)
특징	가업승계(어머니→아들), 점포 창업 50주년

① 혁신성: 스마트 '장봄시스템'을 도입한 스마트한 사업가

코로나19 펜데믹으로 인하여 방문고객 수 감소와 매출액 급감으로 경제적 어려움을 조기에 해결할 수 있는 방안을 찾지 않으면 생존할 수 없다는 절박함이 스마트 장봄시스템을 개발하는 계기가 되었으며 고객이 점포에 방문하지 않고 집에서도 온라인으로 주문하면 배달이 되고, 마일리지와 포인트 적립 등 고객관리가 가능하다. 그리고 자동적으로 축적된 고객 데이터를 활용하여 재구매 마케팅까지 할 수 있어 백화점, 대형슈퍼 등 타 판매채널과의 경쟁에서도 손색이 없는 시스템이다. 현재는 마케팅 홍보 등을 통한 라이브커머스 운영 등으로 매출액 증대에도 많은 도움이 되고 있고 코로나19로 인하여 변화된 소비의 형태에도 대응할 수 있어 1석 3조의 효과를 발휘하는 효자 노릇을 톡톡히 하고 있

다. 이는 윤 사장의 미래 소비 트렌드를 예측하는 혁신적 사고와 실행력이 없었다면 힘들었을 것이다.

② 위험 감수성: '좋은 청과'만을 고집하며 재고의 위험도 감수

'좋은 청과'는 무엇일까? 윤 사장의 기준은 간단하다. "예쁘고 맛있으면 좋은 청과"라고 말한다. 청과에도 등급이 있다. '못 생기고 가격이 저렴하면 저등급' 상품이다. 좋은 청과는 그만큼 생산자의 정직한 땀과 진실한 노력의 결정체이며 좋은 청과의 특성상 제때에 팔리지 않으면 손실 또한 그만큼 크지만, 그 위험을 감수하면서까지 고객을 위해 고집하는 이유가 여기에 있다고 한다. 좋은 청과를 제공하는 고객에 대한 배려야말로 위험을 회피할 수 있는 전략 중 전략이라고 하며 이것이 고객에 대한 윤 사장의 사업 철학이 묻어나는 대목이다. 그는 좋은 청과 확보를 위해 계절마다 산지를 직접 찾아다니고 있다.

③ 신취심: 미래 지향적인 신상품 지속 발굴로 틈새시장 공략

현재의 청과사업에 안주하지 않고 미래의 먹거리를 위해 제품 다각화를 통한 틈새시장 공략에도 많은 시간을 할애하고 있다. 성대전통시장의 상징은 '복숭아'로 상도동은 조선 시대 옛 지명인 '성도화리(成桃花里)'에서 유래되었는데 지금도 지역 곳곳에 복숭아 관련 스토리가 많이 전해오고 있으며 윤 사장은 복숭아 브랜드 홍보를 강화하고 상품의 구색을 맞추기 위해 '복숭아 와인'을 OEM 방식으로 생산하여 판매하고 있고, 도농 상생을 위해 '햇사레 복숭아' 영농조합과 MOU(업무제휴)를 체결하여 생산자와 소비자가 상생하는 문화를 구축하고 있다.

④ 자율성: 자발적인 행동과 책임감으로 시장 상인회 조직화

가업승계로 50년 동안 가게를 운영하는 데 만족하지 않고, 아무도 관심을 갖지 않는 상인회를 홀로 조직화하며 2015년에는 인정시장으로 등록까지 마쳤다. 코로나 시대를 극복하기 위해선 '상인 바뀌어야 시장이 변한다'라는 마인드로 상인역량 강화에 집중하면서 함께 더불어 잘 사는 시장을 만들기 위해 남들이 하기 싫어하는 상인회장의 직무를 맡아 현재까지도 묵묵하게 수행하고 있으며 복지 사각지대에 놓여있는 지역 어르신을 대상으로 '월간 나눔행사'를 실행하고 있다.

⑤ 경쟁적 적극성: 고객 제일주의 정신

나의 최고의 경쟁자는 '고객'으로 최우선 점포 운영전략이 '고객만족경영'이다. 4차 산업혁명의 하나인 빅데이터 활용을 통한 단골 고객화를 위해 스마트 장봄시스템을 도입하였으며 이전에는 노트에 고객정보를 적어 관리해왔지만, 이제는 장봄시스템(CRM, 고객관계관리)에 고객을 등록한 후 상품 할인 행사, 시장 체험행사 등 고객들이 가장 필요한 정보를 신속하게 제공하여 고객들에게 사랑받고 있다. 고객이 없는 점포는 사상누각이고 팥 없는 찐빵이다. 고객 10-10-10의 법칙에 따르면 신규고객을 만들기 위해선 10달러가 소요되고, 불만족으로 고객이 이탈하는 데 걸리는 시간은 단 10초, 이탈고객을 다시 고객화하는 데는 10년이 걸린다고 하니 고객관리가 얼마나 중요한지 알 수 있다. 윤 사장은 오늘도 고객만족경영을 지속 실천하고, 고객서비스 역량 강화를 위한 자기계발에 많은 시간을 할애하고 있다.

(2) 일반 중소기업 기업가정신

기업 개요	
기업명(대표)	덕산정보통신(주)(양희종)
창업연도	1987년도
소재지	인천광역시 부평구 길주로 633, 801호
특징	경영혁신형 중소기업, 창립 34주년, 가족친화기업

① 혁신성: 일신우일신 마인드로 실행에 역점을 두는 혁신가

1987년 창립되어 통신공사업을 개시한 이후 지속적인 혁신을 추진하면서 품질 우선의 고객 만족, 신뢰기반의 동반성장, 미래의 꿈을 함께 하는 ICT 선도기업으로 성장해왔다. ISO 9001 인증, ISO 14001 인증, 가족친화기업 인증, 특허증 3개, 실용신안등록증 2개로 경영혁신형 중소기업으로 인정받고 있는 기업이다. 이는 양 대표의 미래를 내다보는 긴 안목과 늘 새롭게 변신하는 혁신적 마인드가 없었다면 불가능했을 것이다.

② 위험 감수성: ESG 경영으로 백년기업 도약을 꿈꾸는 도전가

존경받는 백년기업으로 도약하기 위해서는 향후에 발생할 수 있는 위험(Risk)요소를 인지하고 대응방안을 구해야만 한다. 기업의 전통적 방식은 재무적 성과에 초점이 맞춰져 있었다. 하지만 기업규모가 커질수록 이해관계자들로부터 요구되는 기대수준과 기업의 지속가능성이 중요시되며 전략적 사고로 ESG(E: Environment(환경보호), S: Social(사회공헌), G: Governance(윤리경영))가 뜨거운 화두로 부상했다. 양 대표는 '기업의 지속가능성(Sustainability)을 달성하기 위해선 ESG와 같은 비재

무적 가치의 중요성이 증가할 것이다'라고 예측하고 대표가 직접 챙기며 진두지휘를 하고 있다. 이 회사에서 ESG를 준비하고 있는 내용을 좀 더 세부적으로 살펴보면 첫째, 환경 분야에서는 신사업인 ESCO 같은 사업을 더 크게 확장해가면서 친환경 기업으로 자리매김하고 있다. 둘째, 사회 측면에서는 지역사회와의 협력관계를 유지하면서 책임경영을 다 하고 장학사업, 불우이웃돕기, 지역사회 발전 기부 등에 참여하여 지역주민과 함께 성장하는 기업으로 사회적 역할을 다하고 있으며 지역에 있는 대학들과 산학협력을 통해 취업과 창업지원 및 기술사업화 추진 등에도 힘쓰고 있다. 마지막으로 지배구조 측면에서는 환경과 사회 가치를 기업이 실현할 수 있도록 윤리경영을 실천하고 있는데 그 실행방안으로 신뢰도 높이기 위해 전 조직원들에게 뇌물이나 부패를 방지하고 로비 및 정치기부금 활동에서 기업윤리를 준수할 수 있도록 공정한 거래 질서유지와 임직원의 기본자세를 확립을 강조하고 있다. 윤리경영을 실천함으로써 높은 지배구조 가치를 확보하고 있는 것이다.

③ 진취성: 미래의 꿈을 실현해가는 개척자 정신의 사업가

IT 사업(정보통신 인프라, 건설업, 네트워크)을 바탕으로 지속적인 사업의 다각화를 추진하고 있다. 4차 산업혁명 시대에 대응하기 위해 현실에 안주하지 않고 신사업인 LTE 사업(국가재난안전통신망(PS-LTE) 구축, 철도통합우선망(LTE-M) 구축), ESCO 사업(ESS 구축, 태양광 발전설비구축, 에너지효율 개선(LED) 조명교체), SI 사업(지능형 교통관리시스템(ITS), 방범/보안시스템)으로 확장해나가고 있고, 해외사업 진출과 신기술 연구개발 분야에도 투자와 육성을 집중하고 있다. 회사는 양 대표의 미래

를 개척하는 프론티어 정신을 통해 미래의 꿈이 현실로 만들 수 있을 것이다.

④ 자율성: 권한 위임으로 책임경영을 실천하는 경영자

회사의 조직도를 보면 NCS(국가직무능력표준)를 기반으로 한 역할과 책임(R&R: Role & Responsibility)이 명확하게 업무로 분할되어 있으며 이를 통해 권한위임(Empowerment: 힘 실어주기, 권리 강화, 권한 위임, 권한 위양)이 매우 잘 되어 있음을 알 수 있다. 특히 CEO와 COO의 책임과 권한이 명확한데 이는 업무 프로세스가 시스템적으로 잘 돌아간다는 증거일 것이다. 미국 노스웨스턴대학 마케팅 교수 필립 코틀러(Philip Kotler)는 중국 속담을 인용하여 임파워먼트의 핵심을 잘 설명하고 있다. "내게 말해보라. 그러면 잊어버릴 것이다. 내게 보여주라, 그러면 기억할지도 모른다. 나를 참여시켜라. 그러면 이해할 것이다." 그리고 하버드 경영대학 교수 존 코터(John P. Kotter)는 "변화속도가 점점 빨라지고 있는 세상에서 사람들이 권한을 넓혀줌으로써 그들을 더욱 강하게 만드는 것은 매우 중요한 과업"이라며 "용기를 잃고 모든 권한을 빼앗긴 직원들은 무한경쟁의 경제환경 속에서 자기 회사를 절대로 승리자로 만들 수 없다"고 말한다. 맞는 이야기이다. 권한 위임은 회사와 조직원간 신뢰성을 확보했기 때문에 할 수 있으며 신뢰성을 확보하기 위해서는 조직원이 선행적으로 전문가적 역량과 좋은 성품을 갖추어야 한다. 양 대표의 자신감과 열린 마음이 권한을 위임하는 조직을 만들었고, 신명 나는 일터를 만들어가는 것이다.

⑤ 경쟁적 적극성: 고객감동경영을 최우선시하는 기업가

회사 대표는 "내부고객을 감동시켜야 외부고객을 감동시킬 수 있다"라고 일관성 있게 말하고 있으며 이를 실천하기 위해 기업의 이익을 내부고객 및 외부고객과 함께 공유하고 있다. 취업전문기업인 '사람인' 정보에 의하면 이 기업은 2019년 기준 종업원 평균임금이 4,368만 원으로 동종업종 평균대비 23.7% 높은 수준이고, 입사해야 하는 이유로 저녁 있는 삶을 위해 야근을 강요하지 않는 기업, 든든하게 점심을 제공하는 기업, 작은 쉼표, 휴게실, 배려룸을 제공하는 기업이라고 말하고 있으나 무엇보다 중요하게 역점을 두고 있는 것은 안전보건경영이다. 안전제일! 안전사고 없는 것이 최고의 품질달성이라는 목표의식으로 근로자들 스스로가 평소 안전의식을 생활화하여 근로자의 생명보호 및 안전보건으로 산업재해 근절을 추진하고 있으며 전기·통신·소방 및 설계·감리 등 모든 공사의 품질경영시스템과 은폐·은둔 공정업체 관리로 부실시공방지, 시설공사의 책임실명제 실시, 내부품질검사를 통한 시공품질의 정립 등 품질경영으로 외부 고객들의 만족도가 점점 높아지고 있다.

(3) 벤처기업 기업가정신

기업 개요	
기업명(대표)	더케이플랫폼(이욱)
창업연도	2016년도
소재지	서울특별시 마포구 성암로 189, 해외법인: 베트남
특징	스타트업, 에듀테크, 학습방법론, 학습솔루션

① 혁신성: 교육의 패러다임을 확! 바꾼 교육 전문가

2016년 회사 창립 당시의 "교육의 중심은 학생이다"가 대표가 강조하는 일성이다. 교육의 본질은 '입시'의 기술을 가르치는 것이 될 수 없으며 현재의 교육은 모든 학생들이 보편적인 교육서비스를 받기보다는 경쟁에서 살아남기 위한 입시 위주의 교육으로 모든 학생에게 좋은 질의 서비스를 제공하기보다 선택된 학생들에게 '입시기술'을 가르쳐주는 '공급자 중심의 교육시장'이다. 이 기업은 이를 '학생이 교육의 중심이 되는 교육'으로 바꾸겠다는 미션을 가지고 함께 즐거운 교육 세상을 만들고 있으며 '공급자 중심의 수동적 학습방법론'에서 '수요자 중심의 능동적 학습방법론'으로 전환하는 것이 회사가 추구하고자 하는 비전이다.

② 위험 감수성: 과감하게 스타트업을 창업한 모험가

이 대표는 우리나라 최고 대학인 S대 천연섬유학과를 졸업한 후, 유명 교육업체에 입사하여 임원의 자리까지 올랐으나 이렇게 좋고 안정된 자리를 박차고 스타트업을 창업하여 벤처기업가로 변신한 것 자체가 위험을 감수하는 모험심이 없었다면 불가능했을 것이다. 성공한 벤처기업가가 되기 위해 기본부터 착실히 다졌으며 인큐베이터 교육, 엑셀러레이팅 프로그램 수료, 창업지원과 R&D 사업 등 정부지원을 받았고 벤처기업으로 등록한 다음 시드 머니(Seed Money) 투자도 받았다. 여느 벤처기업과 마찬가지로 창업 후 많은 어려움도 있었지만, 최근 1년을 생존(Survival) 기간으로 정하고 수학학원과 프리미엄 스터디센터 사업 운영으로 7개월 만에 BEP(손익분기점)를 달성하여 점차 안정적으로 기업을 경영하고 있다.

③ 진취성: 베트남 시장 개척으로 미래를 꿈꾸는 사업가

2019년에 NIPA 주관인 Rising X 프로그램에 선정되어 베트남 시장 조사와 투자자 미팅, IR 기회가 있었던 것을 계기로 2019년 말에 법인 설립을 하고 2020년 2월에 베트남 법인을 설립하여 직접 운영하고 있다. 베트남의 교육시장 조사 결과에 의하면 학령인구가 16,500,000명, 학교는 26,000개, 대학교 235개, 대학 진학률 35.8%, 사교육 참여율 76.7%, GDP 대비 사교육비 21%(대도시 약 40%)이다. 더케이플랫폼의 사업 시장 규모(Market Size)는 1.68조 원으로 추정하고 있으며 베트남 교육시장은 급속히 성장하고 있기 때문에 기회가 더 많을 것이고 이를 기반으로 동남아 시장 진출을 계획하고 있다. 모 그룹 회장의 어록 중 "세상은 넓고 할 일은 많다"라는 말이 새삼 가슴에 와 닿는다.

④ 자율성: 성공 창업팀 구성으로 마켓 기회를 살리는 경영자

스타트업에서는 창업자보다 나은 사람을 채용해야 한다는 것이 매우 중요하며 성공 창업팀의 특성을 통해 살펴보면 창업자가 리더십과 소통 능력을 가지고 기업문화와 조직을 구축하며, 역경을 잘 이겨내고, 남보다 빠르게 잘 배우고, 도덕성, 신뢰성, 정직성을 갖추어야 한다(황보윤 외 5명, 2020).

더케이플랫폼의 팀 구성을 보면 인원은 적지만 일당백을 할 수 있는 전문가적 역량과 좋은 성품을 소유한 인재들로 구성되어 있기 때문에 자율성을 바탕으로 사업을 추진할 수 있다.

⑤ 경쟁적 적극성: 고객 니즈에 반걸음 앞서가는 행복 전도사

회사의 경쟁력은 "고객으로부터 나온다"는 것이 대표의 철학이다. 그러려면 고객 니즈(문제점)를 파악하고 해결방안을 제시하는 것이 경쟁력을 확보하는 지름길이다. 회사는 현재 교육의 문제점을 교사중심의 시스템이라 보고 첫째, 방과후 학교와 과외의 비체계성(학교 교육의 방과 후 학교와 가정 과외 성황, 수업의 질과 환경 열악, 본 수업을 소홀히 하는 도덕적 해이(Moral Hazard)), 둘째, 학원 집체교육의 획일성(강의 위주 주입식 교육, 반복적 문제풀이, 교재와 콘텐츠 등 강사의 비체계성, 개인 맞춤화 서비스 불가), 마지막으로 이러닝의 일방향성(일방향 강의, 학습 이해관리 불가, 상호작용, 학습 흥미 및 집중도 저하)으로 파악하였다. 이에 고객의 니즈에 맞는 해결책으로 'Hybrid O2O' 학습플랫폼을 통해 개인 맞춤화 교육의 요소를 융합하는 모델을 만들어가고 있다. 즉, 튜터링 교육서비스, 프리미엄 스터디센터 운영, 에듀테크(이러닝, 문제은행, 진단·퀴즈) 솔루션을 제공해야 한다고 역설하고 있다. 문제점을 아는 순간 문제가 될 수 없다.

참고문헌

- 이상석·고인곤, 『기업가정신과 창업』, 학현사, 2018.
- 한광식, 『창업과 기업가정신』, 이프레스, 2019.
- 김영수, 『기업가정신: 이론과 실천』, 학현사, 2019.
- 박무일 외 2명, 『4차 산업혁명 시대의 기술창업과 기업가정신』, 탑북스, 2019.
- 황보윤 외 5명, 『기업가정신과 창업』, 이프레스, 2019.
- 정창화 외 4명, 『창업의 이해』, 창민사, 2019.
- 김진수 외 4명, 『4차 산업혁명 시대의 기술창업론』, 탑북스, 2019.
- 채경협·이호택, 「소상공인의 기업가정신이 경쟁전략과 기업성과에 미치는 영향」, 『경영 컨설팅 연구』, 제20권 제4호 통권 제67호, 2020.
- 전대열·윤현덕, 「기술혁신지원제도가 벤처기업의 기업가정신과 기술혁신에 미치는 영향에 관한 연구」, 『한국창업학회지』, 제6권 제3호, 2011.
- 김순태, 「기고: 자영업 경영과 기업가정신」, 『경인일보』, 2018.
- 민경진, 「기업가정신지수」, 『한국경제신문』, 2021.
- 서찬동, 「100년 이상 장수기업…한국. 은행 포함 8곳 불과」, 『매일경제신문』, 2019.02.07.

저자소개

김희홍 KIM HEE HONG

학력
· 성균관대학교 경영대학원 경영학 석사

경력
· 현) 광주대학교 부동산금융학과 교수
· 전통시장 문화관광형시장 육성사업단장
· H&컨설팅파트너즈(주) 대표이사
· 교보생명 AM/GFP 사업단장, 본사팀장

자격
· 경영지도사(중소벤처기업부)
· 상권육성전문인력(소상공인시장진흥공단)
· 창업보육전문매니저(한국창업보육협회)
· 공공기관면접관(KCA)

저서

· 『전통시장 상인비결(남성사계시장 업종별 상인 역량강화교육)』 (공저)

수상

· 표창장: 국회 상임위원장상(2018)
· 표창장: 서울시 동작구청장(2020)

제13장

양석균

성공창업 경영전략과 기업가정신

⊙ 들어가며

창업, 창업 열풍 기록, 무인창업, 1인창업, 청년창업, 시니어창업, 여성창업, 요식업창업, 무자본창업, 소자본창업, 온라인창업 등 요즘 창업과 관련한 키워드를 인터넷에서 검색해보면 그 열기가 어느 정도인지 잘 알 수가 있다.

투잡으로 추가소득을 얻고 싶어 시작하였다가 아예 본업으로 전환에 성공한 사람들도 있고, 그 반대의 상황도 있는 등 창업의 성공 및 실패의 사연도 다양하다.

요즈음 아날로그 시대에서 디지털 시대로 전환된 이후 예전보다 손쉽게 온라인 창업이 가능한 여건 등으로 인해 다양한 분야에서 다양하게 창업을 시작할 수 있게 되었다.

그러나 과연 얼마나 이익을 창출하며 유지를 할 수 있을까? 무수히 많은 신규 창업자들이 생겨나고 그중 상당수가 얼마 가지 못하고 사라지는 상황 속에서 예비 창업자들은 어떻게, 어떠한 준비를 하여야 할까? 그리고 어떻게 계속기업으로 영속하며 성장, 발전할 수 있을까?

이에 대한 자문자답을 하여볼 필요가 있다.

⊙ 순조로운 창업 론칭, 어떻게 준비하여야 하나?

오늘날의 사회 환경변화에 따른 변화의 물결은 창업시장에서도 그 트렌드 변화가 너무나도 빠른 만큼 기술창업이든, 일반 아이디어창업이든 어떻게 순조로운 론칭 전략에서부터 지속 가능한 영속기업으로 성장, 발전시킬 것인가에 대한 자문자답을 해볼 필요가 있다.

특허받은 아이템과 기술, 어느 정도의 자금이 마련되어 있으면, '이제 창업 준비가 갖춰졌으므로 바로 시작해볼까?' 그렇게 생각해볼 수도 있겠다.

그러나 순조롭고 성공적인 사업 론칭과 성장 발전을 위하여는 그보다 더 세부적으로 검토해보아야 하며 부족한 점들이 여러 가지 있음을 간과해서는 창업의 문턱에서 좌절의 쓴맛을 볼 수가 있다. 성공적 창업을 위하여는 하나하나 착실한 준비가 필수적이다. 성공창업을 위한 프로세스를 아래와 같이 도식화해보았다.

성공창업을 위한 프로세스

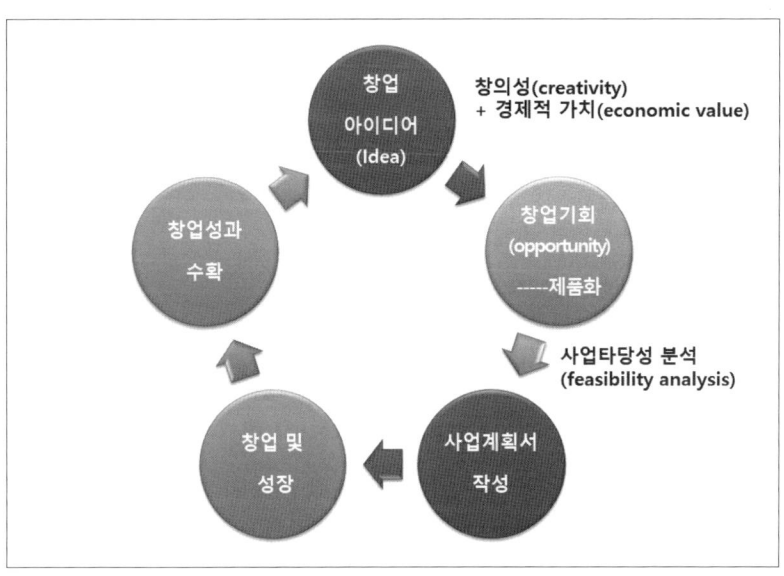

창업단계 이전까지의 구체적인 단계의 의미는 과연 이 제품 내지는 서비스가 얼마나 창의성이 있으며 경제적인 가치가 있는가에 대한 검증을 고객 입장에서 철저하게 분석을 하여야 한다는 점이다. 그리고 사업 투자수익이 일정 기간 내에 얼마나 날 수 있는지를 수치화하여 철저하게 계산해보아야 하며 그렇게 된 이후 창업을 위한 세부 실행계획을 수립하여 창업에 착수하여야 한다. 보다 더 구체적으로 설명하면 아래와 같다.

1) 제품(서비스)의 시장 매력도

제품(서비스) 부분에서 창업하고자 하는 아이템 또는 서비스가 제대로 작동하는가, 많은 고객이 구매하기를 원하는 제품(서비스)인가, 기존 제품(서비스)에 비하여 차별화된 부분이 얼마나 있는가 등 창업아이템에 대한 차별성이 무엇인지를 명확하게 설명하여줄 수 있어야 한다.

산업환경 및 시장 환경에서 구매 매력에 대한 잠재력 정도와 충분한 경쟁력을 포함하고 있는지가 중요하며 아무리 훌륭한 제품(서비스)이어도 시장 및 고객 매력도가 없으면 아무런 소용이 없다. 그러한 사유로 인하여 많은 특허 제품(서비스)들이 그저 특허로서 수명을 다하고 있는 경우가 다반사인 반면에 시장 고객 선호도에서 우위를 점하면 그 제품이 아무리 가격이 높아도 창업아이템은 성공할 소지가 충분히 있다는 점이다.

2) 창업자의 경영이념체계, 역량 및 창업적합도

또 중요한 부분은 창업자의 창업경영이념, 역량 및 창업자 자신의 적합도 등이다. 창업하고자 하는 아이템 내지는 서비스의 차별성 이외에 추가적으로 중요한 요소 중 하나가 바로 창업자 자신이다.

(1) 경영이념체계(가치체계, 전략경영체계)

가장 중요한 것이 창업자는 왜 이 사업을 하고자 하는지, 이 사업을 통하여 무엇을 얻고자 하며, 이해관계자들에게 무엇을 어떻게 기여하고자 하는지, 더 나아가서 지역사회, 국가 및 인류사회에 남기고자 하는 것이 무엇인지에 대한 자문자답을 구하고 그 답을 도출해내어 문서화하는 것이다. 그리고 이 사업을 실행함에 있어서 어떠한 가치 기준, 신념으로 행동할 것인지에 대한 가치 기준, 신념 등과 더불어 3~5년 후의 꿈과 희망을 담은 구체적인 비전, 전략을 함께 반드시 문서로 작성하고 시작하라고 필자는 권고한다.

이를 다시 말하면 '경영이념체계, 가치체계 또는 전략경영체계'라고 한다. 경영이념체계의 구축과 임직원 공유는 조직이 나아가야 할 목표와 방향의 명확화에 대한 공유로써 '정렬과 집중' 효과를 이루어 성과 극대화와 더불어 내부 직원은 물론이고 이해관계자 만족도를 극대화 시킨다. 그리고 대외 공표를 통한 조직 이미지 상승 등을 이룰 수가 있다.

이 부분을 통하여 차후 기업의 사회적 책임(CSR)을 실현하는 기업으로 이미지 상승을 통하여 요즈음 많이 연구되고 있는 ESG 경영(환경보호(Environment)·사회공헌(Social)·윤리경영(Governance)의 줄임말)으로 승화시켜 지속 가능한 기업과 브랜드 마케팅을 연계시킬 수 있다.

기업의 경영이념체계(전략경영체계)의 개념도는 아래와 같다.

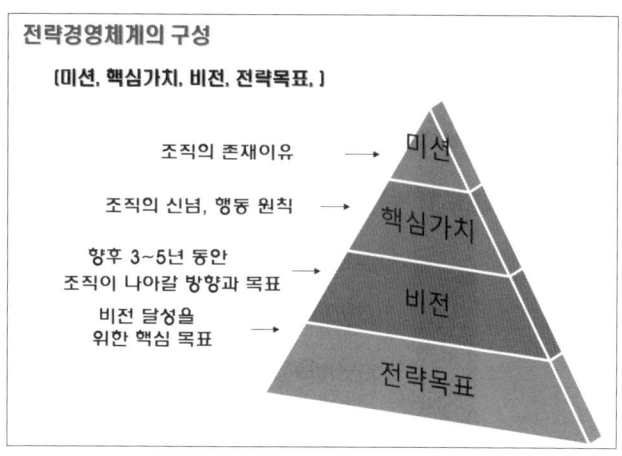

(2) 창업자의 역량 및 창업적합도

또 다른 중요한 부분은 창업자의 역량이 충분하며, 함께하는 직원의 지식과 기술이 그 사업을 충분히 촉진시킬 수 있는가이다. 그리고 창업자 자신의 해당 제품에 대한 적합도가 어느 정도인지도 중요한 포인트 중 하나이다.

창업자가 이 분야에 지식과 기술을 갖췄는지 뿐만 아니라 창업자가 해당 분야를 즐기며 좋아하는지 등에 대한 만족도 정도가 어느 정도인지는 그 사업을 성공적으로 촉진시키는 데에 매우 중요한 촉매제이면서, 사업추진과정에서 닥쳐오는 다양한 저해 및 위협요인들을 극복해나가는 데에 큰 촉매제 역할을 한다.

3) 재무적인 측면에서의 제반 준비

그리고 재무적인 측면에서 필요로 하는 자금의 확보 여부와 제품판매 시점 및 현금흐름의 준비가 어느 정도인지를 검토하여보아야 한다.

창업하여 론칭까지 하였으나, 자금확보 측면에서 죽음의 계곡(Death Valley)에서 좌절되는 사례가 종종 있는데 이는 전문 인력들에 의해 기술개발은 원활하게 이루어내어 기술을 아이템으로 초기 사업화 론칭까지는 성공하였으나, 계속되는 자금 조달의 어려움으로 초기 론칭한 제품(서비스)을 계속 사업화하여 양산하는 단계까지 이르지 못하고 도산하는 현상을 말한다. 이 같은 현상의 원인으로는 여러 가지가 있겠으나, 초창기에 연구개발(R&D)에 집중되어 있고, 제품 양산과 홍보·마케팅의 미흡 등에 기인 하기도 한다.

이러하듯 창업과 관련하여 검토하여야 할 사항들을 생각할 수 있는데, 보다 구체적으로 언급한다면, 창업 이전에 사업 타당성 검토를 통하여 과연 이 사업으로 창업을 하면 돈이 되는지(수익성 창출)를 수치화하여 계산해보아야 하며, 수익성이 있을 경우 그 사업을 수행하기 위한 세부적인 사업계획서를 통하여 철저하게 준비하여야 한다.

⊙ 사업 타당성 검토하기

창업아이템에 대한 사업 타당성 검토는 '하고자 하는 사업이 돈이 되는 사업이다'를 객관적이고 논리적으로 증명할 수 있도록 하는 과정이다. 결국, 추정손익계산서로 수치화되어야 하며 모든 사람들이 '그 사업하면 돈이 좀 되겠네'라고 하여도 그것만 가지고는 안 되고, 실질적인 수치로 말하여줄 수가 있어야 한다.

객관적이고 체계적인 사업 타당성 검토 결과는 창업 성공 가능성을 높여준다. 다양한 분야의 검토를 통해서 필요 준비사항들을 파악하게 해 주며, 이를 통하여 창업 준비 기간도 단축시켜주며 창업자가 생각하지 못한 부분에 대한 인지로 위기관리에 대한 사전대응이 가능하게 된다. 또한, 이를 통한 창업자의 경영능력향상과 더불어 사업의 새로운 지식도 습득하게 된다. 사업 타당성 검토는 아래 도식에서 보는 바와 같이 크게 3가지로 구분하여 분석한다.

사업 타당성 분석 플로우(Flow)

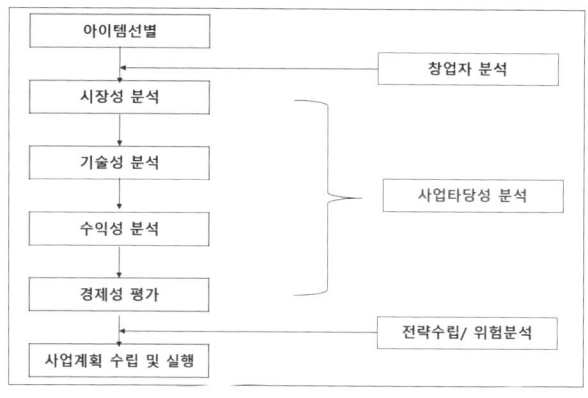

1) 시장성 분석하기

첫째는 시장성 분석이다. 시장에서 그 제품(서비스)의 매력도에 대한 분석을 통하여 그 제품(서비스)의 매출액을 산출해낼 수 있어야 하는데, 그러하기 위해서는 시장 수요예측과 시장점유율 그리고 판매단가 등을 도출할 수 있어야 한다.

　이러한 일련의 논리적 작업을 통하여 신뢰성 있는 매출액을 도출해내는 것이 매우 중요하다.
　시장에서의 신뢰성 있는 수치화된 매출액을 산출해내는 일이 매우 중요함에도 많은 창업자들은 막연한 추측으로서의 매출액을 말하며, 오직 자기 제품의 기술력, 특성 등에서 최고임을 강조하고 있으나 물론 제품의 기술적 우위도 중요하지만 그러한 부분이 시장의 매력도와 항상 일치하지는 않는다는 점을 고려하여야 한다. 기술적 우위를 점하고 있어도 고객의 가치 기준과 일치하지 않음으로 인하여 수많은 우수 제품(서비스)이 창업단계에서 실패한 사례는 너무나도 많다.
　시장성 분석에서 보다 더 구체적인 사항으로 우선 전체시장규모를 추정하기 위하여 수요예측을 하여야 하고 전체 시장규모에서 자신의 창업 아이템이 차지할 수 있는 시장 점유율을 추정하기 위하여 다시 경쟁사 분석이 필수적으로 뒤따라야 한다.
　그리고 시장규모를 추정하기 위하여는 산업환경 측면과 경영내외부 환경분석을 통하여 시장과 고객 트렌드가 어떠한지 등을 분석하여야 하고 경쟁사는 그러한 트렌드에 마케팅전략을 어떻게 구사하고 있는지 등을 분석함으로써 그에 대한 시사점을 도출하여 향후 창업 성공전략의 방향으로 추진함이 중요하다.
　이러하듯 산업환경과 경영 내·외부 환경분석을 통하여 그 시사점들을 종합한 다음 SWOT 분석을 하고 이를 통해 전략 방향과 목표 및 핵심 성공 요인들을 도출하여 마케팅전략에 활용함으로써 자신이 판매할 수 있는 가능성을 높인 시장 점유율과 매출액을 도출하게 되는데 이때 마케팅 믹스전략을 잘 구사하여 매출 증대를 꾀할 수 있도록 준비하여야 한다.

그리고 매출액을 산출하기 위하여는 제품에 대한 가격전략이 또한 중요하다. 과거에는 제조원가에 일정 수준의 이윤을 추가하여 가격을 결정하였으나, 오늘날은 고객과 시장경쟁상황에서 결정되므로 이 부분에 대한 가격전략도 고려하여야 한다.

이때 시장을 세분화하고 타킷 고객을 선정하여, 그 고객의 가치 기준이 어디에 있는지를 파악하여 대고객 Positioning을 정하고, 이를 통하여 마케팅 믹스전략이 수립되어야 한다.

즉, 제품과 가격은 물론이고, 유통방법을 어떻게 할 것인지, 온·오프라인에서의 홍보전략은 어떻게 할 것인지 등을 통하여 매출증대를 꾀할 수 있는 방법들이 검토되어야 할 것이다.

이러한 시장성의 다양한 부분들을 검토 분석하여 의사결정을 하여야 하는데, 거시적 환경 측면과 시장 환경 측면에서 유리한 정도 여부와 경영 내·외부 환경 측면에서 기회 요인으로 작용하는 부분이 있는가 하면 위협요인으로 작용하는 부분이 있을 텐데 이들에 대한 시사점들을 도출하여 차후 전략 방향을 수립하는 데 활용하여야 한다.

그리하여 경쟁 관계에서의 경쟁수준, 고객수요의 규모 등 유통경로 및 판매가격 경쟁력 등을 모두 검토 비교하여 시장 외부 환경에서의 매력도와 시장 내부환경에서 제품의 경쟁력을 검토하여 의사결정에 참고하여야 하는데 결국, 이를 통하여 매출 가능액을 산출하게 되고, 그러한 매출액의 증대를 위한 전략의 수정 등에 활용될 수 있도록 하여야 한다.

2) 기술성 분석하기

  기술성 분석에서는 사업에 필요한 투자금액과 생산활동에 소요되는 원가를 함께 도출하게 되는데 기술성 분석에서는 모든 지식, 노하우와 함께 조리, 가공, 서비스가 포함되며, 이중 서비스에는 디자인, 설계, 개발, 조사, 용역 등이 모두 포함되므로, 기술성이 필요 없는 제품(서비스)은 없다.

  여기에서 '기술과 기술성'의 개념을 혼동하기 쉽다. 즉, '기술이 좋으면 기술성이 있다'라는 말은 틀린 말이며 좋은 기술을 가지고 있어도 투자금액과 원가가 맞지 않으면 해당 사업은 기술성이 없는 것이다.

  그러므로 제품의 보유기술을 분석함은 물론이거니와 투자금액과 제품원가를 함께 분석하여야 하며 보유 기술분석을 통하여 보유기술의 수준, 활용 가능성 정도, 보유기술의 차별성을 통한 경쟁성 정도, 법적 보호를 위한 대응방안, 보유 기술성의 타당성을 평가하면서 추가 보완하여야 할 사항 등을 검토하게 된다.

  이를 통하여 기술의 유용성과 기술의 경쟁성을 분석하게 되는데 기술의 유용성에서는 사업화 자금규모와 사업화 소요기간 등을 도출해내고 작업자에게 숙련기술이전의 문제점 등에 어려움이 없는지 등을 함께 검토하여야 한다.

  그리고 기술의 경쟁성에서는 기술의 모방 용이도가 어느 정도인지에 대한 여부, 경쟁우위 기술의 차별화 정도, 재료의 차별화 정도 그리고 산업재산권 보호 정도 등을 종합적으로 분석한 다음 기술적 타당성을 검증하여야 하며, 이후 투자금액을 산출하여야 한다.

  그리고는 목표 생산량을 추정하고 제비용과 함께 단위당 제조원가를 산출하게 되는데 이러한 일련의 작업을 거쳐서 기술성의 유무를 분석하게 된다.

즉, '기술성이 있다'라는 말은 보유기술에서 타당성이 있고, 시설에서 투자금액의 적정성을 통하여 원가 부분에서 '제품 원가비율이 시장 매력도 측면에서 적정하다'라고 판명되어야 한다.

3) 수익성(경제성) 검토하기

매출액에 대한 이익과 투자금액의 경제성을 정리하는 과정으로 이익률이 어느 정도이고 투자금액을 어느 정도나 빨리 회수할 수 있는지 등을 도출해내어 창업 성공 가능성을 결정짓는 과정이다.

여기에서는 매출액을 추정하고 비용계획을 산출해내며 자금 수지계획을 수립하는데 이를 통하여 추정 손익을 계산해내어 창업에 대한 수익성을 판단하게 된다.

이때 그 수익률과 투자금액의 회수 기간을 보고 의사결정을 하는데, 사업 타당성 검토 시 유의하여야 할 점이 자료조사 분석 시 그 전제조건의 수치에 따라 큰 차이를 보이기 때문에 전제조건의 타당성 및 실현 가능성에 대한 면밀한 검토가 필요하다. 또한, 수량적으로 파악되지 않는 경영진의 능력, 임직원의 기술 숙련도, 기업문화 등의 제반요소들도 장기간에 걸친 사업과정에 중대한 영향을 미치므로 신중한 고려가 필요하다.

그러므로 처음 수익성 검토 시기에 사용된 전제조건들은 환경의 불확실성이 높을 경우와 실제 사업 착수 수행 시기가 어느 정도 경과될 경우에는 그 당시의 결과와 다를 수 있으므로 그리될 경우에는 실제 사업 착수 시기의 조건으로 수정된 조건으로 변경하여 추가 검토가 필요하다.

이렇게 사업 타당성 검토를 통하여 종합평가한 결과 사업성이 있을 경우 그다음 단계로 세부적인 사업계획서를 작성하여 창업에 이르게 된다.

⦿ 사업계획서 작성하기

사업계획서는 원래 미국에서 창업회사(Start-up, Venture Company)들이 개인 투자자들이나 벤처 투자가(Venture Capitalist)로부터 자금조달을 하기 위한 목적으로 작성이 시작되었고 그 이후 다양한 분야와 기업이 특정 프로젝트에 대한 내부 투자의사 결정을 위해서 작성하고 있다.

사업계획서에서 얻을 수 있는 장점은 신규사업의 타당성을 다양한 각도에서 체계적으로 점검해볼 수 있다는 점으로 현상을 명확히 분석하여, 장애요인 제거로 창업 성공률을 높일 수 있게 한다. 실제 프로젝트 진행 시 추진 상황의 관리 및 평가 핵심 자료이며, 외부 투자자 유치 시 투자유치를 설명하는 자료로도 활용된다. 사업계획서는 경영활동에서의 기획(Planning)활동에 해당되는 것으로 업무성과에 가장 큰 영향을 미칠 수 있는 핵심요소이며 창업기업 사업활동의 바이블 역할을 한다. 무엇을 어떻게 개발·생산·판매해서 이익을 실현할 것인가를 다루어야 하므로 기술적 타당성(아이디어)뿐만 아니라 이 아이디어가 시장에서 얼마나 받아들여질 수 있는가를 설명해야 한다.

사업계획서에 들어갈 내용으로는 첫째, 제공하려는 제품·서비스가 현재 시장에 존재하는 혹은 등장할 제품·서비스와 어떻게 차별화되는 지를 명확히 서술하여야 하며, 고객에게 주는 가치를 철저하게 분석하여 제공해주어야 한다.

둘째로 시장 규모와 성장성(Market Size and Growth)과 관련해서 가급적 수치화하여 논리적으로 생각하고 작성하여야 한다(Think logically).

셋째로는 성공적인 비즈니스 론칭에서 가장 중요한 요소의 마케팅 전략 부분에 대하여 작성하여야 하며, 넷째로 제품·서비스가 연구·개발되고 만들어져서 최종 소비자에게 전달되어 소비될 때까지의 전체 과정을 의미하는 가치사슬(Value Chain), 'Make or Buy 결정', 제휴의 필요성 검토 등에 대하여 기술하여야 한다. 즉, 여기서는 사업추진 단계별로 필요한 조직 형태, 조직 단위별·직위별 소요인력 등을 표시하는 것이 좋다.

다섯째로는 기회와 위험(Opportunities and Risks)요인을 분석하여 위험의 관리방안 및 기회의 활용 방안을 도출한 다음 여섯째로는 실행 일정(Implementation Schedule)을 5개년 계획을 수립함으로써 프로젝트 추진상의 상호 연관된 문제들을 동시에 고려할 수 있도록 작성한다.

그리고 마지막으로 사업계획서의 다른 모든 요소를 종합하여 사업 수익성 정도를 계수적으로 나타내는 재무계획(Financial Planning)을 기록하여 사업추진에 필요한 자금조달 규모 예측의 기본자료로 활용한다.

사업계획서 작성 시 주요 착안점으로는 지나치게 기술적인 문제에만 초점을 맞추지 말아야 하며, 오히려 기회·시장·마케팅에 구체적인 내용이 포함되어야 한다. 되도록 간결 명료하게 작성해야 하며, 필요에 따라 계속 수정·보완되어야 한다.

반면에, IR(Investor Relations, 투자유치활동) 현장에서 자주 일어날 수 있는 부분에 대하여 간략히 언급하면, "우리 기술이 최고다", "세계 최초다", "우리와 똑같은 제품을 만드는 경쟁사는 없다", 그리고 시장에 대한 정의 및 세분화가 명확하지 않고, 투자가들에게 언제 어느 정도의 수익을 올릴 수 있을지 윤곽을 주지 못하며, 투자회수전략(Exit Strategy)이 명확하지 않아서, 고려할 수 있는 제반 위험요인에 대한 언급이나 대응방안 모색이 미흡한 경우 등을 들을 수가 있다.

이같이 창업을 위한 사전준비과정을 거치는 동안 해당 제품이나 서비스는 물론이고 기존 및 신규시장, 잠재시장, 고객 및 경쟁사 등 다양한 분야에서 현황조사와 비교분석 우위 여부에 대한 분석은 물론이고 이에 대한 지속적인 차별화 전략을 수립하며 성공적인 론칭을 위한 준비를 하여야 한다.

즉, 창업자에게는 변화와 혁신의 마인드에서 지속적인 차별화의 전략을 통한 사업 성공전략이 필요하며 이는 우리가 흔히 말하는 창업자에게 '기업가정신'의 마인드가 어느 정도인지를 생각하도록 만든다.

◉ 기업가정신과 차별화 전략

기업가정신은 무엇이며 왜 성공적 창업을 위하여 필요한지 등에 관한 이야기를 하고자 한다.

필자는 '기업가정신은 창업자뿐만 아니라 모든 조직원들에게 필요하며, 더 나아가서 오늘날을 살아가는 모든 각각의 개인들에게도 필요한 정신이다'고 말하며 그중에서도 신규 사업을 하고자 하는 창업자에게는 더욱 필요하다는 점을 강조한다. 특히, 청년창업도 있으나, 인생 후반전인 4050, 5060 창업으로 승부수를 던지는 도전일 경우 더더욱 냉철한 자기 분석이 중요하다.

나는 과연 도전을 즐기는 변화와 혁신형 인간인지, 수동적인 회사 관리자형 인간인지, 내가 누구인지, 무엇을 할 때 즐거운지 진지하게 생각해볼 필요가 있다. 인생 2막에서 가장 우선시할 것은 자신의 남은 삶에서 오는 행복이 우선시되기 때문이다. 그렇다면 스타트업 창업에 적합한 사람은 어떤 사람일까? 흔히 성공하는 창업가가 갖춰야 할 기본 소양으로 '기업가정신'을 꼽으며 이에 대한 해석은 다양한 학자들에 의하여 다양하게 언급되고 있다.

다양한 학자들의 기업가정신 정의 요약표

연구자	정의
Knight(1921)	미래를 성공적으로 예측할 수 있는 능력
Schumpeter(1934)	새로운 결합을 수행하는 것
Hoselitz(1952)	불확실성에 대한 감수, 생산적 자원의 조합, 혁신의 소개와 자원의 준비
Cole(1959)	이윤지향적 사업 시작, 유지, 개발하기 위한 목적을 가진 활동
Maclelland(1961)	위험의 감수
Leibenstein(1978)	자신의 경쟁자보다 현명하게 그리고 열심히 일할 수 있는 능력
Gartner (1985)	새로운 조직의 창조
Low & Macmillan(1988)	새로운 기업의 창조
Stevenson, Robert & Grousbeck(1989)	현재 통제 가능한 자원보다는 기회의 지각에 의해 움직이는 것

이들이 말하고 있는 기업가정신을 개략적으로 요약하면, "위험과 불확실성을 무릅쓰고 이윤을 추구하고자 하는 모험적이고 창조적인 혁신 정신을 기업가정신(Entrepreneurship)이라고 할 수 있으며, 이런 기업가정신은 지역 및 국가, 인류사회의 경제를 발전시키고 기술을 진보시키

는 원동력이며 이 세상을 움직이는 힘이 된다"라고 정의할 수 있다.

또 기업가정신을 이론적으로 정립한 경제학자 조지프 슘페터는 시장과 산업에 걸쳐 있는 열등한 기존 경제 질서를 창조적으로 파괴하고 혁신을 추구·실행하는 과정을 '기업가정신'으로 규정하고 있다.

즉 문제 해결의 의지를 바탕으로 도전, 혁신, 창조를 일으키는 원동력이 바로 기업가정신이라는 것이며 이를 통하여 조직의 경영혁신에 대하여 설명하고 있다.

이러한 기업가정신에 대한 다양한 학자들의 이론적 바탕 위에서 본 필자는 기업가정신을 세 가지 단어로 간단하고 알기 쉽게 표현하고 늘 강의에서도 그렇게 말하고 있다.

즉, 기업가정신을 '생각(Thinking), 새로운 생각(New Thinking), 차별화된 생각(Different Thinking)'으로 정의한다. 다시 말해서 '생각을 하고 생각을 하다 보면 새로운 생각의 아이디어가 나오고 거기에 더하여 차별화된 생각으로부터 차별화된 아이디어가 도출되도록 하는 것이 바로 기업가정신이다'라고 간략하게 표현하고 있다. 지속적인 변화와 혁신을 통하여 차별화된 방법을 찾고 해결하고자 하는 노력의 정신이 바로 기업가정신이다.

그러한 의미에서 본 필자는 기업을 운영하는 CEO뿐만이 아니라 회사의 임직원들에게도 자신의 업무에서 기업가정신을 발휘하여 지속적인 차별화를 함으로써, 자신의 전문분야에서 개선하고 혁신할 때에 결국은 자신의 성공뿐 아니라 기업의 성공을 이룩할 수 있음을 강조하곤 한다.

이러한 의미에서 성공적인 창업을 원하는 창업자에게 기업가정신은 더욱더 절대 필요한 부분임을 강조하지 않을 수 없으며 창업자는 자기 자신에게 과연 기업가정신이 어느 정도 강하게 내재되어 있는가를 체크하여볼 필요가 있다.

그러한 체크를 통하여 자신이 보완하여야 할 역량을 찾아내고 보완해 나가는 것이 중요한 과제 중의 하나이며 그 보완하는 방법도 스스로 보완할 수 있는 부분과 상호 네트워크를 통하여 보완하는 방법 등 다양한 방법으로 체크하여야 할 것이다.

⊙마무리하며

어느 분야로 창업을 준비하든지 성공적인 창업과 더불어 지속 가능한 기업으로 영속적인 성장과 발전을 하기 위하여 필요한 것은 첫째로, 본인이 하고자 하는 사업의 정의가 무엇인지, 창업을 통하여 얻고자 하는 것은 무엇인지, 명예와 부(富) 이외에 더 높고 깊은 의미는 무엇인지, 궁극적으로 자신과 고객 및 이해관계자 그리고 더 나아가서 지역사회, 국가 및 인류사회에 기여하고자 하는 부분이 무엇인지를 도출해낼 수가 있어야 한다. 그리고 이를 실천해나가는 자신의 신념, 가치 기준 및 행동지침이 되는 핵심가치가 무엇인지를 함께 도출해내어야 한다. 또한, 이들을 실천하기 위해 구체적인 꿈과 희망을 담아 중·단기간에 이루고자 하는 비전, 전략은 무엇인지 등을 도출하고 이를 명확히 문서화하는 것이 중요하다.

즉, 사업의 목표와 방향을 명확히 하고 이를 실천하기 위한 경영이념체계(전략경영체계)를 명문화하고 추진할 것을 권고한다.

둘째로는 기업가정신으로 철저히 무장하여 지속적인 차별화를 통하여 시장 및 고객 매력도를 충족시킬 수 있어야 함을 강조하고 싶다.

셋째로는 하고자 하는 창업제품(서비스)에 시장 및 고객 매력도가 충분한지에 대하여 철저하게 수치화하여 분석하고 검토하여야 함을 강조하고 싶다.

넷째로는 성공창업의 촉매제 역할을 해줄 수 있는 주위의 훌륭한 멘토가 필요하며, 다양한 분야의 전문가들과 윈윈(Win-win)의 네트워크를 하라고 권고한다.

끝으로는 각고의 노력이 필수이며 긍정의 마인드로, 인내와 끈기로 포기하지 말 것을 주문하고 싶다.

참고문헌

- 김흥길, 『기업가정신과 창업경영론』, 탑북스, 2004.
- 양석균, 창업과 기업가정신, 가톨릭대학교 창업과정 교재
- 양석균, 목표와 방향의 명확화를 위한 경영이념체계 구축 교재

저자소개

양석균 YANG SUK KYOON

학력
· 가톨릭대학교 경영학 박사
· 고려대학교 경영학 석사
· 미국 하와이대학교 최고경영자과정 수료

경력
· CE경영컨설팅(주) 대표이사
· 약 600개의 다양한 조직 컨설팅 실적 보유
· 약 700회 이상 출강실적보유
· 쌍용그룹 연수원, 감사실, 기획 등 약 24년 근무
· 중소기업 및 소상공인 전문 컨설턴트
· 가톨릭대학교 외래교수
· 경기 TP, 인천 TP, 경기도 경제과학진흥원 등 전문위원, 컨설턴트 외
· (사)부천벤처협회 외 약 6여 곳 자문위원 등

· 대한민국 산업현장교수
· 한신대, 성결대, 경기과학기술대 등 외래강사 역임
· 국세공무원교육원 초빙교수 역임
· 동두천고교 교사 역임

자격

· 경영지도사(인적자원관리)
· 인간행동유형분석사(LIFO)
· 중등학교 정교사 자격

저서

· 『고객유형별 맞춤이 경쟁력이다』, 북갤러리, 2007. (공저)
· 『빠르고 쉬운 HRD 수행분석 핸드북』, 학이시습, 2009. (공저)

수상

· 대한민국 최우수 컨설팅 사례 선정(2011, 소상공인 시장진흥공단)
· 대통령 표창(2007, 대한민국 최우수 컨설턴트)
· 국무총리 표창(2012, 소상공인 컨설팅 및 교육기여)
· 기획재정부장관 표창(2019, 우수인재 양성공로)
· 중소벤처기업부 장관표창(2018, 2015, 컨설팅산업발전 공로)
· 부천시장 표창(2017, 2008, 부천시 문화발전, 중소기업혁신 공로)
· 중소기업 중앙회장 표창(2020, 2017, 중소기업 육성공로)

부록

RECOMMENDED BOOK

KCA 성공책쓰기 프로젝트

대한민국 최고의 1,700명 인재풀(pool) 네트워크인 브레인플랫폼(주) KCA한국컨설턴트사관학교는 2016년부터 KCA집단지성들과 함께 KCA성공책쓰기프로젝트를 시작하여 현재까지 400여 명이 공동연구하여 22권의 책을 출간하였다. 부록에는 연구서적의 출간 현황을 담았다.

부록에 소개된 책 외에도 2021년 8월 『4차 산업혁명 시대 AI 블록체인과 브레인경영 2021』, 9월 『ESG 경영』, 10월 『메타버스를 타다』가 출간예정이다.

KCA성공책쓰기 참여 연락처: KCA공식메일(iprcom@naver.com)

『브레인 경영』은 뇌 과학을 경영에 융합하기 위하여 2015년에 창립한 한국브레인학회의 분야별 전문가들이 참여하여 집필한 브레인경영 안내서이다. 브레인 과학을 도입하여 새로운 경영 패러다임 창출에 관심이 있는 모든 사람들에게 기초적인 지식을 제공하기 위한 목적으로 브레인 기반 경영의 현황과 흐름을 비롯하여 리더십, 마케팅, 인적자원관리, AI 시대의 창의성, 경영혁신, 프로젝트관리, 브레인경영의 이슈 등 전반적인 분야를 소개하고 있다.

『브레인경영 비즈니스모델』은 책을 읽는 독자들이 자신의 잠재력을 발견하여 미래사회를 대비한 경쟁력을 갖출 수 있긴 바라며, '브레인경영' 분야의 학문적 뒷받침과 산업적인 개척을 추구하는 '한국브레인학회'의 열정을 만나볼 수 있는 책이다.

렛츠북과 브레인플랫폼(주)이 공동으로 출판한 〈공공기관 합격 로드맵〉은 공공기관 지원자들끼리 공정한 룰에 의한 자율 경쟁을 통하여 실력 중심으로 평가를 받고, 그 결과에 대하여서는 깨끗하게 승복하는 문화를 확산하기 위해 출간되었다. 공공기관 지원자들이 채용 프로세스 전반에 대해 이해하기 쉽도록 다양한 정보를 담았다.

대한민국의 소상공인들은 자영업자, 생계업종 종사자 등 여러 용어로 사용하고 있지만 소상공인지원법상의 법률상의 용어로서 소상공인의 정의는 음식업, 도소매업, 서비스업 등은 5인 미만, 제조업, 건설업 등은 10인 미만의 업종에 종사하는 분들을 소상공인이라고 한다. 이 책은 총 10개 파트로 나눠 소상공인 멘토들의 생생한 현장 경험 스토리를 만나볼 수 있다.

　채용시장에서 면접은 합격의 최종 관문이다. 서류와 필기전형에 합격해도 면접에서 탈락하면 말짱 도루묵이다. 그만큼 면접이 중요하다는 이야기다. 4차 산업혁명 시대를 맞아 면접에도 AI 면접이 도입되는 등 새로운 트렌드가 등장하고 있다. 하지만 '지피지기면 백전백승'이다. 이 책은 21명의 전문 면접관과 현직 인사 담당자들이 면접의 기본은 물론 최신 트렌드를 소개하고 대기업과 공공기관, 언론사까지 망라해 다양한 분야의 면접에 대비할 수 있도록 했다.

　이 책을 통해 저자들이 던지는 화두(話頭)는 인생 2막, 후반전에 관한 것이다. 미래를 예측하는 진문가들은 아니지만 이 책의 저자들은 '100세 시대'라는 패러다임 변화에 대해 미리 준비하고 목표를 이룬 나름대로의 경험과 노하우를 이 책에 기술하였다. 이 책의 저자들은 열정을 가지고 미리미리 '100세 시대' 인생 2막을 준비한 것이다.

이 책의 제목인 '비행기'의 의미는 "'비'전을 가지고 '행'동으로 옮기면 '기'적이 일어난다"는 문장을 줄인 말이다. 실제로 저자는 비행기의 방식으로 흙수저인 자신을 다듬어 금수저로 만들어가는 과정을 진솔하고 담백하게 그려내고 있다. 어려운 가정환경과 질풍노도의 청소년기를 거쳤던 그는 뒤늦게 공부를 시작하고, 말단 직원부터 시작해서 사장 자리에 오르며 자수성가한 기업가로 성장하였다. 현재는 대학과 자치단체, 기업체, 미디어 등에서 강의를 하며 스타강사로서 주목받고 있다.

이 책은 학문과 산업 양쪽에서 4차 산업혁명과 브레인경영에 접근하며 어떻게 이 변혁의 시대를 살아가야 할지 이야기한다. 22명의 저자들이 제시하는 4차 산업혁명시대의 생존전략은 바로 열정과 창의성이다. 자신이 진정으로 열정을 쏟을 가치가 있는 일을 발견하고, 그 일에 삶 전체를 던지는 것이 경쟁력을 키우는 일이다.

10년 전부터 인생 2막을 준비해왔던 한국컨설턴트사관학교 21명의 전직 전문가들이 인생 2막 신직업을 제시하고 있다. 저출산 고령화 100세 시대, 4차 산업혁명 중심 디지털 시대, 코로나 이후 팬데믹 시대 등 빠르게 변화하는 시대의 혼란 속에서 인생 2막을 맞이하게 될 이들에게 재취업전직지원서비스 효과적 모델이 향후 제대로 안착되어 새로운 지침이 되길 바란다.

직장과 일자리는 점점 줄어들고 있으며, 또 새로운 직업이 생겨나고 있다. 격변하는 사회, 이 시대에서 숨 쉬고 있는 우리는 어떻게 내처하는 것이 좋을까?

『미래 유망 자격증』 저자들의 공통점은 하나같이 '미래 인생을 준비한 사람들'이라는 것이다. 미래를 예측하는 전문가는 아니지만, 패러다임 변화에 대해 미리 준비하고 자격증을 취득하여 목표를 이뤘으며 이를 통해 겪어온 경험과 노하우를 이 책에 담아냈다.

　　　　　미래에 예측되는 트렌드나 지구촌의 문제는 4차 산업혁명 시대를 비롯하여 코로나 같은 신종 전염병, 저출산, 고령화, 100세 시대, 사생활 침해, 정보 독점, 돌연변이, 인간 복제, 대량 실업, 획일화, 로봇의 반란, 온실가스 등 환경 문제, 외계인 등을 들 수 있는데 이러한 문제를 해결하기 위한 새로운 직업들이 계속 탄생할 것이다.

　독자들이 미래를 설계하고 준비하는 데 마중물이 되기를 기대하며 18명의 창직 전문가들이 모여 책을 집필하였다.

　인공지능(AI) 중심의 4차 산업혁명 시대가 급속하게 신전되고 있고 코로나19 등 팬데믹 시대로 패러다임이 변화하고 있으며 100세 시대에 접어들고 있어 위기가 일상화되고 있다. 위기경영컨설팅을 비롯하여 빅데이터 기반의 4차 산업혁명 및 팬데믹 시대에 경영기술컨설팅으로 위기를 기회로 준비하기 위한 방법을 담은 책이다.

　이 책에는 공공기관 채용 전반에 대하여 숲을 보면서 공공기관의 채용 최종 관문인 면접을 준비하는 과정부터 어떻게 면접을 봐야 합격 가능성이 커지는지 21명의 공공기관 채용 전문가들이 모여 실전에 꼭 필요한 노하우를 담았다.

　4차 산업혁명 시대와 포스트 코로나 시대를 맞이하여 이 땅의 취업 준비생들의 삶이 좀 더 나아지기를 소망하면서 쓴 책이다.

　오늘 이 책을 통해 우리가 던지는 화두(話頭)는 신중년들의 인생 후반전에 관한 것이다. '신중년'이란 "자기 자신을 가꾸고 인생을 행복하게 살기 위해 노력하며 젊게 생활하는 중년을 이르는 말"이다. 이 책의 저자들은 대부분 40대에서 60대를 살아가고 있는 평범한 신중년들이다. 이들의 공통점은 '도전'과 '열정'으로 인생을 즐기고 있는 사람들이라는 것이다.

　　4차 산업혁명 시대는 빅데이터를 기반으로 그동안 축적해온 경험과 노하우를 데이터화하여 인간의 한계를 능가하는 인공지능 시대를 예고하고 있다. 그 폭발력이 인간을 압도할 수도 있다는 사실이 곳곳에서 감지되고 있어 이에 대한 대비가 필요하다. 급격한 패러다임 변화에 대해 남들보다 먼저 준비하여 도전하고 있는 열정을 가진 신중년 15인이 모여 각자가 설계한 미래 방향성을 이 책에 기술하였다.

　　이 책은 2020년 1월에 민간에서는 처음으로 출간된 『2020 소상공인컨설팅』에 이은 후속작으로, 소상공인컨설팅과 함께 중소기업컨설팅까지 아우르는 대표적인 국내 컨설팅의 현실을 반영한 실무지침서이다. 실제 소상공인 및 중소기업컨설팅 현장에서 일어나고 있는 살아 있는 컨설팅을 반영하기 위한 것으로, 소상공인 및 중소기업 현장컨설팅의 역사를 기록하기 위한 취지로 시작되었으며 매년 발간을 목표로 하고 있다.

미래는 전문가를 넘어서 '초전문가(Hyper specialization)'의 시대가 될 것이다. 일부 기업이나 조직이 주도하는 것이 과거의 시스템이었다면 미래에는 수많은 사람 각자가 서로 다른 가치를 창출하여 리더가 되고 최고 전문가가 된다는 것이다.

따라서 인간의 자연지능(NI)인 '인간지능(HI)'과 '인공지능(AI)' 간의 교감을 통해 인간의 창조적인 지능인 '뇌 가소성'을 활용하고 극대화하여 열정적으로 인간의 창조적인 완성도를 높여 나가는 것이 중요하다.

이 책에는 공공기관 채용과 관련하여 전체적인 숲을 보는 방법부터 공공기관 채용 현장에서 벌어지는 실무, 반드시 알아두어야 할 자기소개서 및 이력서 작성 팁 등 공공기관 채용과 관련된 실전 노하우들이 담겨 있다. 21명의 공공기관 채용 전문가들이 던지는 이 화두(話頭)가 공공기관에 입사하기 위해 열심히 준비하고 있는 수많은 지원자들에게 조금이나마 도움이 되었으면 하는 마음을 담았다.

'신중년'이란 '자기 자신을 가꾸고 인생을 행복하게 살기 위해 노력하며 젊게 생활하는 중년을 이르는 말'이다. 이 책의 저자들은 대부분 40대에서 60대를 살아가고 있는 평범한 신중년들이다.

이 책의 신중년 저자들은 '포스트 코로나 시대' '4차 산업혁명 시대' '100세 시대'라는 패러다임 변화에 대해 미리 준비하고 도전하여 N잡러라는 성과를 이룬 각자 나름대로의 경험과 노하우를 이 책에 기술하였다.

지금은 AI, IoT, 블록체인 등이 현실화되고 있는 4차 산업혁명 시대다. 상상만 해오던 기술이 현실에서 구현되고 있는 것이다. 하지만 여전히 낙후된 것도 있다. 안전에 대한 우리의 인식은 여전히 뒤처진 상태다. 많은 경영진이 안전을 챙기면 경영성과가 떨어지고 수익이 나지 않는다고 생각한다. 안전에 쓰는 비용을 아깝다고 여긴다. 하지만 그렇지 않다. 미래경영에서는 안전이 핵심이다.

　이제 시대와 패러다임이 바뀌고 있다. 디지털 트랜스포메이션으로 불리는 4차 산업혁명 시대, 포스트 코로나 시대, 100세 시대를 맞아 새로운 최신 기술과 사회 환경 트렌드 변화를 통하여 많은 일자리가 사라지고 여러 형태의 새로운 일자리가 창직되고 창업될 것으로 예측된다. 이 책이 독자 여러분들이 '창직형 창업'을 통해 미래를 설계하고 준비하는 데 마중물이 되기를 기대한다.

　《경영컨설팅, 길이 되고 숲이 되다》는 현직 경영컨설턴트가 들려주는 생생한 현장 이야기다. 경영컨설턴트를 꿈꾸는 청년뿐만 아니라 은퇴 후 인생 2막을 준비하는 시니어에게도 도움이 될 내용을 담았다.
　경영컨설팅의 각 단계에 스토리텔링을 더한 저자의 설명을 따라가 보면 멀게만 느껴지던 경영컨설팅의 구체적인 내용이 손에 잡힐 것이다.

　이 책의 저자는 지난 20년간 세계를 누비며 일했고, 그중 4년을 실리콘밸리에서 보냈다. 그곳에서 일하면서 무엇이 실리콘밸리를 특별하게 만드는지 고민했다. 저자가 찾은 대답은 바로 '멀티 스위칭'이었다. 이제 한 우물만 파는 시대는 지났다. 개인의 능력을 극대화하려면 여러 스위치를 끄고 켜기를 반복하며 멀티 스위칭해야만 한다.

　이 책의 저자들은 대부분 40대에서 60대를 살아가고 있는 평범한 신중년들이다. 이들의 공통점은 하나같이 '도전과 열정으로 인생을 즐기는 사람들'이라는 것이다.

　이 책의 신중년 저자들은 '팬데믹 시대', '4차 산업혁명 시대', '100세 시대'라는 패러다임 변화에 대해 미리 준비하고 도전하여 성과를 이룬 각자의 경험과 노하우를 이 책에 기술했다.